国家社会科学基金一般项目《全民终身学习视野下的国家在线教育体系发展研究》(20BSH053)

国家社科基金丛书
GUOJIA SHEKE JIJIN CONGSHU

经济合作与发展组织
主要成员高质量终身学习
体系发展研究

Research on the Development of High Quality Lifelong Learning Systems in
Key Members of the Organization for Economic Co-operation and Development

黄蓓蓓 钱小龙 宋子昀 等著

人 民 出 版 社

目　录

绪　论

在全球化、信息化时代，终身学习的理念越来越深入人心，也越来越受到国际社会的高度重视和积极推广。随着不断涌现的终身学习思潮，许多国家都把终身学习视为教育与社会改革的基本策略，并逐渐把构建终身学习体系这一战略任务提上日程。虽然终身学习体系的构建具有重大的时代意义和广泛的群众基础，但高质量终身学习体系的建设与完善之路任重而道远。以下将对经济合作与发展组织（Organization for Economic Co-operation and Development，OECD）主要成员高质量终身学习体系的发展进行全面梳理、分析，总结其成功经验。

第一节　背景分析

从国家政策的指引、社会进步的基础以及个人发展的需要三个方面，对经济合作与发展组织主要成员高质量终身学习体系的构建作出深刻解读。

一、国家政策的指引

当今世界正经历百年未有之大变局，各国在面对全球化和可持续发展时，挑战与机遇并存。千秋基业，人才为本。人力资源的质量（"质"与"量"

两方面）则成为一个国家迎接挑战、繁荣发展的制胜法宝。在知识经济高度发展的时代背景之下，高素质人才的培养离不开学习。也正因如此，终身学习不再仅是深受认可的一种教育发展理念，也成为个人、社会乃至国家提升竞争力的重要工具。世界各国对终身学习体系的重视程度持续提高。

构建终身学习体系与学习型社会，不仅是实现教育现代化建设、促进人的全面发展和社会全面进步的战略目标，也是对教育所承载使命的一种期待和发展蓝图的构想。高质量终身学习体系的构建是一项覆盖面广、复杂且艰巨的战略任务，涉及各级政府部门、社会各领域以及社会全体成员，国家政策在理论指导和实践导向中扮演着重要作用。就最终目的而言，高质量终身学习体系政策的核心内容主要是以实际教育诉求为中心，采取资金投入、资源配备等相关行政手段，通过整合多种教育资源，使全体人员在任何时候能够自由地进行学习，通过获得充分的学习机会来实现持续、全面的发展。①基于此，经济合作与发展组织主要成员在努力建设终身学习体系时，非常注重国家政策的作用。在准确把握教育改革与发展的形势基础之上，经济合作与发展组织主要成员纷纷作出重大战略部署，加快推进终身学习的法律规章和制度政策建设，统筹规划各项工作的开展。

二、社会进步的基础

想要高质量发展教育，就需要建设现代化经济体系。随着"经济由高速增长阶段转向高质量发展阶段"，教育也需要对此作出回应。这是由社会经济基础，教育的政治功能和社会服务职能所决定的。②事实上，无论是经济、政治，还是文化、教育，都要服务于人民福祉和社会建设。

---

① 国卉男、史枫：《改革开放以来我国终身教育政策：价值选择与成效分析》，《中国职业技术教育》2020 年第 30 期。

② 蔡宗模、张海生、吴朝平、杨慷慨：《"高质量发展"对教育提出了什么要求——基于十九大报告的文本解读》，《当代教育论坛》2018 年第 6 期。

　　现如今，社会高速发展，知识与信息呈现爆炸式增长且更替速度加快，这促使人们持续不断地学习新的知识。终身学习理念深受推崇并引起了强烈反响。换言之，我们所要面对的是一个学习型的社会，学习和掌握知识是推动社会进步的基础与关键。终身学习体系力求实现人的全面发展和社会的全面进步，其可为经济社会的发展提供创造性方案。

　　就教育场域而言，人民日益增长的美好教育需要应作为终身学习体系建设的出发点和落脚点。高质量的发展样态是终身学习体系在发展方式上的升级与优化。满足和服务于全民的高质量教育需求，提升全民的教育获得感、幸福感，以及持续推动社会进步应是高质量终身学习体系的重要价值追求，也应是衡量其发展水平的重要判断依据。

三、个人发展的需要

　　随着全球化、信息化影响的逐渐扩大，经济、政治、社会与生活等方方面面变化巨大。各方面的高速发展使人们必须时刻更新知识和技能。只有通过不断的持续性学习，人们才能更好地适应当今社会发展的快节奏化。

　　终身学习是从个体的角度出发，使学习者发生自下而上的改变。终身教育离不开政府的带领和相关政策的影响，但更重要的是学生学习的意愿与能力。[①] 终身学习理念着重于学生学习的主动性、目的性，也就是说，为了实现自身发展，个体唯有不断地接受教育，特别是进行自主化、个性化学习，才能不断更新与完善自身知识体系，增强适应社会和学会学习的能力。也正因如此，终身学习理念自提出以来，便深入人心。在国际上，世界各国提倡和推广终身学习，经济合作与发展组织主要成员也不例外。

　　终身学习体系与学习者的终身学习意识关联密切。高质量的、成熟的体系应能为学习者提供真正需要的教育服务，保障人接受教育的权利，满足人

---

　　① 　贾凡:《三大理念解析:终身教育、终身学习与学习化社会》,《职教论坛》2010 年第16 期。

全面发展的学习需求。如此，每一社会成员也可在持续不断的投入式学习过程中，培养以能力为本位的终身学习意识和终身学习能力。建设高质量终身学习体系的过程，也是塑造学习型社会的过程，经济合作与发展组织主要成员已将其落实在具体行动上。

第二节　概念界定

在阐述要素构成之前，本章先对高质量教育、终身学习、高质量终身学习体系及经济合作与发展组织主要成员的概念作出相关的界定。

一、高质量教育

21 世纪，经济发展已由注重高速增长转向高质量发展。"高质量发展"不仅折射出发展范式的重大转型与升级，更是渗透与延伸到教育领域，对教育事业产生重大影响，也对教育提出了新要求，使教育高质量发展成为重点关注的内容。

作为一种新的教育发展观，教育高质量发展体现了创新、协调、绿色、开放、共享的新发展理念，对教育增长方式和路径及教育体制机制提出了更高的要求。从"质"与"量"两个维度进行理解，高质量教育意味着在这两方面充分达到优质状态。高质量是教育发展所追求的核心要义，体现为教育享用功能与质量合意性的不断提升。结合中国教育发展现状，可以对高质量教育这一术语的出现和演变进行梳理和分析。2010 年，我国出台了《国家中长期教育改革和发展规划纲要（2010—2020 年）》，提到"高质量教育"这一概念。纲要重点突出了"质量"，把"更好满足人民群众接受高质量教育"放在重要位置。2019 年颁布的《中国教育现代化 2035》提出了"高质量发展"，强调"形成充满活力、富有效率、更加开放、有利于高质量发展的教育体制机制"对实现教育现代化的重要作用。2020 年 5 月发布的《中共中央　国务院关于新时代推进西部大开发形成新格局的指导意见》首次完整使用"教育高质量发展"概念，并提出了支持教育高质量发展的重要系列举措。同年11 月，我国在印发的《中共中央关于制定国民经济和社会发展第十四个五年规划和二〇三五年远景目标的建议》中，对教育高质量发展作出了更加精准、科学的解释，即建设高质量教育体系。该建议还强调"发挥在线教育优势，完善终身学习体系，建设学习型社会"。

由此可见，高质量教育旨在满足人民群众的高质量教育需求，最终形成彼此关联、相互贯通的宏观教育体系，既包括基础教育，也囊括高等教育；既包括普通教育，也包括职业技术教育；既涉及正规教育，也包括继续教育与非正规教育等。①

当今，在信息科学技术的强大推力下，"互联网＋教育"已然诞生了容纳科技、教学法和知识的极度空间，构建起网络化、立体化的全民终身学习载体，以及开放便捷、一体化的学习服务平台，有力促进了泛在学习、混合学习、个性化定制学习和社群学习等新学习形态，为教育高质量发展注入了强大动能。②

二、终身学习

在当今时代，"终身教育""终身学习""学习型社会"这三大理念已经逐渐成为世界各国所广泛接受和推崇的全新教育理念。然而，在大势所趋的教育"热思潮"面前，为了进一步提升对三大教育理念的认识和规避其在理论与实践运用中的错误，我们需要对其进行深入的探究。

终身教育和终身学习的思想始于 20 世纪 60 年代，主要由保罗·朗格朗（Paul Langone）和埃德加·富尔（Edgar Fall）等学者先后提出并在国际范围内推广。朗格朗在任职于联合国教科文组织成人教育计划科科长时，通

---

① 张新平：《对教育高质量发展的三重理解》，《中国教育报》2021 年 3 月 18 日。
② 张立迁：《构建适应新发展格局的终身学习体系》，《中国教育报》2020 年 12 月 9 日。

过积累的教育工作经验，重新理解和定义了教育，并首次提出"终身教育"概念，认为教育应是贯穿于个人从生到死一生中持续进行的过程。1972 年，富尔在《学会生存——教育世界的今天和明天》报告中强调教育与社会变革的关系，首次提出"终身学习"的观点，强调了终身学习在人的生存和发展中所具有的重要作用。1976 年，联合国教科文组织在职教论坛会议上指出，终身学习表征了学习者的权利，建议把"终身教育"改为"终身学习"，以此来凸显学习者在终身教育中的地位。90 年代，联合国教科文组织更加强调终身学习理念，并将终身教育转向终身学习，让人们意识到终身学习的重要性。1994 年，联合国教科文组织在罗马召开"首届终身学习会议"，提出"终身学习是支持人类潜能发挥的持续过程"。通过观察终身学习的发展历程，联合国将终身学习定义为"通过不断激发人们的学习意愿，使其获得终身所需的全部知识、技能、态度和价值观，以便未来能根据自己的需求创造性地使用它"。①

理解终身学习的概念、推动全民终身学习，是遵循"以人为本的发展原则"理念的必然要求，对于终身学习体系与学习型社会的构建有着重要意义。

三、高质量终身学习体系

教育兴则国兴，教育强则国强。教育是决定国家发展和民族未来的重要事业，也是展现国家发展水平和发展潜力的重要依据。当今，世界多极化、经济全球化、社会信息化和文化多样化深入发展，国际竞争日益激烈，推进教育现代化和教育强国建设则显得尤为重要。高质量教育体系的构建是实现教育现代化、教育强国的重要抓手，而终身学习体系的构建是建设高质量教育体系的重要组成部分。

从"终身学习"概念提出至今，其已在半个多世纪的推广与发展过程中

---

① 吴陈兵：《终身学习研究：现状、热点及其展望——基于 2007—2019 年 CNKI 数据库文献的可视化分析》，《中国成人教育》2020 年第 15 期。

不断得到洗礼。随着理论研究与实践运用的不断深入与发展，世界范围内关于终身学习体系的构建已经达成了三点基本共识，即服务贯穿于人的一生、以学习者为本位和以创建学习型社会为终极目标。在当前新发展理念的引领之下，终身学习体系在质量层面提出了更高的要求。高质量终身学习体系应将融入国家发展大局、增强服务贡献能力、培养创新型人才以及把坚持科技创新作为价值导向，越来越关注终身学习体系在公平发展、均衡发展、协调发展、全面发展、创新发展、优质发展、持续发展及安全发展等方面的质量。脱离新时代的新发展理念，高质量的终身学习体系无疑是难以产生的。除此之外，沿着"实现人人皆学、处处能学、时时可学"的方向，发挥在线教育优势，实现终身学习体系与各级各类教育的融会贯通，也是构建全民终身学习体系的重要举措。

总的来说，终身学习体系的高质量发展立足于全民的学习需求，是更加注重质量、结构、创新的发展，也是力求转变教育发展方式和增长动力以及实现教育结构优化的发展。

四、经济合作与发展组织成员

经济合作与发展组织由 38 个市场经济成员组合而成。具体而言，经济合作与发展组织成员包括美国、加拿大、英国、爱尔兰、芬兰、新西兰、德国、日本、韩国、瑞典、挪威、荷兰和澳大利亚等。

经济合作与发展组织的前身可追溯到 1948 年西欧国家建立的欧洲经济合作组织，其成立的主要目的是通过欧洲的联合为战后的欧洲复兴作出贡献。1961 年 9 月，由加拿大、美国以及欧洲经济合作组织的成员等联合签署的《经济合作与发展组织公约》在巴黎生效，标志着经济合作与发展组织的成立。作为政府间国际组织，经济合作与发展组织坚持"你中有我，我中有你"的发展原则，致力于把握全球化浪潮带来的机遇，并共同积极应对因全球化带来的不可避免的经济、政治和社会治理等各方面挑战。尽管经济合作与发展组织成员之间具有明显的发展程度差异，但其仍始终坚持如下宗旨：帮助经济合作与发展组织成员在实现其自身经济和社会发展的同时，促进世界经济增长；在政策分析、思考和问题讨论的基础上，为经济合作与发展组织成员政府提供政策制定和协调的场所，从而帮助各成员提高生活水平、维持财政的相对平衡；为改善发展中国家经济状况给予援助，并在促进非成员的经济发展中努力担当。经济合作与发展组织具有一种高效的工作运行机制，也就是先收集和分析数据，进而对有关政策进行集体讨论，然后通过政府间的双边审查、多边监督和平行制约，有效达到各成员遵守决策和实行改革的最终目的。也正是由于这种机制，经济合作与发展组织这一大家庭的功能运作才得以正常运转。

近年来，随着终身学习影响力的逐渐提高，经济合作与发展组织各成员政府愈加意识到终身学习的重要性，大部分成员陆续把构建终身学习体系提高到国家战略的高度，并试图通过一系列举措推动其高质量发展。

第三节　要素构成

一、高质量终身学习体系的政策制定

在终身学习体系建设和发展的过程中，国家政府层面应一以贯之地给予高度重视、大力支持。政策制定是国家构建高质量终身学习体系的关键要素。国家政策的支持强度为终身学习体系发展的深度与完善程度提供保证，并且对于高质量体系这一战略目标的成功落地至关重要。值得关注的是，这里所讲的政策是具有广义意义的，其既包括重大规范和报告、正式性文号文件，又包括法律法规。

经济合作与发展组织主要成员坚持立法与政策相统一，为高质量终身学习体系的构建提供强有力保障。一方面，政府积极引导教育改革，突出政策在体系建设中的战略地位。例如，韩国在总统教育改革委员会的管理之下进行新教育体系的改革，明确了国家教育政策对于终身学习体系构建的重要性；瑞典通过提供终身学习财政投入、开展终身学习的社会参与项目等措施健全终身学习政策保障，加大了终身学习的社会化力度；日本的中央教育审议会将终身教育理念作为核心的基本原则，引领教育体系的改革；中国在《国家中长期教育改革和发展规划纲要（2010—2020 年）》把"构建体系完备的终身教育体系"作为教育改革与发展的战略目标，并在《中国教育现代化 2035》中提出"更加注重终身学习"，构建服务全民的终身学习体系。另一方面，通过立法来规范和推进终身学习体系建设。立法是一项成熟的教育政策的重要保障和最终归宿，也只有立法才能切实将政策层面成熟的发展思路与具体举措落实。比如，美国注重构成有法律保障的终身学习体系，颁布了《终身学习法》，对终身学习的实施进行了各方面的详细规定；日本颁布了首部关于终身学习的法律《生涯学习振兴法》，通过教育立法使终身学习体系更加规范化、制度化；韩国将立法工作作为构建终身学习体系的重点，颁布了终身教育领域的专门法（《社会教育法》和《终身教育法》），甚至具体到了《多元化家庭支援法》，成功实现从法律层面对终身学习体系进行规范和指导；中国的《中华人民共和国教育法》提出建立和完善终身教育体系，并促进后继相关政策法规的出台和完善。鉴于此，终身学习立法在构建高质量终身学习体系中的作用是不容忽视的。除此之外，支持终身学习体系构建的法律保障应该是多方面的，其不仅要有教育立法，更要有制度保障与人员支持，还要有时间保障与资金支持。由此观之，明确落实社会各方主体的权责义务，建立以政府为主导，企业、学校、家庭等共同参与的运行机制和财政机制，也是经济合作与发展组织主要成员作出的积极尝试之举，这样才能保障终身学习体系朝着更高质量、更加稳定、更加健康的方向发展。

在一系列政策推动之下，经济合作与发展组织主要成员对终身学习体系建设已作出积极探索，并取得了一定的发展成效。然而，构建高质量终身学习体系是一项长期的、艰难的战略任务，很难一蹴而就、一步到位。唯有审时度势、瞄准需求与问题、提供多方面政策支持，才能破解高质量发展难题，把这个关系国计民生、体现价值追求、彰显教育面貌的系统性工程办好、办实。

二、高质量终身学习体系的师资配备

终身教育贯穿人的一生，包含学校教育、家庭教育和社会教育等。[①] 不论何种阶段、何种类型，教育最终都要具化到人的高质量发展层面，实现学习者的持续成长与发展。这也规定了终身学习体系与学习型社会建设的目标是面向全民并且促使其多元化发展。通过接受教育，提高素质，从而达到人的全面可持续发展以及促进社会全面发展。要想推动人的高质量发展，离不开师资的合理配置与优化配置。

师资合理且优化的目标从宏观上可以概括为总量适度、结构合理、质量可靠、效率可观。[②] 为实现师资配置的合理化、优质化，经济合作与发展组织主要成员实施如下举措：一是把资源摆在最首要的位置。就目前而言，世界各国的教育发展难免存在不均衡现象，具体表现为国家内部各地区、各校际、各群体之间的差异。落后地区、非名院校和特殊群体的学习者难以享受到优质的教育资源，比如教育机构、教师资源、教育基础设施等。随着以互联网为传播媒介的在线教育的发展渐入佳境，优质的师资力量和丰富的教育资源在世界范围内互联互通，促进了师资的均衡配置。加之在线教育对师资队伍的在线教学能力要求的提出，师资配置朝着更优化方向发展。二是提供制度保障机制。科学的制度可使师资得到有效的利用，从而弥补配置方面的

---

① 于亦璇：《韩国终身教育发展研究及对我国构建学习型社会的启示》，《中国成人教育》2019 年第 23 期。

② 刘波、戴长亮、孙赵君：《完善机制保障 优化师资配置——北京大学师资队伍建设思考》，《中国高校师资研究》2008 年第 1 期。

不足。一方面，面向未来，人才培养、师资储备不仅要制定提高教师地位待遇的制度保障措施，也要提高教师门槛，建立程序化的教师选聘、培训制度，更要构建集选才、育才、引才于一体的师资培养体系。唯有如此，才能打造出政治素质过硬、业务能力精湛、育人水平高超的高素质专业化师资队伍。例如，美国社区学院之所以取得成功，得益于具有一支高素质的师资队伍，而这样的师资队伍又得益于完善的培训体系、完备的福利制度与较高的薪酬保障。另一方面，推行"职业化"人事改革。现行人事制度"编制固定"，降低了学习型社会与终身学习体系建设工作的吸引力以及员工的"学习热情"。因此，需要改革人事制度，废除"职业歧视"和"固定编制"，实现所有教师一体化，补充师资配备。①

师资队伍建设是一个渐进的、长期的动态过程，关系到学习者的持续发展。在今后相当长的一段时间内，师资建设和优化配置理应是终身学习体系建设的重要任务和长期不懈努力的目标。

三、高质量终身学习体系的资源开发

当今时代，随着人民群众不断增长的美好学习需求，构建服务全民的终身学习体系显得尤为迫切。高质量的终身学习体系在满足人民群众多层次、个性化的教育学习需要方面极具价值，而此价值的发挥则依赖于资源开发这一构成要素的实现化程度。

全面开发和整合终身学习资源，构建立体化的终身学习资源网络，是经济合作与发展组织主要成员构建终身学习体系、创建学习型社会的重要任务之一。首先，发挥各级各类学校的传统教育资源的兜底性、基础性作用。目前，相较于其他各种形式资源，学校教育资源的系统性和集中性突出，是最为完备的学习资源。由于当前社会全体人员的教育需求巨大，现有的教育规

---

① 张均：《新时代学习型社会与终身教育体系建设的省思》，《成人教育》2019 年第 4 期。

模虽尚未达到需求满足的状态，但现有学校教育资源的作用是不可忽略的。建议鼓励各级各类学校，尤其是高等学校，在条件允许的前提之下，最大限度地开放学校教育资源，包括教育设施、师资力量和图书资源等。这样便于满足更多社会学习者的需求，达到资源利用的最大化，促进教育资源的优化和配置。其次，注重家庭资源这一无形文化资源的利用。家庭是社会组成的最基本单位，是个体生活和学习的主要场所。因而，学习型家庭的创建也成为当今社会的一大重要追求。若能整合并发挥区域内各家庭蕴藏的有限资源，必然会为终身学习体系、学习型社会建设锦上添花。再次，发挥社区资源的教育服务优势。社区不仅是个体成长的社会环境，也是个体进行终身学习的重要资源载体。通过开放包括图书馆、文化馆、科技馆和爱国主义教育基地等在内的社区教育机构，以及组织"全民终身学习活动周""专业领域专题活动"等多种形式的社区教育活动，铺设出一个丰富的社区终身学习资源网，拓宽社区成员的学习空间，满足学习者对知识学习的多方面需求。以美国为例，美国社区学院以弹性学制为学习形式，十分关注资源的"灵活性"，灵活的课程时间、灵活且多样的课程设置、灵活的授课方式满足了社区居民的学习需要。最后，借力在线教育，促进网络资源的共享化。终身学习体系为更好地服务全民，需要改变按地区、按机构分配教育资源的传统方式，借助在线教育来实现教育资源利用的科学化、高效化以及资源按需流动的合理化。以现代信息技术为支撑的在线教育，能整合世界范围内的教育资源，实现教育资源的互联互通。又因网络资源具有丰富性、开放性、即时性和交互性特征，在线教育突破了学习的时空局限性，扩大了学习者接受学习的渠道和途径，使学习者能够跨时间、跨学校、跨地区享受到优质的教育资源。与此同时，在线教育依靠技术手段，不断探索学习新形式，搭建终身学习平台，促进全民共享教育资源。比如，英国的公开大学利用网络、通信传输技术，开通了Openlearn在线教育网络平台，提供了开放性的电子课件和便利的网络教育资源获取方式；法国重视网络教育的作用，推出了在线教育平台 Fun，聚集了便于人们学习的慕课课程资源；中国在构建终身学习平台的同时，不断开发和探索网络学习新形式，建立行业终身学习平台，创建全民终身学习网等。除此之外，终身学习的资源还有其他形式，包括从社会领域（如各种企事业单位、社会团体、学习型组织等机构或组织）中获取学习资源，当然，这种学习资源还亟待开发应用。①

四、高质量终身学习体系的组织管理

当下，世界各国纷纷描绘了终身学习体系与学习型社会构建的远大目标。但随着对终身学习体系建设的不断探索，学习型社会与终身学习体系中的组织管理问题日益凸显。对此，深化组织管理体制机制改革，实现终身学习体系治理现代化迫在眉睫。

经济合作与发展组织主要成员在学习型社会与终身学习体系的组织管理体制机制方面的有益探索值得借鉴。一方面，通过提供丰富的物质载体和配套设施，建设多元化结构组织。首先，以各级各类学校建设为基础，推进社会教育学校建设。同时加强学习型组织和社区建设，建设更多的社会教育机构。其次，在区域内对正规学校机构、在线教育机构和职业培训机构等多种教育机构进行整合，实现有机"联动"。并且，注重社会、企业、学校、家庭等多种学习组织之间的整合工作，促进"校社联动""校校联动""家校联动""校企联动"。最后，面向社会全体成员，充分开放图书馆、文化馆、科技馆和博物馆等社会教育场所，为社会公众提供自由学习的资源，保障其平等享受教育的权利。同时，以合理规划为前提，发挥政府、社会、企业和学校等主体力量，丰富和完善社会教育场所的公共教育配套设施。

另一方面，经济合作与发展组织主要成员推进"协同化"治理，清除"多头领导""职能交叉""条块分割"等管理障碍。终身学习体系建设涉及财政、

① 卢杰、陈鹏：《多元化终身学习资源的开发与整合研究》，《教育探索》2010 年第 6 期。

教育、文化和人事部门等多个责任主体，要发挥多元责任主体协同参与、共同治理的效益，从而形成与终身教育与学习相匹配的组织管理体制。譬如，英国重视建设成人学习者志愿团体和社会责任团体，为终身学习体系提供组织支持。与我们一衣带水的邻国日本高度重视终身学习质量的提高，其从终身学习的管理角度出发，建立了终身学习系统化行政管理机构。法国不仅设立了"国家终身教育发展署"，同时还从国家层面制定了相当完善的管理体系。① 为统筹规划和领导终身学习体系建设，我国设立了国家层面的继续教育办公室。在地方层面上，一些城市（如北京、上海、河南等地）建立了省、市、区三级终身教育促进委员会。该委员会横跨教育、财政、文化等部门，为指导和协调终身学习给予强有力的支持。

第四节　实施路径

终身学习体系建设与学习型社会创建是综合性的教育与社会改革。面对复杂的发展环境和艰巨的改革任务，面向学历获取、面向职业发展、面向休闲娱乐以及面向课后服务的路径实施成为建设高质量终身学习体系的重要突破口。

一、面向学历获取的高质量终身学习体系

学历是敲门砖，能力是试金石。在建立全民学习型社会以及推动教育高质量发展的过程中，面向学历获取的高质量终身学习体系是不可忽略的构成部分。为此，需要在满足不同人群的多样化、个性化学习需求的同时，帮助学习者平衡工作、学习与生活之间的关系。

首先，完善学历资格框架。根据目前学习成果认证的现状，有必要建立

---

① 沈启容：《中外终身学习体系架构和模式的研究》，《继续教育》2013 年第 8 期。

完整的"学历资格框架"，来保证学习成果的积累、转换、互认的可能性。[①]例如，德国在构建终身学习国家资格框架的同时，强化资格过程学习成果导向，在支持学习者合理流动基础之上，确保学习者学习成果的鉴定以及资格认可，使学习者获得终身学习的机会。再次，入学途径方便、入学教育严格。根据国家政策，利用在线教育提供面向学历获取的终身学习服务时，采取高校自主招生的形式。学习者在符合相关报名条件后即可参加入学考试，在考核通过后即被录取。对于专业选择，高校采用宽进严出的方式。通俗地讲，专业入学门槛低、基础要求不高，但在学习者后续专业学习过程中，高校十分注重学习者专业态度、专业知识、专业技能与专业素质等方面的培养与发展。最后，学习资源丰富、优质，学习形式自主、灵活。在线教育通过互联网实施教学、以现代网络技术为支撑，突破时间空间的限制，具有开放性、灵活性、共享性等特征，能为学习者提供丰富的学习资源，而这也恰好是在线教育的独特优势。基于此，在线教育能全面开展多专业学历学位教育和各类培训项目，给学习者提供更多的学历教育机会。以慕课发源地的美国为例，其拥有相对成熟的慕课学位项目。如 Udacity 曾与美国佐治亚理工学院联合推出了全球第一个计算机学位项目，该项目具有学习完全在线、学习费用低、与面授教育一样能获取学位等优势。

终身教育体系贯穿人的一生，在学习者进行正规教育（学历教育）之后，可以继续进行各类符合学习者需要的教育。[②]纵观在线教育发展趋势，各国应抓住机遇、顺势而为、乘势而上，积极推动在线教育在各方面的改革，为面向学历获取的高质量终身学习体系提供支持。

二、面向职业发展的高质量终身学习体系

近年来，经济社会发展一日千里，世界各国在积极参与国际竞争的同

---

① 张均：《新时代学习型社会与终身教育体系建设的省思》，《成人教育》2019 年第 4 期。
② 徐小明：《关于终身教育体系的未来展望》，《高等继续教育学报》2016 年第 2 期。

时，越来越意识到人才是最宝贵的战略资源，逐渐提高了对职业教育的重视程度。职业教育除了在培养技能人才方面具有基础性作用之外，还承担着促进就业创业、提高劳动者收入、促进国民经济增长、构建新发展格局和提升国家综合实力等新职责和使命。现如今，受终身学习理念的影响，职业教育的发展也要服务于终身学习体系与学习型社会的构建，满足学习者多元化需要。为加快建成满足需求、系统完备、科学高效地面向职业发展的高质量终身学习体系，可从以下三方面入手。

首先，加大国家政策和资金扶持力度。一方面，经济合作与发展组织主要成员政府投入大量资金，为职业教育与培训提供经费保障。例如，瑞典提供成人教育入学资助和困难补贴、特殊成人学习资助、特殊教育经费以及失业者成人学习资助等终身学习经费，满足各类型学习群体的需求。另一方面，经济合作与发展组织主要成员也在畅通资金主体来源与经费资助渠道、建立多元化的资金投入机制方面作出了努力。例如，美国、加拿大、瑞典、芬兰、苏格兰、英国和荷兰等均实施了个人账户制度。这些国家所采取的融资方式虽略有不同，但都有利于减轻政府资金压力，促进劳动者素质的提高以及推动劳动者的终身学习。

其次，多主体协同建设，推进优质资源共享。职业教育不仅具有"职业性"，也具有"教育性"。在教育需求的驱动和信息技术的支撑之下，经济合作与发展组织主要成员倾多元主体协同建设、良性互动之力，推动信息技术与教育培训深度融合，为学习者提供教育资源，促进终身化职业教育的发展。另外，加强高校同企业的合作，促进产学融合，也是经济合作与发展组织主要成员所采取的务实举措。比如韩国，为了让学习者通过接受教育获得职业生活所需要的知识、技术与技能，建立了企业大学，通过产学的有效结合推动资源的共享化。

最后，建立并完善评价体系、资格认证体系。基于现状，亟须构建终身学习学习成果的认可和转换机制。因此，评价体系、资格认证体系建设意义重大。比如，日本以终身学习成果作为评价的重要依据，采用直接评价与间接评价两种方式，并协同社会、民间教育机构形成多种教育评价，从而构建了立体式的终身学习评价方法体系。波兰实施了新型国家资格认证体系，通过调动多部门相互协作，落实终身学习要求，提升学习者的技能和资历。①

三、面向休闲娱乐的高质量终身学习体系

21 世纪是一个"知识爆炸"的时代，知识与信息频繁更替，促使每一个人需要不断地学习，以此适应社会发展和实现自我发展。在此时代背景之下，终身学习的意义和价值重大，学习成为生存生活的必需品。随着经济社会发展，休闲娱乐成为人民追求美好生活的一种方式，带来更多休闲娱乐的享受学习也广受欢迎。诠释终身学习与人们休闲娱乐的关系，并基于此全新视角探讨面向休闲娱乐的实际路径，对推动终身学习、构建终身学习体系有着一定的积极作用。

一方面，推动满足社会大众精神文化需要的学习。当前，学习已成为生活的重要部分，是一种常态的生活方式。对于学习者而言，这一类学习不是以提升学历为特定目的，而是基于休闲来实现丰富精神文化生活的需要。面向休闲的学习不会造成较大的压力，使学习者的学习过程更加轻松、学习情绪更加高昂。但应当注意的是，这样的学习并不意味着无规划地、消极地任意使用空余时间进行休闲。另一方面，促进满足学习者群体"教育＋娱乐"需求的学习。通常认为，教育与娱乐是相对立的，两者之间有明显的界线设定。但随着现代信息技术、现代教育理念的发展，信息化手段的运用使在线教育与娱乐相融合而成为一种新的教育方式。比如美国针对不同学科建立了 Storyline Online、Discovery Kids、Prodigy 等丰富的中小学生在线学

---

① 吴陈兵：《终身学习研究：现状、热点及其展望——基于 2007—2019 年 CNKI 数据库文献的可视化分析》，《中国成人教育》2020 年第 15 期。

习平台，这些平台或融入音频、或融入游戏、或融入实验等元素，让学生在寓教于乐中学习英语、科学、数学等课程。又如英国深受欢迎的 E-Learning for kids、Cool Math、EdPlace 等在线学习平台，其利用音频、故事、游戏、AR/VR 等多种途径将课程呈现在中小学生面前。这种带有一定娱乐性的教育方式让学生的学习变得更加轻松、愉悦，从而提升学生的学习热情和效果。

四、面向课后服务的高质量终身学习体系

课后服务是学生为了培优补差而在主流学校教育之外参加的学习活动，是学校教育体系的补充，也是重要的育人方式。[①] 目前，课后服务现象普遍，已成为社会全体关注的热点。信息化时代，在线教育作为一种新兴的教育模式，其丰富的学习资源、便捷的学习途径和多样的学习方式为全民终身学习的有效开展提供平台。随着互联网信息技术的发展、国家政策扶持力度的加大，加之受全球新冠疫情的影响，在线教育得到空前的发展，线上课后服务也由应运而生到火热发展。

在此背景之下，经济合作与发展组织主要成员努力作为，发挥在线课后服务对于中小学教育和终身学习的"助推器"作用。例如，英国课后服务机构开发出网络授课的模式，为学习者提供了多样化教师资源，以此提高其学习能力。其中，伦敦的在线课后服务富有典型特色。Simply、Learning Tuition 等线下课后服务机构实施了在线教学，通过背景布置来模拟教学场景、对学生进行一对一的在线辅导以及小组在线讨论互动等方式增强了学生学习的真实感、体验感。在我国，线上课后服务平台如雨后春笋般冒出来，比较有特色、有竞争力的平台有腾讯课堂、百度教育、斑马 AI 课、新东方和淘宝同学等。这些线上课后服务平台都能够为满足学习者的需要而提供丰富的

---

① 徐婷婷、左芮嘉、刘潇泽：《对小学课外补习现象的成因分析》，《当代家庭教育》2019 年第 10 期。

教育资源，这也是它们能在众多平台当中脱颖而出的重要原因。此外，伴随大数据、人工智能与虚拟现实技术的发展，在线测评、答疑、教育游戏等也成为线上课后服务平台考虑的扩展方向。

教学内容是课后服务的核心。面向未来，以信息技术为基础，开发、设计与整合更优质的教育教学资源，打造出真正满足学习者个性化学习需要的在线课程是十分重要的。这正是对终身学习体系坚持以人为本这一价值遵循的真实体现，也理应是在线课后服务的发展方向。

第五节　研究对象

研究对象是针对某一具体事物而言的，可以是其一部分、多部分，也可以是其全部。研究目标是指具体要实现的目的，具有一定的时间性，因而是悬空的。研究内容则是与研究目标相对应的具体可操作的一个个研究点，其最终是要落地的。由此可知，研究对象可以理解为从研究目标到研究内容的过渡，即从"悬空"到"落地"的过渡。本节将对研究对象的选择作出具体阐述，并对研究对象的基本概况加以说明。

一、研究对象的选择

研究对象作为研究过程中要认识与变革的对象，是课题的基本载体。一项研究课题，总是先体现在研究对象的选择上。因研究课题的特点不同、性质不同，研究对象选择的方式方法会有所区别。选择的方式方法正确与否，又会对研究效率和研究结果产生直接影响，所以研究对象的选择在研究过程中是不可或缺的。

一方面，从可行性原则的角度考虑，研究经济合作与发展组织主要成员的高质量终身学习体系是有必要的。随着终身学习理念的兴起，构建终身学习体系显然早已成为国际社会的共识。终身学习体系作为一项系统工程，其涵盖面广、涉及领域众多、惠及人群多、社会参与度高。若是对世界范围内各国终身学习体系的发展进行总体研究，势必会使研究的实施难度加大、进度减慢。若是选择经济合作与发展组织的代表性成员进行研究，包括美国、芬兰、英国、荷兰、日本、德国、韩国、加拿大和澳大利亚等，明显具有许多的优越性。比如，减少了研究对象，减少了工作压力；研究对象数量有限，获取资料的手段灵活多样；研究精力更加集中，有利于深入开展这些成员终身学习体系的研究工作。另一方面，从有用性原则的角度考虑，对经济合作与发展组织主要成员高质量终身学习体系发展进行研究是具有现实意义的。近年来，世界主要发达国家和发展中国家纷纷对终身学习体系作出重要努力，特别是以经济合作与发展组织为代表的相关成员，从 20 世纪 90 年代就开始跟进终身学习的发展，试图在国际社会中占据一席之地。将美国、芬兰、英国、荷兰、日本、德国、韩国、加拿大和澳大利亚等国家作为研究经济合作与发展组织成员的重中之重，对这些成员高质量终身学习体系的背景分析、历史考察（发展历史与现状分析）、基本架构以及主要特征等方面作出具体而深刻的研究，以此获得终身学习体系发展的总体认识。正所谓"摸着石头过河——稳稳当当"，这些成员有关终身学习体系的一些先进理念、成熟做法与成功经验，对世界各国具有较强的启示意义和积极的借鉴作用。

综上所述，出于可行性、有用性原则与后文研究事实的表明，选择经济合作与发展组织典型成员的高质量终身学习体系发展作为研究对象是有所考量的。

二、研究对象的概况

作为 21 世纪的生存概念与人的通行证，终身学习贯穿于人的一生，让社会成员在持续的学习过程中来促进自身发展和适应社会发展。终身学习的实施需要建立终身学习体系，来满足个人在一生中所需要的多元化需求。

经过前文在背景分析、概念界定、要素构成和实施路径四大方面的分析和透视，我们对经济合作与发展组织主要成员高质量终身学习体系的发展概况有了进一步的认识。在国家政策、社会进步和个人发展需要的"千呼万唤"之下，经济合作与发展组织主要成员不断提高对高质量终身学习体系建设的重视程度。

面对高质量体系发展的机遇与挑战，经济合作与发展组织相关成员（美国、芬兰、英国、荷兰、日本、德国、韩国、加拿大和澳大利亚等）重视构成要素的内生驱动力作用，实现终身学习体系在政策制定、师资配备、资源开发与组织管理等方面的高质量发展。但由于各国国情相差甚远，终身学习体系的发展道路也会不同。下文将细分章节，从背景分析、历史考察、基本架构、主要特征及研究总结与启示五大方面，分别对这些成员的高质量终身学习体系展开具体论述。

总而言之，经济合作与发展组织主要成员的高质量终身学习体系已经有所发展，但其仍需要对已有或新产生的问题和挑战积极作为，才能使体系更加完备、布局更加合理、发展更加优质，从而加快构建一个全方位、多层次、立体化、开放化的全民终身学习体系。

从当前发展趋势来看，终身学习正处于"青壮年时期"，展现蓬勃发展的态势。为了实现教育高质量发展，建设完善的教育体系，推动构建高质量的终身学习体系势在必行，而高质量终身学习体系也会在国家的呼唤和时代的需要下书写出一份合格的时代答卷。本章首先分析了经济合作与发展组织主要成员高质量终身学习体系的时代背景，从国家政策的指引、社会进步的基础及个人发展的需要三个方面指出体系建设的必然性和重要性。其次，界定了高质量教育等相关概念。再次，有选择地参考经济合作与发展组织主要成员建设终身学习体系的建设过程，从政策制定、师资配备、资源开发与组织管理方面，深刻剖析了高质量终身学习体系的要素构成。又次，从现实情况出发，分别对面向学历获取、面向职业发展、面向休闲娱乐以及面向课后服务的高质量终身学习体系构建进行论述。每一部分都提出了可执行的具体建议，并列举经济合作与发展组织主要成员的有效实例予以佐证，为终身学习体系的高质量发展提供建议。最后，在分析研究对象的定义与意义的基础之上，阐述了选择经济合作与发展组织主要成员的高质量终身学习体系作为研究对象的原因，并对研究对象的概况作出了进一步的解释。

第一章　美国高质量终身学习体系
发展研究

当今世界，高新技术不断推陈出新，社会生活方式持续变革，教育方式和学习方式也遇到了前所未有的改革机遇和重大的历史挑战。面对教育革新，各国如何把握未来走向，如何培养创造未来的高质量人才，以及如何为教育创新做好准备，这都是当前亟须解决的问题。毫无疑问的是，高质量终身学习体系的建设与完善是当前教育事业发展的重要任务。在各国政府的教育政策的指导下，倡导终身学习、构建高质量终身学习体系的实践热潮正在世界各地掀起。

第一节　美国高质量终身学习体系的背景分析

进入 21 世纪，人工智能等高新技术的发展势如破竹，其所带来的知识经济浪潮不断刷新着人们的认知。传统的教育模式已不能满足先进社会对人才和能力的需求，终身学习成为时代的选择，其能够让个人具备在知识经济体系中生存的能力并做好充分的准备。① 终身学习是 20 世纪 60 年代由联合

---

① 邓莉、彭正梅：《全球学习战略 2030 与中国教育的回应》，《开放教育研究》2017 年第 3 期。

国教科文组织首次提倡，之后又经过欧盟等国际机构的大力推动，到如今终身学习早已成为一项重要发展战略，并在世界范围内得以普及与推广。[①] 终身学习的概念被国际社会广泛接受，对国际教育政策改革产生了重要影响。在高新科技的推动下，世界各国政府对于教育的要求不仅针对终身学习，更是要建设高质量的终身学习体系。[②]

当前，一部分经济合作与发展组织成员在终身学习体系的发展方面取得了不少宝贵经验，作为 20 世纪较早重视终身学习发展的国家，美国从本国实际情况出发，积极采取措施，制定并完善终身学习法律体系，落实教育改革，构建契合本国情况的终身学习型社会和终身学习体系。一方面，美国形成了终身学习的推进机制。美国的终身学习不仅应对社会和个人发展的实际需要，其目标多样化，而且表现出明显的实用主义，更注重直接有效地解决社会生活的实际问题。另一方面，美国政府对终身学习的干预始终是有计划的、有重点的。政府的支持是美国终身学习和谐发展的重要条件。[③] 在政府的总体管理和协调下，可以有效利用各种学习资源，相关部门可以充分发挥终身学习法的促进作用，可以有效地保护人们的终身学习权。

第二节　美国高质量终身学习体系的历史考察

美国是世界上最早制定和实施终身学习政策的国家之一。1976 年，美国政府首次修改了《高等教育法》的名称，增加了"B"部分，即《终身学习法》（又称《蒙代尔法》），确立了终身学习的法律地位。自 20 世纪 90 年代以来，终身学习的理念在美国得到了进一步发展。目前，美国是世界各国

---

① 黄欣：《终身教育立法：国际视野与本土行动》，《教育发展研究》2010 年第 5 期。

② 季明明：《中国特色的终身学习理论探索与创新——重读郝克明的〈跨进学习型社会〉》，《北京大学教育评论》2014 年第 1 期。

③ Aspin D., Chapman J., Hatton M., *International Handbook of Lifelong Learning*, London：Kluwer Academic Publishers，2003，pp.49–50.

建立高质量终身学习体系的领头羊。本章将从美国高质量终身学习体系的立法过程入手，回顾美国终身学习立法的历史。

一、美国高质量终身学习体系的发展历史

从 1976 年《终身学习法》的诞生到 1980 年《高等教育法》的颁布，美国终身学习的法制建设经历了 40 多年的历程；从 1993 年《2000 年美国教育目标法》的颁布到 1997 年"四个目标"和"十项原则"的提出[1]，在坚持终身学习基本原则的前提下，美国终身学习法制建设的内涵不断丰富、措施不断完善、制度不断完善，有效地促进了美国高质量终身学习体系的发展。

（一）20 世纪 60 年代：《成人教育法》及相关政策

早在 20 世纪中叶，美国就开展了促进终身学习的活动。终身学习的探索最初是在成人教育团体中进行的[2]，在国际终身学习思潮的影响和推动下，以成人教育为契机的终身学习实践逐步展开。[3]

首先，随着成人教育的发展，20 世纪 60 年代，美国在成人教育概念的指导下实施了终身学习。1966 年 11 月，美国政府不仅规定了成人教育的目的和定义，还实施了国民计划和老年人特别计划，设置了国民咨询委员会和国民教育咨询委员会。随着社会的变化和发展，为了不落后于时代的步伐，满足成人教育发展的需要，从 1968 年到 1984 年，美国多次修订了成人教育法。

其次，为了保证成人教育在美国的全面有效发展，两种类型的成人教育项目已依法建立：国家项目和州项目。重点是国家层面的成人教育项目，包

---

① Ahmad A.，"A Novel Approach for Enhancing Lifelong Learning Systems by Using Hybrid Recommender System"，*US-China Education Review*，Vol.8，No.4，2011，pp.482–491.

② Aspin D.，Chapman J.，Hatton M.，*International Handbook of Lifelong Learning*，London：Kluwer Academic Publishers，2001，pp.25–27.

③ 王洪才：《终身教育体系的构建》，厦门大学出版社 2008 年版，第 126、127 页。

括国家研究和维护计划、移民和难民的一般成人教育计划和成人紧急教育计划。① 在成人教育计划中，国家应与其他相关省厅合作，以考虑弱势群体的利益。

最后，美国的成人教育不仅能让社会上的每一个成员都能获得更多的知识，而且保证公民的教育权利，增强公民对履行他们义务的意识。美国通过终身学习的启发和人才培养，确立了成人教育平等原则，为促进终身学习奠定充实基础。

（二）20世纪70年代：《终身学习法》及相关政策

20世纪70年代，终身学习思想在美国开始盛行。同时，在众多慈善组织和教育机构支持下，政府和社会各界人士也走上了推进终身学习的舞台。在此背景下，终身学习逐渐成为美国制定教育法律法规的重要原则。

一方面，《终身学习法》规定了终身学习的目的、宗旨，明确了终身学习的基本框架和基本内容，无论是对于《中学后继续教育法》，还是《美国2000年教育目标法》，都起到了重要奠基作用。《终身学习法》的立法宗旨是国家要大力发展教育培训，对全体公民进行长期教育培训，使其不断获得新的知识和技能，不仅要跟上社会经济的快速发展，还要引导社会、经济、政治、文化的不断发展，《终身学习法》主要包括三个部分：终身学习的产生和特点；终身学习的范围；终身学习活动的内容。② 该法案规定了终身学习的范围。在第二部分"终身学习的范围"中，具体阐述了终身学习的19种类型。法案主要对终身学习的实施过程作出具体规定，包括建立终身学习机构，探索保障终身学习经费投入的措施，为公民提供更多的校外学习机

---

① Kirst M. W., "Research News and Comment: View on America 2000-New American Schools Component of President Bush's Education Strategy", *Educational Researcher*, Vol.20, No.7, October 1991, pp.27–28.

② Aspin D., Chapman J., Hatton M., *International Handbook of Lifelong Learning*, London: Kluwer Academic Publishers, 2001, pp.58–59.

会，鼓励更多社会机构参与终身学习活动，分析影响终身学习的不利因素并制订解决方案，确保终身学习的顺利实施，明确国家和地方政府在发展终身学习中的职能和责任。①

另一方面，《终身学习法》打破了终身学习只局限于观念的障碍，将终身学习转化为实践的探索，在世界范围内推动终身学习实践的落实。《终身学习法》明确规定了终身学习的目的，阐述了终身学习推进的领域，规定了各级政府的责任和权限。②《终身学习法》推进了全国范围内的终身学习，拓展了联邦政府在规划、评价、整合教育方面的作用，有利于为社会大众提供终身学习机会，并加快科学技术发展。根据《终身学习法》，美国联邦政府设立了终身学习办公室。同时，州和地方自治体设立了终身学习事务所，开展了各种各样的终身学习活动。因此，美国创造了中央政府和地方自治体共同管理终身学习的新格局。

（三）20 世纪 80 年代：《继续高等教育法》及相关政策

为了进一步加强和落实《终身学习法》关于高等教育的相关规定，1980年，美国国会将 1965 年《高等教育法》的第一条修改为《继续高等教育法》（The Continuing Post-Secondary Education Act）。

首先，该法案采纳"继续高等教育"的概念③，一方面强调教育的持续性，另一方面以强调高等教育机关和学校以外的社会制度的教育作用为目标。④高等教育机关有义务与大规模的教育机关共享丰富的教育和人才，建立相互

---

① Aspin D., Chapman J., Hatton M., *International Handbook of Lifelong Learning*, London：Kluwer Academic Publishers，2001，pp.37-39.

② Aspin D., Chapman J., Hatton M., *International Handbook of Lifelong Learning*, London：Kluwer Academic Publishers，2001，pp.51-53.

③ Aspin D., Chapman J., Hatton M., *International Handbook of Lifelong Learning*, London：Kluwer Academic Publishers，2001，pp.61-63.

④ Aspin D. N., Chapman J. D., *Values Education and Lifelong Learning：Principles，Policies，Programmes*，Berlin：Springer，2003，pp.12-13.

合作的社会学习网络，将大学整合到终身学习系统中，向大学开放资源，加强与大学校园的合作。

其次，高等教育机关极其丰富的教育人力资源在高等教育中应起重要作用，这对美国社会未来的发展十分重要。同时，经济发展水平、国民繁荣度、国民质量也与高等教育的质量和规模密切相关。此外，有关机构应为农村和偏远地区的人口制订一个便于进入高等教育的计划。[①] 因此，联邦政府与高等教育的州和机关紧密合作，目标和措施如下：（1）所有市民都可以平等地接受高等教育，保障所有年龄、性别、职业、宗教、残疾、国籍的学习者都可以自由选择适合自己需要和能力的设施；（2）提高高等教育适应社会经济快速变化需求的能力，包括保护和扩大学问的自由、责任、教育的多样性，通过有效的计划和管理有效地利用各种资源，达到高等教育可持续发展的目标，合理分配人、物、财。[②]

最后，在法律形式上，《继续高等教育法》规定，中学后继续教育一方面是公民的义务和责任，另一方面是高校终身教育的责任和义务。该法进一步明确了终身学习法的相关内容，细化了学习主体和教育服务的相关规定。它对美国终身学习法律体系的建设起到了重要的推动作用。

（四）20世纪90年代：《美国2000年教育目标法》及相关政策

全世界的经济和技术的竞争越来越激烈。像往常一样，美国政府和社会的所有部门都发展了高水平的教育作为国家竞争和技术进步的措施。1993年，美国成立了终身学习委员会[③]，其目标是制定终身学习政策和推进终身

---

① Bagnall R. G., *Cautionary Tales in the Ethics of Lifelong Learning Policy and Management*：*A Book of Fables*，Amsterdam：Kluwer Academic Publishers，2004，pp.58–60.

② Aspin D. N.，*International Handbook of Lifelong Learning*，Amsterdam：Kluwer Academic Publishers，2001，pp.71–73.

③ Ahmad A.，"A Novel Approach for Enhancing Lifelong Learning Systems by Using Hybrid Recommender System"，*US-China Education Review*，Vol.8，No.4，2011，pp.482–491.

学习行动。1994 年，美国设立了高等教育、图书馆和持续教育的国立研究所。该所目的是"强化成人学习问题的研究开发，实施一系列成人学习计划的研究，改善图书馆的质量，为美国的高等教育、图书馆、持续教育提供研究指导"。①

一方面，《美国 2000 年教育目标法》被认为是 1990 年后加深教育改革和发展的基本法律基础。法案的目的是推动美国教育的改革和发展。该法律指出，"为了增加知识、提高技术、发展所有市民的可能性，政府和社会必须提供所有终身的机会"。② 该法律的主要目的是"扩大所有市民的终身学习机会，达成实现其可能性的最终目标"。③ 另外，为了确保终身学习的可持续发展，美国以"分析、研究有关一生学习的各种问题"为目的，在文部省内设置了高等教育、图书馆、终身学习研究所。④

另一方面，为了更好地落实《美国 2000 年教育目标法》的各项规定，加速教育改革的进程，克林顿总统又提出了教育改革的"四个目标"和"十大原则"。⑤"四个目标"是：(1) 要求 8 岁的孩子有阅读能力；(2) 12 岁的孩子不仅懂网络，而且有使用网络的能力；(3)18 岁以下的孩子有阅读能力，确保每个人都能获得在大学里学习的机会；(4) 终身学习成为每个美国成年

---

① Kirst M. W., "Research News and Comment：View on America 2000-New American Schools Component of President Bush's Education Strategy", *Educational Researcher*, Vol.20, No.7, October 1991, pp.27–28.

② Jackson S., *Innovations in Lifelong Learning：Critical Perspectives on Diversity, Participation and Vocational Learning*, London：Routledge, 2011, pp.127–129.

③ Istance D., Schuetze H. G., Schuller T., *International Perspectives on Lifelong Learning*, London：Open University Press, 2002, pp.23–24.

④ Jackson S., *Innovations in Lifelong Learning：Critical Perspectives on Diversity, Participation and Vocational Learning*, London：Routledge, 2011, pp.48–49.

⑤ Ahmad A., "A Novel Approach for Enhancing Lifelong Learning Systems by Using Hybrid Recommender System", *US-China Education Review*, Vol.8, No.4, 2011, pp.482–491.

人的学习风格，并且能够始终保持这种学习行为。[①] 作为美国终身学习的最高目标，第四个目标反映了美国终身学习政策的深化，表明了美国的教育改革和发展方向。第9条原则指出："21世纪是教育的世纪，也是生涯教育的世纪。随着美国终身教育的发展，全社会的市民必须得到学习新知识和技术的机会。在终身教育的指导下，美国将朝着更好的未来前进。"[②]

（五）21世纪以来的终身学习政策

在21世纪的经济全球化时代，劳动市场对人才质量提出了新的要求。同时，知识和技能的更新要求人们更快地丰富知识。在这个背景下，美国的教育政策一直把焦点放在终身学习上。

首先，2002年3月和2007年5月，联邦教育部发布了《2002—2007年战略计划》和《2007—2012年战略计划》，指出终身学习在美国社会发展中的重要性，并要求确保终身学习的有效性和人人参与终身学习的机会。

其次，2009年奥巴马上台后，继续进行改革，强调从摇篮到坟墓的教育，成立总统早教委员会，打破教育部门各自为政的局面，制定终身学习的计划和项目，提高教育质量。

再次，2015年10月，美国发布了《国家创新战略》。该战略强调，应保障更多的年轻人和成年人通过社区大学接受高等教育，学习社会新兴产业所需要的技能，实现终身学习和成功。

最后，美国制定了一系列终身学习法，确定终身学习的原则和政策，严格规范教育和学习活动的实施，促进美国各种形式终身学习活动的健康顺利发展，在终身学习法不断完善的过程中，形成了其独特的魅力。

---

① Kirst M. W., "Research News and Comment：View on America 2000-New American Schools Component of President Bush's Education Strategy", *Educational Researcher*，Vol.20，No.7，October 1991，pp.27–28.

② Aspin D. N., *International Handbook of Lifelong Learning*，Amsterdam：Kluwer Academic Publishers，2001，pp.63–65.

二、美国高质量终身学习体系的现状分析

美国政府特别重视推进终身学习。在美国，所有级别的政府部门都以各种形式开展了广泛的员工教育和培训活动。不仅如此，各种传统学校、美术馆等文化团体、企业和其他非教育机构也都积极参与推进终身学习体系的建设。

（一）向成人开放的全日制学校

第一次世界大战后，美国开办了成人教育课程，由公立小学和中等学校的夜间学校组织。各种专科学校和二级职业学校还提供汽车修理、电子机床、金属加工、绘图等中间职业课程。这些终身学习机会在获取知识和技能方面发挥重要作用，能够最大限度地满足成年人的学习需求。[1]

一方面，大学开放于19世纪末，成人大学的课程主要以公共授课和通信教育的形式提供。[2] 函授教育是面向成年人开办的美国大学的主要形式。不去大学的人可以通过讲座接受高等教育。1874年，威斯康星大学提供了第一个函授课程。之后，威斯康星大学开设了函授教育部门，确立了终身学习者的学习模式，提出了维持函授教育的标准，并建议政府设立大学扩展委员会。[3]

另一方面，在美国，退休的老年人也包含在招生计划中。例如，哈佛大学较早地设立了退休学校。大部分学生的年龄在50岁和90岁。退休学校不

---

[1] Stubblefield H. W., *Toward History of Adult Education in America：The Search for a Unifying Principle*，London：Croom Helm，1988，pp.165–166.

[2] Stubblefield H. W., *Adult Education in the American Experience：From the Colonial Period to the Present*，San Francisco：Jossey-Bass Publishers，1994，pp.267–268.

[3] Stubblefield H. W., *Adult Education in the American Experience：From the Colonial Period to the Present*，San Francisco：Jossey-Bass Publishers，1994，pp.268–269.

仅提供通信课程，还提供校园学分课程、兼职课程和其他课程。[①] 这些课程最大限度地利用大学的资源，满足老年人的需求，丰富其生活。为了保障老年人群中的残疾者能够平等获得数字内容，哈佛大学于 2023 年更新了数字无障碍政策。

（二）社区学院

说起美国的高等教育，社区学校是最有特色的。随着社会经济的发展，社区学院从低成本、高质量的教育转变为各种形式的公共教育机构。美国的社区大学的数量超过 1000 所，占美国高等教育机构的 1/3。社区学院则因其灵活的学习时间、短暂的学年和低廉的学习成本而受到欢迎。[②]

一方面，美国社区学院因材施教，并根据当地需要提供课程。例如，19世纪 40 年代，从第二次世界大战回来的士兵再教育属于联邦资金援助计划的一部分，联邦政府请求社区学院接受成人学生。[③] 此外，社区学院为满足成人学生的较高教育需求，更关心对成人学生的教育支持。

另一方面，社区学院有着独特的职业教育优势。一般来说，社区学院提供两个课程：一是学生可以在毕业两年期间继续学习，可以建立与四年大学的接触的过渡自由人课程；二是大学毕业后，可以直接获得大学学位的职业和技术课程。[④] 除了上述两个课程之外，社区高等院校还具有持续教育、社区服务和文化活动的功能。

---

① Fuller J W，*Continuing Education and the Community College*，Chicago：Nelson-Hall，1978，pp.177–179.

② Strand K.，Marullo S.，Cutforth N.，Stocker R.，Donohue P.，*Community-Based Research and Higher Education：Principles and Practices*，San Francisco：Jossey-Bass，2003，pp.76–78.

③ Knowles M. S.，Holton III. E. F.，Swanson R. A.，*The Adult Learner：The Definitive Classic in Adult Education and Human Resource Development*，Burlington：Elsevier，2005，pp.159–161.

④ Stubblefield H. W.，*Adult Education in the American Experience：From the Colonial Period to the Present*，San Francisco：Jossey-Bass Publishers，1994，pp.55–56.

（三）博物馆和图书馆

美国博物馆的首要任务是充分发挥教育功能。为了充分发挥博物馆的社会教育功能，博物馆的当务之急是如何让观众深入了解博物馆藏品的文化内涵。[①]

首先，有很多大都会美术馆、自然史博物馆、近代美术馆等美国美术馆。这些美术馆有英语、法语、德语、日语和中文的免费阅读资料。另外，还设置了展示厅相关活动主题定期说明的特别翻译人员。这不仅满足不同观众的需求和兴趣，还将博物馆的收集与历史背景相结合，达到"展示与教育相结合"的目的。[②] 它吸引了许多游客，成为博物馆发展的支持者和终身学习的推动者。

其次，美国图书馆和博物馆的组合扩大了他们的教育功能。美国的图书馆分类中有一个特别的类别"博物馆图书馆"。这些图书馆属于中等规模或大型博物馆，其目的是提供图书馆收集服务，并放大博物馆的相关活动信息。这个信息和博物馆展示有关。[③] 这些图书馆也被公开，提供免费的计算机检索和预约服务。

最后，美国图书馆不仅建立了众多的学习室，还为学习者制订了学习计划，回答其各种学习问题。图书馆的活动不仅仅是书籍的收集和借入，还配备了磁带录音机、照相机、多媒体计算机等音频设备。[④] 此外，许多图书馆还组织了研究小组、讨论班、读书俱乐部等活动，吸引了更多的成年人，提

---

① Portman D. N., *The Universities and the Public*：*A History of Higher Adult Education in the United States*，Chicago：Nelson-Hall，1978，pp.131–132.

② Kett J. F., *The Pursuit of Knowledge under Difficulties*：*From Self-Improvement to Adult Education in America*，*1750-1990*，Stanford：Stanford University Press，1994，pp.68–69.

③ Selwyn N.，Gorard S.，Furlong J.，*Adult Learning in the Digital Age*：*Information Technology and the Learning Society*，New York：Routledge，2006，pp.124–125.

④ Jarvis P.，Griffin C.，*Adult and Continuing Education*：*Liberal Adult Education*（part 2），London：Taylor & Francis，2003，pp.89–91.

高了图书馆的教育价值。

（四）开展教育与培训的企业

随着经济的快速发展和市场竞争的激化，美国对所有职业资格证书都给予了更多的关注，教育和训练成为各种企业竞争的焦点。企业成为推动终身学习的重要参与者。通过员工培训，可以开发新技术，提高生产水平，加强管理，使企业不断稳步发展。

美国企业教育和训练的目标是提升不同员工的教育水平。例如，如果没有一般的中等教育，则必须通过各种手段提高到相应的水平，同时根据职业特性进行职业性和技术性训练。[①]

在美国，企业培训有三个主要形式：职业培训、短期培训和机关培训。第一，一边工作一边学习的方法，从学习内容上来说，基本知识和商务知识是企业和岗位所必需的。第二，公司一般会在就职后提供短期培训，包括各种研讨会、研讨会、研究会、研讨会等，在教师的指导下，可以研究解决企业经营中的各种问题。第三，美国企业中长期和高级管理人员将被送到著名学校进行进一步的研究，以培养"通才"。普通大学、专科学校和大企业的培训中心为员工提供"专业人才"培训。[②]

总的来说，企业职工教育具有反应迅速、针对性强、灵活性和多样性的特点，能够满足职工终身学习的需要，满足科技快速发展的需要。

---

① Merriam S. B., Cunningham P. M., *Handbook of Adult and Continuing Education*, San Francisco：Jossey-Bass，1990，pp.102–103.

② The United Nations Educational，Scientific and Cultural Organization，*Learning to be*：*The World of Education Today and Tomorrow*，Paris：The United Nations Educational, Scientific and Cultural Organization，1972，pp.127–129.

第三节 美国高质量终身学习体系的基本架构

在终身学习的背景下，传统的教育观念和学习观念受到了挑战。为了实现教育功能，学校教育不再是唯一的教育。终身学习的终身性、广泛性和普遍性，使原来单纯的学校教育已不能支撑人们生活的发展，也不能再满足当今社会对生存的高要求。探索终身学习体系的基本框架，能够促进终身学习理念的实现。

一、美国高质量终身学习体系的政策制定

美国法属于判例法体系，其终身学习法是根据不同时期社会发展的不同要求而颁布的。回顾美国终身学习法的发展历程，可以发现，针对不同的问题，不同时期都有相应的法律，不同时期颁布的终身学习法是在继承原有法律的基础上进行补充和完善的，它具有承前启后的特点，从而形成一个完整的、持续的终身学习体系。

（一）《终身学习法》

美国《终身学习法》是一部比较完善的终身学习成文法，对终身学习首次进行了全面的定义。该法案中提到美国的终身学习需要满足全体国民的学习需求，提高其能力和技能，开发其工作潜力，以便全体国民更好地参与到政治、经济和文化生活中。[①] 美国《终身学习法》的主要内容不仅仅包括其社会意义、形成原因、主要特征和学习范围，还明确了终身学习的具体内容，从而引领学习型社会的发展，促进国家的发展。多年来，终身学习始终贯穿于美国联邦教育法律和政策中。

---

① Istance D., Schuetze H. G., Schuller T., *International Perspectives on Lifelong Learning*, London：Open University Press，2002，pp.23–25.

(二)《继续高等教育法》

《继续高等教育法》采用"继续高等教育"的概念①，一方面，强调教育的终身性和连续性；另一方面，突出高校和校外社会机构的教育作用。该法案要求高等学校和高校以外的各类组织加强合作，使其丰富的教育资源和人力资源能够共享，形成一个相互关联的社会学习网络，把大学纳入终身学习体系，向社会开放大学资源。② 该法案认为，高等教育机构极其丰富的教育资源和人力资源应在高等教育中发挥重要作用，应当重视美国高等教育的发展；经济发展水平、国家繁荣程度和全体国民素质与高等教育的质量和规模密切相关；有关机构应制订计划，提高农村或边远地区人民接受高等教育的便利性。总而言之，《继续高等教育法》进一步明确了终身学习法的相关内容，细化了学习主体和教育服务的相关规定，对美国终身学习法律体系的建设起到了重要的推动作用。

(三)《美国2000年教育目标法》

《美国2000年教育目标法》被视为20世纪90年代末深化教育改革和发展的基本法律依据。该法案的目标是在美国深化改革，大力发展教育。为此，该法案为美国教育的未来发展设定了八个目标，其中第三个目标是"联邦、州和地方政府在教育改革和终身学习中各自的作用和责任"。法案提出，"为了增加所有公民的知识，提高他们的技能，挖掘他们的潜力，政府和社会需要为他们提供各种终身学习的机会"。总而言之，在几十年的探索和实践中，终身学习的理念逐步成熟，学习型社会建设进一步完善，终身学习的

---

① Bagnall R. G., *Cautionary Tales in the Ethics of Lifelong Learning Policy and Management：A Book of Fables*，Amsterdam：Kluwer Academic Publishers，2004，pp.57–58.

② Aspin D., Chapman J., Hatton M., *International Handbook of Lifelong Learning*，London：Kluwer Academic Publishers，2001，p.49.

成果也日益丰硕。

二、美国高质量终身学习体系的师资配备

高质量终身学习体系在增加受教育机会方面发挥着重要作用。然而，任何教育计划的成功都依赖于一种关键和核心资源，即高质量的教师。作为最早一批重视高质量终身学习体系建设的国家之一，美国对师资配备的重视程度也是很高的。

（一）教师职前培养

在美国的高质量终身学习体系中，技术的进步为民众的终身学习提供了独特的机会。然而，教学质量和控制的责任、学习的改进和远程教育的总体有效性仍然取决于教师。[1] 终身学习体系和教师队伍体系的建立不是一蹴而就的，其需要一个长期的发展过程和特殊的教育培训。[2]

一方面，课程是教育的载体。联合国教科文组织职业教育中心于1994年提出教育课程体系建设，并把其作为21世纪的三大工程之一。[3] 总体而言，美国的教育课程体系已经建设得较为完整，美国建立了系统的教育课程体系，帮助教育教师进行理论知识的积累。

另一方面，美国的大多数高校都把终身学习作为主题进行专门研究，并开设相关的一些课程，其课程设置相对成熟，涵盖面广，包括知识、能力、实践等方面。既有面向全校学生的公共选修课，又有精练务实的核心课程。

---

① Bang H., "Challenges and Self-Efficacy of Female East Asian-Born Faculty in American Universities", in *Experiences of Immigrant Professors：Cross-Cultural Differences，and Lessons for Success*, Hutchison C. B. （eds.），New York：Routledge, 2015, pp.88–99.

② Dillon C. L., Walsh S. M., "Faculty：The Neglected Resource in Distance Education", *American Journal of Distance Education*, Vol.6, No.3, March 1992, pp.5–21.

③ Kane M. K., "The Requirement of Full-Time Faculty in American Legal Education：Responsibilities and Expectations", *Journal of Legal Education*, Vol.51, No.3, September 2001, pp.372–374.

每一所大学都根据自身的优势，建立一套独特的课程体系。例如，百森商学院在开设课程时，主要围绕学生综合素质的培养展开。课程内容呈模块化，能有效整合学生各方面能力的发展，从而满足学生未来创业的需要，保障了创业教育理念的传播和目标的实现。① 另一个例子是康奈尔大学，该学校在设置终身学习的课程时，有效地结合了专业教育，以提高人才培养的针对性和效率。②

（二）教师入职选拔

高质量终身学习体系的关键是教师的选拔。美国高校的教师选拔主要是从专任教师和兼职教师两个方面出发，选择最优人才来构建教师队伍。一般来说，根据专业需要，先选拔出一部分专职教师，然后吸收具有社会实践经验和学术背景或符合其他标准的人才进行兼职教学，从而建立更加科学的专兼职教师队伍。

一方面，在招聘专任教师方面，美国制定了严格的起始标准，在学历和经验两方面都有着极高的要求，这一严格的标准保证了可以选拔出高质量的教师。例如，百森商学院和哈佛大学在教师招聘中制定了明确的标准，并在官方网站上对岗位的要求做了明确的说明。③ 总的来说，美国高校对教师的学历、实践经验、科研能力和教学能力等各个方面都有非常严格的要求，这一做法在一定程度上保证了为终身学习体系选拔的教师都是高质量的人才。

---

① Clark T., "Attitudes of Higher Education Faculty toward Distance Education：A National Survey", *American Journal of Distance Education*, Vol.7, No.2, November 1993, pp.19–33.

② Umbach P. D., "The Contribution of Faculty of Color to Undergraduate Education", *Research in Higher Education*, Vol.74, No.3, May 2006, pp.317–345.

③ Olcott J. D., Wright S. J., "An Institutional Support Framework for Increasing Faculty Participation in Postsecondary Distance Education", *American Journal of Distance Education*, Vol.9, No.3, September 1995, pp.5–17.

另一方面，建立专兼职教师队伍，合理配置教师资源，提高教师的利用率，使教学理论与实践更好地结合。招聘兼职教师为教师队伍增添了新的活力，同时也为教育事业的高质量发展提供人力支持和实践平台。[①] 美国高校在招聘兼职教师时，也制定了科学严格的用人标准，综合考虑教师的教学经验、理论水平和学术能力，致力于选拔出具有较高学术背景和教育热情的社会人才担任兼职教师。

三、美国高质量终身学习体系的资源开发

在数字化时代，随着高新技术的发展，许多美国高校开展教育活动的重要途径之一就是以互联网作为媒介为人们提供学习机会和资源。

（一）E-Learning

E-Learning（Electronically-Learning），即电子学习或数字化学习，是指学生自主获取数字化内容中的学习资源进行学习的过程。自 20 世纪 90 年代 E-Learning 这一概念被提出后，它在教育方面的应用得到了广泛关注并迅速发展。

在 E-Learning 中，学习者不再被固定的学习时间和空间所束缚，同时学习者可以通过 E-Learning 将学习与工作有效结合起来。因此，E-Learning 不只在马里兰大学等传统大学，甚至凤凰大学和企业大学等营利性大学中都得到了广泛的应用。尤其是在企业型大学，因为资源消耗大、效率低等问题，传统面对面的教学方式已经无法适应知识更新的速度和时代的要求，不能满足企业对短时间快速提高员工素质的需求。由此可见，E-Learning 能够降低学习资源消耗成本，科学梳理学习内容，减少学习前期所需准备时间，让学

---

①　Meehan B. T., Hughes J. N., Cavell T. A., "Teacher-Student Relationships as Compensatory Resources for Aggressive Children", *Child Development*, Vol.74, No.4, July 2003, pp.1145–1157.

习时间更随意更灵活，短时间内可快速提高员工素质，方便快捷地实现大范围的全员学习，因此受到广泛关注。E-Learning 让学习者的学习不再受学习时空的限制，更方便快捷地获取学习资源，强调学习者的主体性，以及以学习者为中心。

（二）慕课

慕课，即大规模开放在线课程（Massive Open Online Courses，MOOC），是一种新型的网络教育形式。可以说，慕课是 E-Learning 的升级版。慕课起源于 2008 年的加拿大，之后在美国迅速发展。

首先，简要分析一下慕课在美国的发展历程。2011 年，玛丽华盛顿大学（University of Mary Washington）开设了美国的第一门慕课。随后，纽约城市大学约克学院（CUNY-York College）也开发了其专业相关的慕课。同年秋，斯坦福大学的塞巴斯蒂安·特龙（Sebastian Thrun）教授与彼得·诺维格（Peter Norvig）教授联合开发了《人工智能导论》（Introduction to Artificial Intelligence）的免费课程，吸引了来自全世界的 160000 人注册该门课程。[①] 这门课程的开设，不只促使了 2012 年慕课教育平台 U-dacity 的创立，更是将美国慕课的发展推到高潮。此后，2012 年 4 月，斯坦福大学的计算机科学教授达芙妮·科勒（Daphne Koller）和吴恩达（Andrew Ng）合作开发了 Coursera 平台。同年 5 月，麻省理工学院和哈佛大学联手推出了 edX 平台。至此，美国三大慕课平台成立。2012 年也因此被称为美国的"慕课元年"，此后，慕课获得迅猛发展。

其次，慕课与传统的网络教育相比，优势是显而易见的。慕课强调完全开放，任何能上网的人都可以通过慕课获得开放、丰富的学习资源，而不是

---

① 谢青松：《基于终身教育资历框架的 MOOC 学习成果认证与衔接》，《中国职业技术教育》2019 年第 9 期。

针对某个年龄段或某个职业。① 因此，没有了职业、年龄等身份限制，终身学习的目标更容易实现。此外，慕课采取的是类似翻转课堂的混合学习模式，强调教师的引导和学习者的参与和互动，在充分体现学习者作为主体的积极性、主动性和创造性的同时，也重视教师的引导以及其在课堂中应当发挥的作用。

再次，美国的各大高校通过开发学校官方网站或与各大慕课平台的合作，开发了涵盖多个领域的丰富课程资源，为实现全民终身学习提供了有效途径。例如，斯坦福在线（Stanford Online）提供超过 100 个独特的免费在线课程，为不同年龄、地域和背景的学习者提供开放免费的学习资源。学习者线上参与课程，不分时间和地点进行终身学习。

最后，慕课更是满足了一些老年人的学习需求，受到学习者的欢迎，为实现全民终身学习提供了有效途径。2015 年，美国杜克大学（Duke University）的研究人员发现，该校在 Coursera 平台上开设的 13 门课程非常受非传统学生群体的欢迎，包括那些没有受过高等教育的超过 65 岁的群体。他们相信这些课程可以帮助他们实现终身学习，保持积极学习的热情。

四、美国高质量终身学习体系的组织管理

到目前为止，美国已经形成相对完整的终身学习服务体系。根据提供终身学习服务的主体大致分为四个部分：独立的终身教育机构、正规的学校教育机构、半教育性的组织机构和非教育性的组织机构。② 基于此，可从非传统高等教育机构和高校两个方面分析美国高质量终身学习体系的组织结构。

---

① 曾晓洁：《美国大学 MOOC 的兴起对传统高等教育的挑战》，《比较教育研究》2014 年第 7 期。

② 桑宁霞、任卓林：《国际视野下终身学习服务体系构建的路径选择》，《中国成人教育》2021 年第 3 期。

（一）非传统高等教育机构

随着教育水平的不断发展，为了适应社会和时代的需要，一些非传统的成人高等教育机构得到了美国教育部的认可，并具备了授予本科、硕士、博士学位的资格。美国教育部还向传统高校推荐了一些优秀的教学计划和教材。非传统高等院校极大地促进了成人教育的发展。在这些非传统高等教育机构中，比较典型的是企业大学和有证书颁发权的营利性大学，它们为成人提供了更多接受高等教育的机会。

1. 企业大学

19世纪80年代，波士顿和巴尔的摩的机械车间催生了美国最早的企业教育。随着工业革命的不断发展，企业对工人的素质提出了更高的要求，因此企业的教育培训活动愈加频繁，内容水平也逐步提高，这就产生了美国最早的企业教育。20世纪20年代，企业大学的雏形出现了。[①]1927年，通用汽车公司建立通用汽车工程与管理学院（General Motor Engineering and Management Institute，GMI），虽然没有明确提出"企业大学"一词，但它提出"因材施教"——对不同员工实施不同的培训项目，为企业加强人力资本和提高生产力，这为以后创办企业大学奠定了基础。这被认为是美国第一家企业大学。

首先，在终身学习观念的影响下，成人的学习观念也在逐渐转变，成人通过各种方式不断学习，提高自身的综合素质。[②]面对高新技术的飞速发展，企业更加注重员工个人职业素质水平与企业发展需求的协调性，越来越多的企业将教育培训作为提高员工素质的重要途径，以便提高员工技能水平和职

[①] The United Nations Educational, Scientific and Cultural Organization, *Learning to Be : The World of Education Today and Tomorrow*, Paris : The United Nations Educational, Scientific and Cultural Organization, 1972, pp.142–144.

[②] Ahmad A., "A Novel Approach for Enhancing Lifelong Learning Systems by Using Hybrid Recommender System", *US-China Education Review*, Vol.8, No.4, April 2011, pp.482–491.

业素质，增强企业管理水平和竞争力，实现企业的快速发展。① 因此，在一些企业成功建立了企业大学之后，"企业大学"这一名词被人们广泛接受，而企业大学也已成为提高员工素质、增强企业发展水平的重要途径。

其次，美国的企业大学主要有两种：一是提供短期教学的培训中心，主要是提高员工的工作能力和知识素养，授予资格证书，以迪士尼乐园大学为代表；二是具有传统高校性质的高等学校学位授予机构，通常与高校联合设立，以亚瑟管理学院为代表。② 企业大学根据实际情况安排课程，选择合适的教学方法，充分利用员工的闲暇时间，因此，企业大学成为满足企业员工终身学习需求的重要途径之一。

最后，企业大学的专业化水平在不断提高。越来越多的企业大学能够独立地研究和开发项目，并且能够获得教育部认可的授予学位的资格，在严格意义上来说，很多企业大学已经达到了正规大学的标准水平，一些企业大学的博士甚至可以与伯克利大学和哈佛大学等著名大学的博士竞争。③

2. 营利性大学

美国营利性大学（For-Profit University）最早可追溯到殖民地时期。17世纪60年代，荷兰殖民者来到美国建立夜校。20世纪中后期，随着知识经济的发展以及成人对于学习需求的多样化，营利性大学应运而生并初步发展。④

首先，在资本投资和政府战略的支持下，营利性大学得以发展。一是民间资本流入教育领域，投资机构将营利性教育公司列为未来的投资对象。二

---

①　Aspin D., Chapman J., Hatton M., *International Handbook of Lifelong Learning*, London：Kluwer Academic Publishers，2001，pp.182–183.

②　Snyder T. D., Tan A. G., Hoffman C. M., *Digest of Education Statistics 2003*, Washington：Government Printing Office，2004，pp.25–28.

③　Snyder T. D., Dillow S. A., *Digest of Education Statistics 2010*，Washington：Government Printing Office，2011，pp.152–154.

④　Merriam S. B., Brockett R. G., *The Profession and Practice of Adult Education：An Introduction*，San Francisco：Jossey-Bass，1997，pp.194–197.

是国家教育统计中心（National Center for Education Statistics，NCES）重新定义了高等教育，将美国财政支持的营利性学校划到其定义的范围内。[①]

其次，营利性大学从成立之初就把重点放在有全职工作的成人身上，而不是传统的全日制学生，这使营利性大学抓住了成人潜在的教育目标。[②] 在终身学习理念深入人心的背景下，成人教育市场潜力巨大。同时，许多营利性大学对女性的包容度非常高。

再次，营利性大学应根据成人学习者的特点开设相应的课程。课程以企业管理和信息技术为重点，以满足成人提高专业素养以及加强工作技能的需要。[③] 此外，高校老师实行统一的成绩评定方法，制订统一的课程计划，并根据实际情况不断修订，以此来满足学生的需求。

最后，随着营利性大学的快速发展，支持人们终身学习的教育机构增多，选修学习内容更加多样化。

（二）高校

终身学习打破了时间和空间的限制，影响了传统的教育模式。20世纪60年代中期，国际上出现了现代终身学习思潮。作为终身学习重要组成部分，成人教育得到了快速的发展，其终身化趋势日益突出。[④] 从教育对象看，高校成人教育可以容纳企业职工、失业人员、退伍军人、教师、农业生产者、青年人和中老年人等各行各业、各年龄段的成人；在教育内容上，高校成人教育呈现多元化发展态势，学历教育、职业发展教育、休闲教育和农业

① Cohen A. M.，Brawer F. B.，*The American Community College*，San Francisco：Jossey-Bass，2003，pp.85–87.

② Stubblefield H. W.，*Toward History of Adult Education in America：The Search for a Unifying Principle*，London：Croom Helm，1988，pp.114–117.

③ Jarvis P.，Griffin C.，*Adult and Continuing Education：Liberal Adult Education（part 2）*，London：Taylor & Francis，2003，pp.67–69.

④ Merriam S. B.，Brockett R. G.，*The Profession and Practice of Adult Education：An Introduction*，San Francisco：Jossey-Bass，1997，pp.162–165.

教育都是高校成人教育的重要内容。

1. 成人学历教育

成人学历教育是一种学历补偿教育，是为由于各种原因没有在适当年龄到高校学习的成年人准备的。随着美国高等教育的普及，获得学位的人越来越多。甚至越来越多获得本科学历的中青年人在毕业后或者工作后选择到高校参加成人教育，获得硕士或博士学位，以提高自身价值，获得工作机会，提高晋升的可能性。即使是老年人，高校也积极为他们提供各种学位课程。为了提高入学率，许多公立大学把老年人作为学生的主要群体之一，为他们提供全日制教育。

2. 非学历职业发展教育

非学历职业发展教育是高校成人教育的重要组成部分，主要包括职业培训、证书课程和个性化课程等。

第一，职业培训。1976 年，美国共有 1233 所四年制高校为成人提供非学分或非学历教育，是 1966 年 680 所四年制高校的两倍左右。这说明越来越多的四年制高校开始加入非学历教育的行列。[1] 例如，斯坦福大学的职业发展中心（Center for Professional Development）依靠强大的学科和技术优势，开展工程、计算机等领域的高水平、高质量的培训项目。[2] 此外，还有以职业发展为基础的各种形式的高质量活动，包括研讨会、讲习班、周末课程和系列讲座等，主要面向各个领域的专业人士和社会工作者，以提升参与者的专业知识和技能。

第二，证书课程，主要是为已经工作的人提供与工作相关的课程培训。对于那些想要提高技能水平和提高工作竞争力的人来说，参加证书课程是一

---

[1]　Grant W. V., Snyner T. D., *Digest of Education Statistics* 1985–1986, Washington : Government Printing Office, 2002, pp.56–58.

[2]　Wilson A. L., Hayes E., *Handbook of Adult and Continuing Education*, Hoboken : John Wiley & Sons, Incorporated, 2000, pp.127–129.

个很好的选择。与注重理论学习和知识研究的、耗时巨大的学位课程不同，证书课程旨在短时间内为学习者提供特定领域的最新和最实用的知识。课程结束后，学生可以迅速地将所学的知识和技能应用到工作和实践中。例如，加州大学圣芭芭拉分校继续教育部已经开发了超过 10 个证书课程，包括人力资源管理、会计、市场营销等。①

第三，个性化课程，是高校根据学习者的需求而开发的一项针对性很强的课程项目。学习者学习需求的多样性使个性化课程的开发成为可能。个性化课程强调为企业人力资源开发提供服务，解决企业和员工面临的实际问题。高校往往需要与企业和其他组织合作，根据企业的组织目标和战略需求，结合高校的优势和资源，调整职业人才培养方案。例如，斯坦福大学的职业发展中心运用"4D"系列流程，即"定位（Discovery）·设计（Design）·呈现（Delivery）·反思（Debrief）"系列流程②，为企业、政府或其他一些组织量身定制课程。定制课程可根据原来培训课程计划进行调整，或开发新课程。加州大学洛杉矶分校促进学院在为企业量身定制课程和教育计划方面拥有丰富的经验，其许多定制课程都是根据企业的要求，并在现有证书课程的基础上进行的，学习时间一般为 1—3 周。

3. 闲暇教育

由于拥有越来越多的闲暇时间，成年人也越来越渴望提高个人素养，满足精神需求。非学历教育在高等教育中的比重逐渐上升，它引导成人有价值地利用闲暇时间，丰富个人生活，发展个人兴趣。③ 高校作为本地区最丰富

---

① Merriam S. B., "Andragogy and Self-Directed Learning：Pillars of Adult Learning Theory", *New Directions for Adult and Continuing Education*, Vol.2001, No.89, Spring 2001, pp.3–14.

② Wilson A. L., Hayes E., *Handbook of Adult and Continuing Education*, Hoboken：John Wiley & Sons, Incorporated, 2000, pp.84–86.

③ Shinage M., "The Lowells of Boston and the Founding of University Extension at Harvard", *Continuing Higher Education Review*, September 2009, pp.46–62.

的教育资源之一，有义务满足社区居民的休闲教育需求。由于人口受教育程度越来越高以及人们价值观和学习观念的变化①，越来越多的老年人选择退休后上大学接受教育来完成他们的自我追求，度过闲暇时光。因此，高校老年人闲暇教育已成为终身学习体系的重要组成部分。

除了社区学院外，四年制大学和学院还开设了许多课程来满足居民的休闲学习需求。例如，康奈尔大学扩大其学术资源和活动范围，向邻近地区的居民提供教育，分发纸质宣传材料，免费开放互联网学习资源，并提供免费的公开讲座。②斯坦福大学的继续学习中心免费开放给周围社区的居民，主要开设休闲实用的非学历教育培训项目，丰富居民的休闲娱乐生活。该继续学习中心每年提供约550门文学、科学、创意写作和个人职业发展课程，吸引超过16000人。每年举办约40项特别活动，形式包括小型非正式阅读和讲座、正式演出、研讨会和会议。③

作为人生教育的最后一个阶段，老年教育逐渐被人们所认识和重视。美国设有专门的老年教育学校或机构，如第三年龄大学（University for the Third Age），美国主要通过学校、社区、图书馆和其他机构承担老年教育工作。其中，高校是承担老年教育工作的重要力量。

首先，大学不仅为老年人提供了更多的学习机会，还提供了广泛的学习内容。④大学将休闲与学习结合起来，甚至通过远足为老人提供休闲路线。

---

① O'Donnell V. L., Tobbell J., "The Transition of Adult Students to Higher Education : Legitimate Peripheral Participation in a Community of Practice ?", *Adult Education Quarterly*, Vol.57, No.4, August 2007, pp.312–328.

② Grace A. P., "The Decline of Social Education and the Rise of Instrumentalism in North American Adult Education （1947–1970）", *Studies in the Education of Adults*, Vol. 44, No.2, September 2012, pp.225–244.

③ Glassman M., Erdem G., Bartholomew M., "Action Research and its History as an Adult Education Movement for Social Change", *Adult Education Quarterly*, Vol. 63, No.3, March 2013, pp.272–288.

④ Kentnor H., "Distance Education and the Evolution of Online Learning in the United States", *Curriculum and Teaching Dialogue*, Vol. 17, No.1, November 2015, pp.21–34.

不仅满足老年人的需求，还能充实老年人的业余时间，改善老年人的生活环境。例如，佛罗里达州圣彼得堡的埃克特学院（Eckert College）为 65 岁以上的老人建造了一个宿舍，还有一个 600 张床位的老年人诊所。① 哈佛退休学校于 1977 年春成立，为教育、法律、医学、艺术、商业、技术领域退休的老年人提供了一系列的历史、政治、文学、诗歌和音乐课程②，为老年人追求知识、探索新知识领域、丰富业余活动提供了机会。

其次，随着终身学习观念逐步深入人心，美国校园中老年人的学习活动日益频繁。老年寄宿制是美国大学在暑假期间开展的一项针对老年人的非营利性教育活动，旨在为老年人提供更多更方便快捷的学习机会。老年人寄宿活动由美国社会学家马丁·诺尔顿（M. Knowlton）于 1975 年创办。到 1987 年，已有 700 所美国高校参与到该项目中，累计 67000 多人参加。2020 年，该项目利用在线的方式，为 50000 名学习者提供服务。老年寄宿的理念是"退休"而不是"退隐"，因此，它在终身学习理念的支持下鼓励老年人积极主动地进行学习提升自我，让老年人更方便地体验新的经历和分享新的人生体验，帮助他们具备重新融入社会的能力和思维。这一项目在美国的成功推广，引起了英、法、德、意等多国效仿。

最后，在美国许多州，公立学院和大学允许 62 岁或 65 岁以上的人在空间允许的情况下免费参加日常课程。同时，许多大学研究者对老年教育进行研究，并以学习目标、课程内容、教学环境等特点为依据，设计了各类老年人特殊教育项目。③

---

① Stephan J. F., Leidheiser D., Ansello E. F., "Mental Fitness and the Lifelong Learning Movement", *Age in Action*, Vol.19, No.2, Spring 2004, pp.1–5.

② Stephan J. F., Leidheiser D., Ansello E. F., "Mental Fitness and the Lifelong Learning Movement", *Age in Action*, Vol.19, No.2, Spring 2004, pp.1–5.

③ Aspin D., Chapman J., Hatton M., *International Handbook of Lifelong Learning*, London: Kluwer Academic Publishers, 2001, pp.3–7.

第四节 美国高质量终身学习体系的主要特征

在梳理发展历史、明晰基本架构的基础上，为更深刻地把握美国高质量终身学习体系，本节进一步提炼其特征。

一、终身学习法律体系的导向性

推进高质量终身学习体系建设，需要各种外部力量的帮助，即使在美国等发达国家也是如此。法律和政策的执行和监管已成为影响美国促进终身学习的关键因素。

首先，作为一个重视法制建设的国家，终身学习的发展有赖于法制建设的不断推进。美国法律属于法理体系，其终身学习法是根据不同时期社会发展的不同要求而制定的。通过对美国终身学习法发展历程的考察，可以发现，美国在不同时期都有相应的法律。不同时期颁布的法律在继承原有法律的基础上进行了补充和完善，因此，这使美国的终身学习体系具有全面性、持续性的特点。

其次，美国于1976年制定的《终身学习法》，指明了美国的终身学习体制、制定终身学习政策方向；1980年的《继续高等教育法》进一步具体了《终身学习法》相关内容，细化了有关学习主体和教育服务的相关条款，为推进美国终身学习法体系的建设发挥了重要作用；1994年的《美国2000年教育目标法》强调培养青少年的终身学习能力，加强教师参与到终身学习的意识，号召全社会创造"终身学习"环境，完善社区学院。

最后，终身学习法律和政策的权威性和稳定性可以保障终身学习权和人权的实现，指导公民按照国家教育目标和要求开展终身学习活动，通过宣传终身学习理念，唤起公民的终身学习意识。

二、终身学习形式的多样性

美国高质量终身学习体系的另一个主要特点是终身学习形式多样、灵活性大，努力为各行各业的人提供终身学习的机会。美国有很多终身学习机构，办学主体也多种多样，不仅有教育行政部门、政府业务部门、工厂和企业，还有各种协会、基金会和社会组织等。

首先，美国鼓励学校以各种各样的形式组织终身学习活动，提供给公民更多便捷的学习机会。大学通过开展讲座和短期研究、颁发大学学位、创建创业大学和发展在线教育等为公民提供终身学习机会。此外，社区学院与社会紧密相连，把正规教育和非正规教育相结合，为成人提供终身学习机会。20世纪90年代，美国成立了终身学习委员会。中小学和高等学校向社会开放，各种社会教育、文化和体育等设施也为终身学习活动的开展提供了支持。随着科学技术的发展和进步，许多企业为了适应现代社会的需要，积极开展培训活动。

其次，美国积极发展各种终身学习渠道，拓宽教育渠道。美国整合了终身学习领域的各种组织、协会和部门，充分利用社会教育力量和教育设施，促进终身学习。在美国，图书馆、博物馆和一些媒体，以及许多非教育机构，如社区组织、工会、军队、企业和企业，也积极促进终身学习。许多公司还为员工提供定期培训。例如，美国公司通过各种教育和培训计划为成人学习者，特别是公司员工，提供学习机会；工会组织依靠工会组织的教育部门和部分教育机构开展职工非职业教育活动，这些都成为推动终身学习的重要力量。

最后，美国充分利用电视、广播和互联网技术，推动终身学习体系的发展。随着互联网等技术的不断发展，美国以远程教育为媒介，不断促进终身学习。美国建立了一个基于互联网的虚拟大学来管理一所学校，在现有的大学的基础上，通过互联网为学生提供网络视频课程，并成功建立远程教育系统。虚拟大学的规模得到了蓬勃发展，充分发挥了现代教育技术的作用，实现了教学活动的现代化，大力促进了美国终身学习体系的完善。此外，美国于 2024 年颁布了《2024 年国家教育技术规划》，强调缩小数字鸿沟，促进教育公平，彰显终身学习的全民性与人本性。

三、终身学习目标的多样性与务实性

传统上，欧洲的终身学习教育侧重于扫盲、通识文化辅导、公民教育等目标，具有通识教育目标的色彩。美国的终身学习体系始终以社会和个人发展的实际需要为目标，注重目标的多样化，如基础教育辅导、职业技能培训、解决生活问题、社交和休闲需求等。除此之外，美国终身学习的目标也是务实的，即不仅要传播一般文化知识，还要直接有效地解决社会生活中的实际问题。比如以成人为主体的社区学院，不只是注重学院学科体系的建立，而且着眼于社区的实际需要。它的主要特点是与它所服务的社区生活密切相关。它不仅提供学位课程和职业培训，为社区所有居民提供就业咨询和指导、讨论和解决社区发展问题，甚至培训未婚母亲，帮助"厨房建设"，组织咨询、募捐等。这一多元化、务实的目标使终身学习成为美国社会和个人生活不可或缺的一部分，使终身学习在美国始终发挥着巨大的作用，保持着它的生命力。

第五节　美国高质量终身学习体系的研究总结

现在美国已经经历了从工业经济向知识经济的转变，在某种意义上完成了一系列早期联邦教育计划，为所有美国公民提供普遍的终身学习机会，从而创造了世界上最先进的知识社会。在竞争日益激烈的全球民主中，国家将承担起知识经济的责任，为所有公民提供他们需要的教育、学习和培训机会。

首先，美国不断完善高质量终身学习体系的建设。美国将普及终身学习作为国家目标，对现有的高等教育机构进行相当大的转变和扩张，还在行为、组织、融资、领导方面加强对高等教育的治理。例如，现在大多数的学院和大学主要是为年轻人服务的——无论是刚刚高中毕业的年轻人，还是刚刚步入职业生涯的年轻人。然而，实现普及终身学习的目标将极大地扩大各个年龄段的成人学习者的数量。这种普遍的终身学习可能会极大地改变高等教育市场，为已经在成人教育方面有经验的营利性机构提供显著的优势。此外，似乎只有通过以技术为中介的在线学习，才能将这种无处不在的途径提供给有职业和家庭责任的成年人。

其次，美国保持着其研究型大学的能力，在科学和工程等关键战略领域取得全球领导地位。研究型大学、政府和产业界应该努力建立有效的机制，确保校园发展的新知识通过技术转移、创新和创业活动服务于社会。此外，通过开明的政策和投资，使大学能够吸引世界各地有才华的学生和教师参加对经济竞争力和国家安全具有关键战略意义的学术项目。联邦政府、州政府和企业大力投资升级和扩大大学实验室、设备、信息技术和满足研究型大学的其他基础设施需求，使国家在关键战略学科开展世界级研究的能力足以解决国家的优先事项。政府和工业界也投资于奖学金、研究金和课程发展，以提高学生在所有教育层次上对科学、数学、工程和技术的兴趣，并注意鼓励妇女和代表性不足的少数群体的参与，同时从世界各地招收优秀学生。

最后，美国注重教育机会的公平，力求解决和消除那些影响教育公平的因素。事实上，美国一直在追求一种理想：家庭收入与学生能否进入与其才能、目标和动机最匹配的学院或大学几乎无关。对于州和联邦政府有限的公共税收来说，最优先考虑的应该是提供接受高等教育的机会。虽然机构定价（如学费和其他收费）很重要，但更重要的是，无论学生的经济状况如何，政府制订了经济援助计划来确保他们能够获得奖学金。公共资助的经济援助主要依赖于基于需求的项目，而不是基于成绩的项目，对收入最低的学生来说，赠款是首选的机制，而贷款和税收优惠是帮助来自富裕背景的学生获得高等教育和终身学习机会的首选机制。

信息技术、全球化和知识经济的发展给社会带来巨大的变化，个体需要进行终身学习来适应社会变化，国家需要建设高质量终身学习体系来把握机遇并迎接挑战。首先，以美国终身学习的立法为抓手，对美国高质量终身学习体系进行了历史考察，并从多主体参与的视角对美国高质量终身学习体系的现状进行分析。其次，在系统性思维的指引下，阐述了美国高质量终身学习体系的基本架构。再次，从终身学习法律体系的导向性、终身学习形式的多样性、终身学习目标的多样性与务实性方面总结了美国高质量终身学习体系的主要特征。最后，对美国高质量终身学习体系进行了总结。

第二章 芬兰高质量终身学习体系发展研究

在信息爆炸、科技迅速发展的 21 世纪，公民的知识水平显得尤为重要。人工智能在各行业的应用使一些重复和烦琐的工作逐渐被机器取代，知识才是个人生存的基本武器。当今世界各国尤其是发达国家都把促进国民的终身学习作为开发人力资源、增强国际竞争力、实现经济和社会协调以及可持续发展的重要途径。目前，终身学习已作为 21 世纪促进国民综合素质，提升教育质量的重要战略。世界各地从理论和实践两方面探索促进公民终身学习的实施路径，不仅丰富了终身学习的理论体系，还积累了一定的实践经验。芬兰重视终身学习的推广和实施，并取得了一定的成果。因此，本书以芬兰为研究对象探究其高质量终身学习体系。

第一节 芬兰高质量终身学习体系的背景分析

终身学习是以提升个人的知识和技能从而满足社会的需要为目的，贯穿于人的一生中所有的学习活动。① 终身学习包括正式学习（在教育和培训机

---

① Pluskota A., "Lifelong Learning for Inclusion between Theory and Practice", *Eastern European Countryside*, Vol.16, No.1, January 2010, pp.115–130.

构中进行的学习，并获得公认的证书和文凭）、非正式的学习（在教育和培训环境中进行的学习，但通常不会获得正式证书）和偶然的学习（在日常生活中进行的学习，不一定是有意的，甚至可能不被个人本身视为对其知识和技能的贡献）。① 在过去的几十年里，经济合作与发展组织认识到终身学习对于经济、社会和教育政策目标的必要性。

终身学习体系的构建直接影响到一个国家终身学习的质量和参与程度。虽然当前世界各国都在提倡进行终身学习，但少有国家构建高质量的终身学习体系，大部分国家只是将终身学习停留在书面文件、口号等非实际行动上。国家未建设高质量的终身学习体系，公民缺少受教育的机会，可能会导致公民综合素质降低，进而引发一系列与教育、经济等相关的社会问题。因此，把终身学习贯穿在公民人生中的各个阶段，构建高质量的终身学习体系迫在眉睫。

选择芬兰作为高质量终身学习体系的研究范例的一个重要原因是其成人教育有着较高的水平。芬兰教育系统有三个特点，分别是教育公平、以信任和责任为基础建立教育制度、终身学习，其中终身学习是芬兰教育系统的重点。成人所达到的教育水平更能反映出一个国家终身学习体系的质量。在这一方面芬兰起到了良好的示范作用。根据经济合作与发展组织对其成员成人教育水平（该水平是由 25—64 岁人口完成的最高教育水平来定义的）的调查，在芬兰的成人教育中，高中以下水平占比 9.7%，高中水平占比 44.3%，高等水平占比 45.9%。在 36 个成员中（日本只有高等教育水平占比数据），芬兰成人教育在高中以下水平排名第 30，低于经济合作与发展组织 2019 年平均水平（21.4%），高中水平排名第 12，高于经济合作与发展组织 2019 年平均水平（41%）。在 37 个成员的高等教育水平占比中，芬兰排名第 10，

---

① Cummins P., Kunke S., "A Global Examination of Policies and Practices for Lifelong Learning", *New Horizons in Adult Education & Human Resource Development*, Vol.27, No.3, July 2015, pp.3–17.

高于经济合作与发展组织 2019 年平均水平（38%）。综合以上数据来看，芬兰的成人教育水平集中在高中和高等教育水平，其中高等教育水平占比最多。可以看出，芬兰的成人教育取得了较好的效果，公民的终身学习参与度较高。因此选择芬兰这一国家作为研究对象，探究其高质量终身学习体系。

第二节 芬兰高质量终身学习体系的历史考察

芬兰终身学习体系的发展从无到有经历了四个阶段，经济、法律和技术等都对其发展过程起到重要的帮助作用。本节内容主要是探究芬兰高质量终身学习体系的历史发展，再分析其现状，从而对芬兰高质量终身学习体系有一个整体的了解。

一、芬兰高质量终身学习体系的发展历史

芬兰终身学习的发展历程可以分为四个阶段：第一阶段是萌芽期，这一阶段芬兰完成社会经济的转型，芬兰政府提出了建设知识社会；第二阶段是发展期，这一阶段法律政策接踵而至，为终身学习的开展提供坚实的保障；第三阶段是完善期，这一阶段主要是改善终身学习体系中的不足，并增强劳动力就业能力；第四阶段是成熟期，这一阶段已经基本具备高质量的终身学习体系，能进一步满足福利社会的需要。

（一）萌芽期：社会经济的转型——终身学习体系的机遇

芬兰经济经历了两次转型：第一次转型是在第二次世界大战结束后。国家经济从以农业为主转变为工业为主，这一次转型加快了芬兰的工业化和城市化进程，芬兰由农业社会迈向了工业社会。在短短几十年内，芬兰不但向苏联付清了沉重的战争赔款，而且其经济地位在全球屈指可数。20 世纪 70 至 80 年代，芬兰的人均收入在世界排名第三，成功地从经济落后的农业国

发展成为先进的工业国，建立起了以国家公民为根本出发点的纳维亚式福利制度。

20世纪90年代初，芬兰经历了以重大银行危机为特征的严重经济衰退，失业率从4%飙升至18%，公共债务飙升至国内生产总值的60%以上，使国家贷款接近国际限额。为了使芬兰经济复苏，必须使其出口结构多样化，并鼓励商业创新。推动经济改革的是新的知识型产业的出现和整个芬兰社会对知识经济概念的采纳。① 所以，政府部门提出将芬兰转变为知识社会。政府发展知识社会的主要指导方针有五条：把信息科技和信息网络作为振兴私立和公共部门经济的工具；未来信息产业将成为芬兰经济的重要组成部分；信息通信技术的职业专门技能将保持在高水平；全面提供信息社会的服务及基本技能；保障芬兰所有信息部门的竞争和服务能力。根据这五条指导方针，芬兰政府当时持续加大教育层面的资金投入，发展高科技，推进经济转型。最终芬兰成功打赢这场经济危机的持久战。1993年，芬兰经济进入快速恢复期。随后几年，芬兰的经济高速发展，顺利完成了由工业社会向知识社会的成功转型，高科技产业在产业结构中的主导地位也开始逐渐稳固。

芬兰社会经历了从单一文化、农业／工业和边缘社会到多元文化、高科技知识经济的经济和文化转型。实现两次经济转型后的芬兰面临发展知识经济以及建设知识社会的任务，而要完成这项任务又迫切需要提升国民的整体教育水平和知识层次。于是，推进终身学习成为芬兰发展知识经济、建设知识型社会的重要举措。

（二）发展期：法律和政策的提出——终身学习体系的保障

首先，终身学习在芬兰的开展起源于芬兰政府1995年颁布的《政府计划》（Government Programme）。该计划将终身学习定义为教育发展中的基本

---

① Pasi S., "Education Policies for Raising Student Learning : The Finnish Approach", *Journal of Education Policy*，Vol.22，No.2，March 2007，pp.147–171.

原则，认为个人、社会、工商业应对变化的能力、信息的国际化都有赖于全面的教育、特定的技能与创造力。终身学习的原则应该通过与劳动力市场的合作运用到具体实践中。政府的目标应该是提高整个民族的教育水平。政府的出发点是基本保障全民教育，不论其居住地、语言与经济状况的差别。政府为所有人提供免费的综合学校教育和普通高中或职业教育。此外，在该项发展计划中，政府还宣布将在使用互联网和信息高速公路方面进行投资，逐渐增加学生的学习机会并提高数学与科学技术水平。同时，政府也注重提高职业教育的质量以满足劳动力市场的需求。政府还计划制订更多能让成人接受教育的便利措施，鼓励个人接受教育。1999 年在新的《政府计划》中，芬兰更注重终身学习对国家经济和社会发展的作用，为公民提供平等的教育机会，保障公民受教育的权利。

其次，芬兰政府肯定了终身学习的现实意义。1999 年 12 月，芬兰教育部颁发了题为《2000—2004 年信息社会教育、培训和研究计划》(Information Society Programme for Education, Training and Research 2000–2004) 的政策文件。该文件提出了建设知识社会的目标，认为发展终身学习是实现这一目标的必要条件，要求按照终身学习的理念调整和改革整个教育体系。该文件制定的具体目标是：使所有公民掌握信息社会的知识和技能；促使教育机构在活动中采用各种方式使用信息通信技术；在教育、培训和研究中建立基于信息通信技术的程序；通过信息通信技术的使用促进社会创新。①

再次，芬兰政府为制定适合本国的终身学习战略，在全国范围内推进终身学习的施行，于 1996 年 3 月成立了终身学习委员会。1997 年 10 月，终身学习委员会向芬兰教育部提交了描绘终身学习蓝图的国家终身学习战略报告，题为《学习的乐趣：国家终身学习战略》(The Joy of Learning: a National

---

①   Chen T., "Recommendations for Creating and Maintaining Effective Networked Learning Communities : A Review of the Literature", *International Journal of Instructional Media*, Vol.30, No.1, January 2003, pp.35–44.

Strategy for Lifelong Learning)。该报告详细说明了政府的终身学习观点，强调了要用终身学习原则指导个人和社会广泛的、持续不断的学习。该报告阐述了实行全国终身学习战略的必要性，在此基础上明确了芬兰对终身学习概念的理解以及国家终身学习战略的目标。芬兰终身学习战略的目标，就个人而言，是要让个人对智力、审美、道德和社会发展持有一种积极的态度，让个人获得生活或职业生涯所需的各种知识技能；就社会而言，是要让所有的政府组织和非政府组织联合起来促进终身学习。总之，是要促进人生各个阶段、各种情形下的学习，其本质是要促进个人的人格发展，巩固民主价值观，维护社会的团结，提高国家的国际化程度，提升国家的竞争力。该报告还提出了为实现终身学习战略目标须采取的必要改革措施，并从巩固基础性学习、创造广泛的学习机会等视角出发，就终身学习战略的实施对教育机构、工作场所、非政府组织等提出了 74 条具体的可操作性建议。

最后，为进一步巩固终身学习在社会中的地位，自 1995 年以来，芬兰教育部每隔四年制订一份教育发展计划，并把推进终身学习作为重要内容。芬兰政府认为，教育发展最首要的原则就是高质量、机会均等以及终身学习。教育发展的重点在于为所有儿童和青少年提供基本的教育保障，教育的视野不应局限于正规的学校教育，还应拓宽到家庭教育、成人教育等所有形式的学习。在终身学习原则的指导下，要在所有的学习环境为各个年龄段的人提供他们所需要的教育。芬兰的教育和科研发展计划中还制定了教育系统各部分的具体发展目标，包括为所有的儿童提供学前教育。确保公平的高质量基础教育、关注弱势群体的教育、扩大学习和培训的机会、切实保障并合理配置教育资源等。芬兰教育部在 1999 年到 2004 年的《教育和研究发展计划》中确定了芬兰发展终身学习的目标：在所有儿童接受义务教育之前，为他们提供一年的学前教育；为年轻人提供普通高级中等教育或职业教育，以便他们完成学业；在教育体系的各个阶段培养所有学生的学习技能；增加职业教育的供给；扩大成人获得大学学位的学习机会；扩大成人的受教育机会，资助他们获得中等及中等后职业资格证书；提高他们的工作能力及继续学习能力；设计一套鉴定非正规学习及正规学习成果的方法。

（三）完善期：增强公民就业能力——终身学习体系的推进

由于人口老龄化，芬兰面临合格劳动力短缺的问题。解决这一问题的最直接办法就是提高人们的就业能力，鼓励就业，包括年轻人和老年人。这就需要通过各种形式的教育和培训使人们具备就业能力。因为无论是在芬兰还是其他经济合作与发展组织成员，个人失业危机总是与个人受教育水平相关的。从芬兰的情况来看，无论是在经济繁荣时期或衰退时期，没有接受过职业教育或者只有初级职业教育水平的群体总是比那些受过高等教育的群体面临更大的失业风险。特别是 20 世纪 90 年代以来，雇主在招聘员工时对学位或文凭的要求越来越高。随着知识社会以及科学技术的发展，社会经济结构随之调整，芬兰的经济不再是主要依靠农业和制造业，服务业在国家产业中的占比越来越大，产业结构的变化是社会经济调整的具体体现。产业结构变化后的就业市场对劳动力的知识技能要求越来越高，并且所有工作都要求雇员能够熟练运用信息通信技术。信息社会使芬兰的职业结构发生了很大的改变。1997 年，信息通信技术领域的就业岗位就占到了芬兰劳动力市场的5.5%。与信息通信技术产品有关的就业岗位的增幅也是最大的。计算机服务产业在就业岗位的供给方面发挥越来越重要的作用。信息部门提供越来越多的就业岗位，这些岗位都需要高技能员工，这给芬兰的劳动力就业带来巨大挑战。

芬兰一方面劳动力短缺，另一方面又存在一定的失业率，解决这一矛盾的关键在于增强劳动力的就业能力，而劳动力就业能力的增强和可持续发展有赖于终身学习和培训。终身学习可以满足信息社会对受过良好教育和培训的劳动力的需求，也可以适应信息社会对劳动力不断更新知识和技能的客观需要。它能帮助劳动者去创造、分享和应用新知识、新技术，从容应对知识社会的挑战。

（四）成熟期：完善福利社会的需要——终身学习体系的普及

芬兰是一个典型的高福利国家，实行覆盖全民、贯穿一生的社会福利制度。政府设立各种社会福利项目并加以制度化。在芬兰，社会福利不仅仅是有限的社会援助，而是通过各种法定保险建立能够帮助个人维持正常生活的保障体系，其社会保障体系遵循"普惠主义"的思想，即尊重全体公民获得社会保障服务的普遍性权利。[①] 概括而言，芬兰的社会保障体系主要有两个特点：一是普遍性，即在芬兰的全体居民（包括居住在芬兰的外国人）都可以享受国家提供的社会保障；二是同一性，即资助金额与居民的收入无关，无论贫穷或者富有所享受国家的补助是平等的。[②] 在芬兰，社会保障福利的获得不需要居民向政府申请，也不需要政府审核居民是否符合受资助的条件，而是按照流程自动分配到每一个人，可以说芬兰为居民提供了"绝对的经济保障"。这样的一个高福利国家，可以为民众带来很强的社会安全感。

在芬兰，教育和培训、文化和科学都是公民福利的关键要素，社会福利以平等的公共教育体系为基础。无论经济状况如何，每个人都可以根据能力与需要获得平等的教育参与机会。要让人人享受教育和培训的福利，就必须确保人人都有学习的权利，享有平等的学习机会。基于人人都有学习机会的原则，教育不仅要提供给青少年和有需要的成人，还要提供给社会的每一个公民。公共部门有责任为每个人提供机会参与高质量的教育和培训，无论他们的年龄、居住地、语言和经济状况。推进终身学习则是保障公民教育福利的重要途径。随着芬兰人口老龄化速度的加快，老人对学习的需求不断增

---

① 曹亚娟、张少哲、周长城：《芬兰普惠式社会保障体系及其历史经验》，《社会保障研究》2018 年第 2 期。

② Virolainen M. H.，"Workplace Learning and Higher Education in Finland：Reflections and Current Practice"，*Education + Training*，Vol.49，No.4，June 2007，pp.290–309.

加。据芬兰政府预计，到 2030 年，大概 1/4 的芬兰人口将超过 65 岁。为逐渐增多的老年人提供学习机会，满足老年人的学习需求，使老年人老有所学、老有所乐、老有所为，从而进一步完善现有的福利社会，这是芬兰积极推进终身学习的重要原因。

二、芬兰高质量终身学习体系的现状分析

20 多年来，终身学习一直是芬兰教育体系的重要组成部分。芬兰成年人高度重视终身学习的机会。芬兰终身学习参与率在欧盟国家中排名第三，仅次于丹麦和瑞典。根据对政府教育政策文件的分析，终身学习体系在芬兰被视为一个整体，终身学习是从一个人早年开始并贯穿其一生的方案并被纳入各级教育系统，包括学术和职业教育两种轨道。终身学习的观点被系统地纳入教育政策和其他与教育和培训有关的政策部门。芬兰的终身学习体系政策有三项指导整个教育系统活动的主要原则，即公平、灵活和全民高水平教育。

首先，芬兰终身学习体系开放公平，公平原则是芬兰教育政策的主要原则，它也确定了终身学习体系的宏观目标。自 20 世纪 60 年代后期以来，芬兰的基础教育在逻辑上朝着综合模式发展，这种模式保证每个人都有平等的教育机会，不分性别、社会地位和族裔群体等。正如《宪法》所概述的那样，基础教育是公民的一项基本权利。在制订终身学习国家计划时，政府也执行了这种做法。芬兰政府希望制定连贯的教育公平政策，这一原则要求每个人在其一生中都有足够的学习技能和机会在不同的学习环境中教育和发展自己。

其次，芬兰终身学习体系灵活多样。人们可以在教育系统内的任何级别继续或补充他们的教育。原则上，那些较早选择职业道路的人有可能继续沿着学术道路前进；反之亦然。芬兰成人教育的目标是支持公民的终身学习，发展社会的凝聚力和平等，提高成年人的知识和技能。芬兰已经作出努力，使这一规定尽可能灵活，以便成年人能够边工作边学习。因此，成人教育是

实施灵活性原则的关键。芬兰为成人教育提供了几种途径：人们可以选择立即继续接受高等教育；或者在获得一些工作经验后，回来继续接受教育。这样做的一个重要目标是加强教育系统的灵活性，使所有公民都能在一生中找到适合个人学习的途径。

最后，芬兰终身学习致力于全民高水平教育。在现行世界多国的教育政策强调年龄层次对教育的重要性时，而芬兰的终身学习体系强调要不断提高芬兰公民的教育水平。教师在实现公民高水平的教育方面发挥着重要作用，高质量的教师被视为芬兰教育成功的主要原因之一。所有未来的教师都必须参加为期五年的硕士学位课程，获取教师资格证书。不仅仅是学校的教师，职业机构的教师也必须有足够的专业经验。

第三节　芬兰高质量终身学习体系的基本架构

芬兰既是一个民主的福利国家，也是欧盟最北部的成员。芬兰之所以能够在相对较短的时间内将其传统经济转变为现代知识经济，终身学习在这个过程中发挥了重要作用。

一、芬兰高质量终身学习体系的政策制定

芬兰教育部在《2003—2008年教育和研究发展计划》中进一步强调，芬兰社会的经济和社会福利是以平等的公共教育体系和新知识的生产和应用带来的创新为基础的。芬兰的目标是建立一个文明社会，其中每个公民都可以根据各自的才智和能力成长，能够适应职业生涯中工作的变化而不断发展职业能力。这个计划特别强调适龄人口接受学前教育和基础教育的权利，并提出要对有学习困难，或者有特殊教育需求的学生给予帮助和指导。《2003—2008年教育和研究发展计划》根据终身学习的思想制定了教育和研究的发展纲要。强调人与人之间、地区与地区之间教育机会的均等，要求不断增加

成人受教育的机会，并加强教育机构与职业生涯之间的联系，改善职业指导和继续教育服务。

2003 年，芬兰教育部又制定了《芬兰教育部 2015 战略》（Ministry of Education Strategy 2015）。在这个战略计划中，芬兰的教育部门对未来工作方向提出了七点努力方向：确保教育质量和公民受教育权利的平等性；促进社会整体公民知识的增长；增加公民受教育机会；支持开展社会教育；维持社会文化和经济的良性竞争；扩大教育在国际上的影响力；提高教育事业各部门的绩效。这份战略计划特别强调公民终身学习的重要性，认为终身学习的目的是要为所有人在人生各个阶段提供一种积极而灵活的学习途径，要采取措施确保芬兰所有地区不同年龄段的人都有平等的机会参与广泛的教育和培训，基础教育要为终身学习奠定基础。教育部为支持终身学习在全国范围内开展，在环境方面将在社会各领域营造有利于学习的氛围；在教育资源方面，支持有关终身学习的机构工作，促进学校和周围社区的合作；在学习资源提供者方面，提倡公立部门和私人机构之间加强合作交流，共同进步发展；在教育制度方面，要求增强教育制度的灵活性以推进终身学习。

二、芬兰高质量终身学习体系的师资配备

教育一直是芬兰文化和社会的一个组成部分，教师目前在芬兰享有极大的尊重和信任。芬兰人认为教师是一种高尚的、有声望的职业，类似于医学、法律或经济学，而且是出于道德目的而不是物质利益所驱动的职业。

（一）高素质的教师队伍

芬兰的教育系统不采用外部标准化的学生考试来推动学校的表现，它也没有严格的检查制度。芬兰的教育体系不是以测试为基础的问责，而是依赖于知识和忠于学生的教师的专业知识和问责。在芬兰社会，教师职业一直受到公众的高度尊重和赞赏，在高中毕业生的定期民意调查中，超过 26% 的

普通高中毕业生认为教师职业是最理想的。在芬兰，成为一名小学教师是一个竞争非常激烈的过程，只有芬兰最优秀、最聪明的人才能够实现这些职业梦想。每年春天，成千上万的高中毕业生都会向芬兰八所大学的教师教育部提交申请。在芬兰申请教师教育专业要完成高中学业并通过严格的大学入学考试是不够的，成功的候选人必须有最高的分数和优秀的人际交往能力。例如，每年只有每 10 名申请者中的 1 人被录取成为芬兰小学的教师。

直到 20 世纪 70 年代中期，小学教师都是在专门的教师学院培养起来的，高中教师在芬兰大学的学科系学习。到 70 年代末，所有的教师教育项目都以大学为基础，即在大学开设教师教育专业，与此同时，教师教育课程中还包括科学的教学内容和教育研究方法。如今在芬兰所有小学和高中永久担任教师的学历要求是硕士学位，学前班和幼儿园的教师必须有学士学位。

（二）高质量的教师培训

首先，芬兰在教师教育过程中采用教学实践与理论研究和方法研究相结合的手段，在五年的教师培养课程中，考生会经历从基础实践到高级实践，再到最终实践三个阶段。在每一个阶段，学生在有经验的老师的指导下听课、开展教学实践，并在不同的学生群体中独立授课，同时由有相关教学经验的指导老师、高校中教育学系教授进行评价。

其次，芬兰教师教育项目主要有两种实践方式。第一，属于教学培训的一小部分，以研讨会和小组课程的形式进行。在这里，学生们在同龄人面前练习基本的教学技能。第二，主要的教学实践，发生在大学管理下的特殊教师培训学校，他们有类似的课程和教学实践。[1] 一些实习教师还在选定的实习学校的网络中实习。小学教师教育学生约有 15% 的学习时间（约 40 个学

---

① 　Hanhimäki E., Tirri K., "Education for Ethically Sensitive Teaching in Critical Incidents at School", *Journal of Education for Teaching：International Research and Pedagogy*，Vol.35，No.2，May 2009，pp.107–121.

分）用于学校的实践教学，在中学的学科教师教育中，实践教学约占总课程的 1/3。

最后，教师培训学校和一些普通的公立学校（称为市政实践学校）构成了芬兰学生完成实践教学的主要部分。开展实践教学的学校对督导教师有更高的要求，督导教师必须证明他们有胜任实习教师工作的能力。教师培训学校会与高校内的教师教育学院合作，也会与具有教师教育职能的学术机构合作，开展关于教师培训的相关研究和开发工作。由此，教师培训学校可以向实习教师展示示范课程和替代课程设计，也在督导教师专业发展和评估策略方面发挥作用，以培养对教学和课程设计准备充分的督导教师。

三、芬兰高质量终身学习体系的资源开发

芬兰主要通过在学校中应用信息通信技术、利用信息通信技术创设新的学习环境、培养公民基本的信息通信技术技能等途径为全民的终身学习提供技术支撑。

（一）应用信息通信技术辅助终身学习

为了促进信息通信技术在学习中的应用，发展基于网络的学习，芬兰教育部制定了相应的政策文件。教育部制订的《2000—2004 年信息社会教育、培训和研究计划》明确提出要促进信息通信技术在教育和研究领域的应用。《2004—2006 年信息社会教育、培训和研究计划》则进一步提出信息通信技术在教育和研究领域的新目标：提升每位公民的信息知识和技能；建议教育机构在教学活动中通过各种方式使用信息通信技术；在教育、培训和研究中建立基于信息通信技术的程序；通过信息通信技术的使用促进社会创新。[①]在各项政策的支持下，信息通信技术越来越多地被运用到芬兰学校教学中。

---

① Ministry of Education，*Information Society Programme for Education*，*Training and Research* 2004–2006，Helsinki：Helsinki University Press，2004，p.11.

　　首先，芬兰提倡信息通信技术要成为学校日常生活一部分，其实现途径是将信息通信技术融入学校课程中。作为一个目标导向的开放性纲要，国家课程大纲主要是为地方（市政府或学校的）课程设计的指导方针。所以学生信息通信技术方面的能力目标必须在地方学校课程中加以明确。因为国家课程大纲仅仅规定了在使用计算机和网络方面的基本技能，没有规定如何进行信息通信技术教学。另外，学校可以决定使用什么教育软件，如何在课程中融合信息通信技术。芬兰学校课程要求所有的学生在综合学校都获得信息技术的基本技能，但是信息技术本身没有成为单独设立的学科，它主要渗透在其他学科中进行教学。

　　其次，教师的信息通信技术培训也很重要。芬兰政府认为良好而又全面的信息通信技术会促使教师更新教学方法、改进教学工作。教育部制订的《2000—2004年信息社会教育、培训和研究计划》把教师的信息通信技术培训计划分三个层次实施。其中，第一层次是运用信息通信技术的基本技能，要求到2004年，芬兰100%的教师都掌握运用信息通信技术的基本能力。2015年，芬兰启动"数字飞跃"（Digital Leap）项目，旨在让学校加快实现信息通信技术基础设施和教学法的现代化，进一步强调要对教师进行信息技术培训。

　　最后，芬兰的公共指导服务越来越依赖在线应用和工具。这符合国家战略目标，使所有目标群体更容易获得指导服务，以便在最方便用户的时间、地点获得服务。国家教育和就业当局、市政当局、不同行业工作者和青年信息中心等联合开发了几个互联网门户网站，满足其主要客户群的信息、建议和指导需求。

（二）创设终身学习的虚拟环境

　　在2023年的《2027年数字化教育与培训政策》中，芬兰强调利用数字技术创设可交互的数字教育环境。芬兰主要通过建立虚拟学校、拓展广播公司功能等途径创设有利于终身学习的数字化虚拟环境，为民众创造更多跨越时空的学习机会。

首先，芬兰教育部提出建立虚拟学校，包括虚拟多科技术学院和虚拟大学，其主要目的在于研究并开发虚拟学习的课程和资料，创设示范性的学习环境，提供不受时间和空间限制的学习机会。推行虚拟学校项目的具体目标有八大方面：开发并实行基于信息通信技术，不受时空限制的高质量远程教育和界面接触教育；为各年龄段学生创设学习课程和攻读学位的平等机会；创设能提供教育和学习咨询服务包括国际服务以及学习材料的学习资源开发网络；确定并解决与新的学习形式相关的技术、教学法，社会和行政等方面的问题；创立发展教师和学生信息通信技术技能的论坛；发展教育机构与社会尤其是工作世界的多样化合作；研究并开发与虚拟学习环境相关的教育学原则和实践；为所有教育机构提供参与虚拟学校的机会。[①]

其次，芬兰的虚拟学校具备培养学生的规模。虚拟学校主要有虚拟大学和虚拟多科技术学院，其是芬兰教育部1997—2000年信息发展计划的重点项目之一。虚拟大学是一个专门为准备进入大学校园的学生所开发的网络系统，帮助新大一的学生提前熟悉大学的课程。虚拟大学提供基于网络的课程，课程面广量大，既有学术性课程，也有职业性课程；既有学历教育课程，也有非学历教育课程，还包括大量的专业技能类培训课程。虚拟大学不同于现实学校中的统一的开学时间、考试时间和教学内容，没办法考虑到每个学生的个人情况。然而，在虚拟大学，学生可以在任何时间入学，可以结合自己的兴趣和需求选择学习模块，根据自身的学习情况调整学习进度、选择考试时间等，给予了学生充分的自主权。同时，虚拟大学还解决了时空的问题，不仅可以选芬兰学校的课程来学习，还可以选择其他国家大学的课程来学习。通过虚拟大学组建的国际教育合作网，学生可以选择任意一所大学

① Nyyssola K., Hamalainen K., *Lifelong Learning in Finland*, Luxembourg : Official for Publications of the European Communities, 2001, p.76.

中的课程学习，甚至可以选择国外某所大学的全部学历课程，取得该所学校的学位证书。

最后，虚拟多科技术学院旨在发展在线培训、网络服务。虚拟多科技术学院网络协议于 2001 年 11 月签署，该协议确定虚拟多科技术学院的行动是多科技术学院行动的一部分。虚拟多科技术学院是一个专业性很强的虚拟教育机构，由芬兰 31 所多科技术学院共同参与运作，其课程和服务也由各多科技术学院提供。它的培训课程部分或全部通过在线学习完成。虚拟多科技术学院的学习可以与个人日常学习或个人学位学习相联系，也能得到认可。个人在修习正规课程时可免费兼修虚拟多科技术学院的课程。在任何一所多科技术学院注册学习的学生如果对其他学院提供的课程感兴趣，就可以免费选择自己所在学院以外的课程学习。最终，学生在自己所在的学院接受对学习结果的认证。2003 年芬兰又制定了 2003 年至 2006 年虚拟多科技术学院发展战略，为虚拟多科技术学院的发展提供政策保障。

（三）培养公民在线学习的能力

信息通信技术为公民的终身学习创造了很多新的学习环境和学习工具，与此相适应，公民必须掌握基本的信息通信技术技能才有可能充分利用这些新的学习环境和学习工具。1995 年，芬兰政府所拟定的信息社会发展战略中，将培养全体公民能够使用信息社会的基本技术作为本次发展战略的方针之一，其目的是希望人人都能够掌握在信息社会需要用到的基本技能。为了完成这一目标，芬兰教育部规定，自 1995 起完成初中学业的学生必须会使用计算机以及具备上网的技能。2004 年，教育部公布了通过互联网建校的教育计划，旨在为跟随父母定居国外的芬兰儿童提供义务教育服务，使这些海外芬兰学生的基础教育不会受到影响。此外，为促进成人掌握信息通信技术技能，教育部于 2000 年制订实施了"信息社会公民技能"计划，这项计划的目标是使所有成人学会使用计算机，并且促使每一个人获得适合他们生存环境的信息通信技术技能。为鼓励移民和 60 岁以上的人学习信息通信技术，政府专门提供免费的学习券。① 这个计划特别强调为不同的群体，尤其是老人、移民和有特殊需要的群体提供信息通信技术培训服务。

四、芬兰高质量终身学习体系的组织管理

芬兰政府为建设高质量终身学习体系，首先，在教育上提供大量的财政支持，以维护教育公平并减少公民因为经济压力而放弃教育的机会；其次，重点解决已脱离校园的成年人的教育问题，他们的教育水平反映了国家的终身学习情况；最后，多部门合作共同推进终身学习在全国范围内展开。

（一）财政支持减少公民教育投入

在芬兰，所有公私立教育机构提供的正规教育（从义务教育到第三级教育）都是免费的，其目的是鼓励个人学习并且为每个公民提供平等的学习机会。成人教育一部分免费，另一部分收取学费，目标在于获取第一级资格的成人教育免费。面向成人学生的经费资助情况直接影响到参与成人教育的学生数量。因此，芬兰非常注重建立有序的成人学习经费资助制度，并主要通过对成人教育与培训的资助为终身学习提供财政资助。

1. 芬兰的成人职业教育资助

成人职业教育有两种资助模式，国家补助金模式和买方向卖方购买教育服务模式。两种模式的目标都是通过免费的教育以及通过提供学生补助学金（使学生在学习期间有足够的社会保障）来满足教育需求。

国家补助金模式是教育部把教育经费直接拨付给学校，由学校独立支配使用。这一制度的设计前提是学校最了解教育需求，因而最懂得经费的合理使用。这种补助金主要用于可获得职业资格证书的中等和高等职业教育以及

---

① Nyyssola K., Hamalainen K., *Lifelong Learning in Finland*, Luxembourg：Official for Publications of the European Communities，2001，p.34.

可获得学位的多科技术教育。在"买方—卖方"模式中，教育部把经费拨给省政府办公室，由省政府办公室向教育机构购买教育服务。教育的价格由买方（省政府办公室）和卖方（教育服务提供者）协商决定。"买方—卖方"资助方式主要用于可获得资格证书的中等和高等教育以及继续培训。省政府办公室可以为私有企业的职工购买教育服务。在这种情况下，公司支付一半的教育费用。1997年，省政府办公室和教育机构之间的买方—卖方模式被引入到除大学或多科技术学院长期专业学习以外的所有继续培训领域。

2. 芬兰的劳动力市场培训资助

劳动力市场培训是为成人免费提供的，培训期间成人的生活费通过培训补助金或失业补助金来保证。除了培训补助，成人也会获得免税餐饮补助以及交通补助，这些生活费用补助是每天30芬兰马克。需要住宿的成人还会得到相当于其住房开支的补助。如果培训安排在国外，成人将会因为出国学习培训而得到50%的日常补助。这一补助由失业基金或社会保险机构支付。

3. 其他的成人教育资助

第一，芬兰给那些因为疾病或者受伤而失去工作与挣钱能力的人康复补助，补助金额是根据接受者的劳动收入决定的，主要由税务当局根据申请前6个月的实际收入决定。补贴的平均量是每月4000芬兰马克，由社会保险机构负责管理。

第二，农民助学金是每个学习日150芬兰马克，这一补助的月平均量是2000芬兰马克。这一补助由就业与经济发展中心负责管理。最后，芬兰还为长期失业者提供教育资助，此教育资助依据《长期失业者教育资助法》，于1997年8月1日开始实施。这一资助的对象主要是失业12个月以上的人，资助额度与失业补助金相同。受资助者既可接受职业教育和培训，也可接受普通教育以及原来中断的教育。为长期失业者提供的最长教育资助期限是两年，受资助者至少要修满20学分。

综上所述，芬兰终身学习的经费资助体系覆盖面广，资助形式多样。从发展趋势看，芬兰将建立面向成人的教育保险制度。这种新的教育保险制度将覆盖国家教育立法所统辖的一切教育和培训。[①] 主要包括四类：第一类是可获得初始职业资格、继续职业资格、专家职业资格，包括多科技术学院和大学资格与学位的教育和培训以及继续教育和培训；第二类是由教育部之外的部门举办的相关教育和培训；第三类是为成人提供的基本和普通高中教育；第四类是由公众监督，在国外进行，与第一类、第二类教育和培训相关的学习。建立教育保险制度是芬兰推进终身学习体系建设的重要步骤。

（二）多元成人教育形式帮助公民继续学习

在终身学习体系中大体可以分为两种学习模式，一种是学生还未毕业在学校内接受全日制学习，另一种是学生毕业或中途辍学后继续接受成人教育。其中，成人教育不像基础教育和高中教育有固定的时间、地点来上课，因此开展起来相对困难。正因如此，芬兰设立多个部门来为成人教育提供条件。

1. 开放大学

芬兰大约有 20 所大学，都为成年人提供学习机会。这些学习机会通过短期或长期教育（文凭、本科学位、硕士学位和研究）、开放大学教育系统或就业培训来给提供。大学教育目前主要由政府资助（最近也向私人赞助者开放），这意味着对学生不收费。每所大学都有一个继续教育中心，组织形式和持续时间各不相同，如短期课程、专业研究。继续教育主要是为那些拥有大学第一学位的人提供额外的培训，这些课程通常由学生支付费用。

芬兰的开放大学系统是通过各种机构而不是一个组织运作的，许多大学或机构内部都有一个开放大学部分。一个有趣的方面是增加了第三年龄大学，直接针对年龄较大的学生，他们很少甚至没有正式的资格。它提供自我

---

① Nyyssola K., Hamalainen K., *Lifelong Learning in Finland*，Luxembourg：Official for Publications of the European Communities，2001，p.62.

指导的非学位学习机会，活动包括多学科系列讲座、研讨会、课程、信息技术教学、在线教学、研究、出版、学习小组和与学习有关的活动。重点是通过教师和学生之间的对话进行学习，年龄较大的学生通过他们现有的知识和经验对学习环境产生影响。

2. 在线学习

在线学习在芬兰成人教育中发挥着越来越大的作用，并且在未来几年会蓬勃发展。在线学习是开放大学系统的一部分，芬兰虚拟大学则为成人的在线学习提供支持。芬兰虚拟大学创建于 2001 年，其服务于终身学习者，旨在为发展基于信息通信技术的教育充当学习提供者、学术网络、技术服务和实验室。自 2001 年以来，多学科的、跨越大学边界的研究团队相继开发了丰富的工具和资源，促进了基于网络环境的学习和教学。[①]

芬兰还鼓励地方政府、基金会和其他非营利性组织等建立成人教育中心，为广大成人提供较为丰富的在线学习资源。例如，赫尔辛基市的成人教育中心提供语言、艺术和烹饪等在线课程。此外，学习者还可以通过成人教育中心的网络参加免费的讲座。

3. 职业机构和职业培训

劳动力市场培训是通过职业成人教育机构和其他高等教育机构提供的，由劳动部资助。这些课程可以是长期或短期的，既可以采用学徒的形式开展，也可以与公司合作安排，以提高个人技能水平。国家教育委员会确认了这些专门针对成人学习者的进修和专业资格的指导方针。

职业教育和培训是通过"关键能力"的理念来管理和指导的。关键能力是指学生一生中学习、应对新情况、管理未来和在不断变化的工作环境中工作所需的知识和技能。这些技能是职业能力的重要组成部分，它们反映了个人处理不同情况的能力。芬兰职业资格的关键能力是：学会学习和解决问

---

① Oates T.，"Could Do Better：Using International Comparisons to Refine the National Curriculum in England"，*The Curriculum Journal*，Vol.22，No.2，June 2011，pp.121–150.

题、互动和合作、美学、通信和媒体技能、技术和信息技术、职业道德、健康、安全和操作能力、主动性和创业精神、可持续发展、数学和自然科学、积极的公民意识和文化知识。这些关键能力是补充职业能力（核心科目）的一部分，也是 2009 年修订的职业核心课程的职业技能要求和评估标准的基础。

（三）多途径提升公民终身学习参与度

芬兰终身学习的社会参与主要通过多种层次、多种类型的教育合作与参与实现。具体而言，为提升公民的终身学习参与度，芬兰一方面注重加强相关部门之间的合作；另一方面积极调动社会的力量。

1. 加强各相关部门之间的合作

芬兰终身学习的发展离不开各相关部门的通力合作。芬兰中央政府有四个部门负责终身学习的相关事务，即教育部、劳工部、社会事务和卫生部以及贸易和工业部。芬兰教育部主要负责各级各类学校教育，劳工部主要负责劳动力市场培训，社会事务和卫生部主要负责学习期间的社会保障，贸易和工业部主要负责企业员工的培训。各部常任秘书长们定期讨论一些跨部门合作问题，包括促进终身学习的措施。

为了促进终身学习，芬兰政府通过很多途径开展教育合作。芬兰经济事务和就业部以及教育和文化部于 2010 年成立了一个国家终身指导工作组，并于 2011 年将其任务授权扩大为国家终身指导协调与合作小组。这个国家代表机构的目标是以终身的方式加强国家、区域和地方的信息、咨询和指导服务，支持青年保障倡议的实施，并加强服务提供者和决策者之间的多行政和多专业合作。国家工作组由教育和文化部以及经济事务和就业部共同主持，密切合作。除了这两个部之外，该小组还包括与它们相关的不同部委和机构以及与教育和劳工相关的不同工会和学生组织的代表。

中央政府还通过欧洲科学基金会加强与地方政府的合作。从 2003 年开始，芬兰为 40 岁以上成人提供由欧洲科学基金会资助的职业资格培训。该培训计划支持教育机构和工作机构之间的合作，其目标是合作开发个人学习项目，提高教育和培训者的教学能力。芬兰在欧洲社会基金计划中把地方参与作为优先考虑之一，通过政府、服务提供者以及雇主的共同努力实施长期失业人员培训计划、成人移民就业培训计划等。

2.吸收社会各方的积极参与

芬兰通过多种途径和方式吸收社会各方共同参与终身学习。根据芬兰议会 1998 年颁布的《基础教育法》《普通高中学校法》《职业教育法》以及 1997 年颁布的《大学法》的相关规定，基础教育、职业教育、高等教育和成人教育等各级各类教育都要有家长、社区、工业和商业等社会合作伙伴的参与，社会合作伙伴在国家、地区和地方的教育决策层面都应有代表参加。[①] 为了让社会合作伙伴和工商界的代表参与国家层面的职业教育规划，芬兰教育部设立了专门负责培训事务的培训委员会。委员会成员由雇主、雇员、培训教师等有关各方代表组成。委员会的首要职责是监控、评估职业导向的教育和培训以及劳动力市场所需要的能力，为发展教育和培训提出建议。芬兰劳工部设立了负责制定劳工培训政策和制订相关计划的劳工事务委员会。在劳工事务委员会的努力下，各社会合作者同意建立联合委员会，发展在工作场所的职业知识和技能。联合委员会设置了适应任何职业资格制度的培训形式，为年轻人提供不同职业的信息，并提出对失业者的培训和教育措施。企业对终身学习的参与主要体现在参与劳动力培训上。通常而言，企业会承担新、老员工培训约 50% 的费用。此外，政府也采取一系列具体措施促进中小学校和大学参与实施终身学习项目，要求学校为进入劳动力市场的人员做好终身学习的准备，特别要注意防止儿童和青少年辍学，鼓励青少年继续接受教育和培训。

----

① Numminen U., Kasurinen H., *Evaluation of Educational Guidance and Counselling in Finland*, Helsinki : National Board of Education，2003，p.17.

第四节　芬兰高质量终身学习体系的主要特征

在把握芬兰高质量终身学习体系的历史发展和基本架构之后，可以总结芬兰高质量终身学习体系的主要特征。芬兰在 2021 年的《教育政策报告》中提出，提升教育公平和提供平等学习机会是芬兰教育的重要发展目标。

一、公平的教育保障学习权利

公平是芬兰教育政策的主要原则，它也确定了终身学习的宏观目标。芬兰的官方政策可以总结如下：第一，灵活的教育制度和基本的教育保障有利于结果的公平和一致性；第二，芬兰教育政策的主要目标是向所有公民提供接受教育的平等机会，无论其年龄、居住地、经济状况、性别或母语如何，教育被认为是所有公民的基本权利之一；第三，将采取措施减少教育传承，并最大限度地减少学习成果、参与教育和完成学业方面的性别差异。

在芬兰的终身学习体系政策中，公平原则与社会和经济息息相关。在 2011 年政府方案中，公平不仅被设定为所有年龄的个人学习道路的目标，而且被设定为国家福利和生产力增长的目标。包容性政策和特殊需求教育在促进所有学生的学习权利方面具有极其重要的作用，其基本原则是，所有存在学习困难的学生都必须得到帮助和支持，以克服学习困难。每个综合学校都有一个多专业的学生护理小组，其中包括一名校长、教师以及特殊需要的教师、社会工作者和护士。根据 2011 年的一项新法律，现在每个学校都有责任尽早发现学生的学习困难。

除了解决义务阶段或高等教育阶段有困难的学生，还需要帮助接受成人教育的学生，以便其可以将更多的时间、精力投入学习中。例如，芬兰通过对儿童和老人提供良好照料服务，促进成人教育的参与度，促使成人减轻照料的负担，有更多的时间用于终身学习。

二、灵活地选择增加学习机会

芬兰通过了欧洲灵活保障议程，以应对不断变化的工作世界和就业市场结构。灵活保障议程旨在协调雇主对灵活劳动力的需求和工人对安全的需求。它试图确保，尽管员工可能更容易失业，但他们不太可能失去生计。[①] 自 2005 年以来，针对因经济原因被解雇的工人或面临被解雇风险的工人的变革安全运作模式促进了雇员从一份工作转向另一份工作。竞争力协议中关于变更安全性的立法于 2017 年生效，雇主必须向因经济原因被解雇的雇员提供辅导和培训，以提高雇员的就业能力。社会保障制度和终身学习原则增强了劳动力市场的灵活性。例如。国家更加强调雇员在接受就业福利的同时进行学习的可能性，劳动力市场培训也更加符合劳动力市场的需求。

该系统的灵活性还为早年辍学的学生继续教育提供了条件。终身学习政策要求从一个层次到另一个层次的教育以及从教育到劳动力市场的过渡尽可能灵活。义务教育是九年制综合学校，但国家的目标是让所有儿童在教育系统中至少学习 12 年，并为无法在学校继续完成学业的孩子提供几种终身学习的路径。这种方式的目的是使个人的教育得以继续，以便于构建终身学习体系。每个年龄组都有将近 100% 的人完成了 9 年的综合学校教育。完成综合学校 9 年级的学生中有 94% 在同一年继续在高中普通学校或高中职业教育中学习。不继续学业的 6% 的年龄组有被排除在劳动力市场之外的危险，因此市政当局启动了各种方案，让他们始终与教育和学习保持联系，以便他们能够找到继续接受教育的途径。此外，芬兰于 2011 年 6 月发布了一项新的政府方案，该方案旨在加强对处于教育道路从一个阶段向另一个阶段过渡的学习者的指导和职业咨询。根据方案，芬兰为中学毕业后不再继续学业的学习者提供了不同的终身学习途径。

---

① Sultana R. G., "Flexicurity：Implications for Lifelong Career Guidance", *British Journal of Guidance & Counselling*, Vol.41, No.2, April 2003, pp.1–14.

三、优质的师资提高教育水平

提高公民的教育水平是促进国家教育发展的首要任务，芬兰终身学习体系主要目的是提高全国整体的教育水平。降低未成年人的辍学率、扩大成年人受教育和参与培训的机会可以有效提高国家教育的总体水平。所有未来的教师都必须参加为期五年的硕士学位课程并拥有教师资格证，职业机构的教师也必须有足够的专业经验。芬兰还强调教师应该熟悉关于他们所教授科目的最新知识和研究，他们还必须知道如何以恰当方式进行教学，从而使不同的学习者受益，以及如何帮助学习者建立终身学习的基础。这意味着教师需要掌握最新的研究成果和教学知识。同时，教师必须熟悉教育机构的课程和学习环境。例如，教师必须了解在开放学习和劳动力市场等非正规教育环境中的学习。

第五节　芬兰高质量终身学习体系的研究总结

芬兰在高质量终身学习体系建设方面有着丰富的经验积累，并在实践中形成了自己的特色。在高质量终身学习体系的建设过程中，芬兰不断丰富与终身学习相关的政策法规的内容，加大对终身学习资金投入力度，并促进多个利益相关者协同合作。

一、丰富政策法规内容

芬兰努力将终身学习政策发展为一项促进学习的综合性政策，促进终身学习成为教育部、劳工部、贸易和产业部、社会事务和卫生部等中央部门制定各项政策的重要指导方针之一。因此，该国制定的终身学习政策涵盖面广、综合性强、内容丰富。推进终身学习的政策既关注正规学习，也关注非正规学习、非正式学习；既关注在校学生，也关注步入社会的青年、中年以及退休的中老年人；既关注普通人，更关注社会中的弱势群体；既关注学习资源的开发，也关注学习资源的分配和有效利用；既关注学习目标和内容，也关注学习的组织形式和方法。

二、加大财政资金投入

政府的经费投入为终身学习提供了重要保障。芬兰作为发达国家十分重视对教育的投入，并设立了以政府投入为主的经费资助机制。2008 年，芬兰政府将其国内生产总值的 5.9% 投资于教育，从学前教育开始一直到高等教育学生都可以获得国家的教育补助，学生基本上都可以免费接受各级教育（成人学习者在某些情况下需要付费）。在学前和基础教育中，学校的学生所使用的课本、学校午餐、保健和福利服务以及交通都是免费的；在高中阶段，除了学生需要自己购买学习材料外，学生每天都有免费的饭菜、健康和福利服务。在高等教育中，学生需要使用的学习材料或公共图书馆服务都是国家免费提供的，膳食、健康和福利服务也由国家补贴。

三、促进多元主体合作

终身学习的推进需要社会各方之间形成教育合力，营造学习型社会的环境。因此，芬兰十分重视社会各个主体之间的沟通、协调以促进它们之间的通力合作。这种合作既包括政府部门之间的合作，也包括政府部门与非政府部门之间的合作，还包括教育机构与公司企业的相互合作。为加强政府、教育单位、企业之间的合作共赢关系，芬兰成立了学习资源中心。该中心的主要职责是联合开发学习课程和学习项目，实现学习资源的共同开发和利用，最大限度地满足学习者对学习资源的多样化需求。芬兰在推进终身学习的过程中越来越重视中央、地方与社会各界的合作伙伴关系，通过政府、教育培机构以及雇主的共同合作推行长期失业人员培训和成人移民就业培训计划等。

本章通过分析教育改革大背景、对芬兰高质量终身学习体系的历史进行考察、从多方面了解芬兰高质量终身学习体系的基本架构，总结了芬兰高质量终身学习体系的特征，包括公平的教育保障学习权利、灵活的选择增加学习机会、优质的师资提高教育水平。在此基础上，从政策法规、财政资金和主体合作三方面对芬兰高质量终身学习体系进行了总结。

第三章 英国高质量终身学习体系发展研究

全球化经济的持续发展、劳动力市场的快速变化、就业灵活性的增加对未来劳动力的核心素质提出新的要求，提升个体在知识经济发展中生存能力的需求越来越迫切。因此，许多国家和国际组织聚焦终身学习，纷纷制定相关的政策措施，致力于构建完善的终身学习体系，大力宣传可持续发展的教育理念，开设各类成人教育培训机构，打造开放共享的线上交流平台，构建学习型群体、社区乃至形成学习型社会，提高民众的整体素养和发展水平，以便能在全球市场竞争中保持各国的领先地位。公平的终身学习机会是提高经济竞争力和现实社会融合的催化剂和动力源①，高质量的终身学习体系能够提供公平的教育机会、开放共享的教育资源、专业的师资支持，为教育的长足建设和社会的和谐发展保驾护航。

第一节 英国高质量终身学习体系的背景分析

从古至今，历朝历代，各个国家都在推崇从襁褓到坟墓的学习。古人

---

① 金岳祥:《英国终身学习政策发展与实践》,《职业技术教育》2014 年第 1 期。

云："学如逆水行舟，不进则退"，鼓励人们不要停下学习的脚步；《庄子内篇》中亦将终身学习的观念贯彻到底，指出"吾生也有涯，而知也无涯"。可见，人们对知识的追求永无止境，对终身学习的关注历时已久。到 20 世纪，人们呼唤终身学习的声音此起彼伏，再次宣扬终身学习在人的一生中扮演着重要的角色。终身学习的内涵和外延不断在扩展，涵盖了学校教育、社区学习、工作技能、家庭学习等正式和非正式、非正规的学习，是人类未来生活和学习的方式。终身学习理念引导下的学习活动让人们学会做人、学会做事、学会工作和学会学习。

目前，乌托邦式终身学习发展不再是美好的希冀，而是当下各国教育革新的必然趋势，为教育发展和人才培养提供指导。终身学习已逐渐成为发达工业国家教育和培训政策的主要内容。对政府而言，终身学习是一个总体的发展框架，为应对现阶段全球化经济发展带来的挑战提供有效的解决方案。在此基础上构建高质量的终身学习体系十分必要。联合国教科文组织、经济合作与发展组织等机构携手推进教育改革和发展，领航教育发展方向，在全民终身学习理念的引领下，致力于构建终身学习体系，完成建设学习型社会的发展目标。[1]

然而，如今各国的终身学习发展水平良莠不齐，政策的具体实施、课程的审核标准、资源的系统整合、学业的认证资质等方面还有待完善，这要求我们致力于促进终身学习体系朝着高质量、高水平的方向发展。英国的终身学习建设走在世界前列，其在政策制定、师资匹配、资源管理和评价体系等方面均处于世界领先水平。因此，十分有必要探究英国的高质量终身学习体系，阐述其历史沿革、基本架构、主要特征，并对英国高质量的终身学习体系进行归纳、分析和总结。

---

[1] 纪河、郭海燕、殷雄飞：《终身教育体系构建的国际比较与借鉴》，《江苏开放大学学报》2017 年第 5 期。

第二节　英国高质量终身学习体系的历史考察

为了详细地了解英国高质量终身学习体系的历史沿革，对英国高质量终身学习体系的发展历史和发展现状进行深入考察。

一、英国高质量终身学习体系的发展历史

（一）启动期：确立成人教育的历史地位

英国的教育一向走在世界前列，在世界终身学习发展中扮演着十分重要的角色，为世界的终身学习事业贡献了力量。自20世纪80年代起，世界各国开始围绕"终身教育"和"终身学习"来制定和颁布一系列的法律法规。纵观英国早期的相关法律法规和政策文件，其中仍以继续教育、成人教育等来描述和定义"终身学习"。[①] 在后期，"终身学习"一词才被提出，并逐渐从成人教育中分离出来。很早之前，英国在终身学习领域就进行了不同的尝试，比如设立成人教习所、创建工人培训基地等。由此可以看出，英国重视民众整体素质的提升，鼓励个体积极参与学习，挖掘自身潜力，使教育伴随着人的一生，并对个体产生正向作用，进而促进社会发展。

起初，成人教育机构由非正式的自由团体组成，但在后续发展的过程中，接受成人教育的人数越来越多，群体愈发庞大，但由于经费短缺，民间团体无力支撑。[②] 此刻英国政府才施以援手，促使成人教育平稳过渡，各种类型、涉及各个领域、行业的继续教育形式满足了当下社会中工人阶层的教育需求，为越来越多的工人提供了培训和教学服务。此后，成人教育不断向教育中心地带靠拢，朝着系统化、制度化方向发展，并成为国家教育系统不可替代的组成部分。战后的英国为了重获生机，于1956年下令实施《教育

---

① 韦莹莹：《英国终身学习政策的实施研究》，东北师范大学2018年硕士学位论文。
② 韦莹莹：《英国终身学习政策的实施研究》，东北师范大学2018年硕士学位论文。

法案》，以法律的形式确立了终身教育在英国教育历史中的地位。①

（二）发展期：职业教育发展奠定基础

英国职业教育的发展一向依赖雇主支持，20 世纪 70 年代职业技术教育初步发展，但情况不是十分乐观，发展还不够完善，雇主对职业教育没有信心，导致市场投资份额占比较少，职业教育发展步入困境，降低了英国的国家竞争力。此刻英国的人才培养体系出现问题，缺乏大量职业技术教育人才。为了应对危机，政府出台了一系列政策文件来推动职业教育的发展，填补了职业技术人才缺口，提高了劳动力就业率，为英国社会创造了更多的财富，同时也为终身学习的发展奠定了良好的基础。

1956 年，英国发布《技术教育》白皮书，巩固了职业教育的历史地位，进一步完善职业教育框架。1964 年，英国发布《工业培训法》，预示着英国职业教育走向制度化，很大程度上完成了对企业教育与培训的监督与管理。1973 年，《劳动培训法》为劳动力的技能学习和培训提供保障，为社会经济发展创造所需劳动人才。同年，《成人教育方略》为教育发展提供新视角，旨在促进教育机会的公平和教育资源的合理分配，致力于满足个人的自身发展需要。

（三）成熟期：终身学习的全面发展

20 世纪 80 年代后，英国的终身学习发展进入了全面发展时期。1988 年，英国颁布了《教育改革法》，其中有关终身学习的部分明确强调了政府部门在成人教育方面所需承担的职责，由国家和地方两级管理，以促进终身教育事业的稳步推进。到了 90 年代，英国政府在政策制定方面更加仔细，制定了更加细化的方略和制度为终身学习的发展提供了强有力的支撑和保护。该

---

① 金岳祥：《英国终身学习政策发展与实践》，《职业技术教育》2014 年第 1 期。

时期对终身学习的质量和水平有了更加严格的要求。

1991 年，英国发布《21 世纪的教育发展》，组织培训和资格审查来保障适龄青年接受终身学习的质量，使其掌握相应的技能。此外，还通过监督机构来评估终身学习发展水准。1992 年，《高等教育和继续教育法》鼓励政府与企业合作，携手推进终身学习的发展。① 同年，《政府支持计划》减免职业培训和职业发展的税收金额，发放 4700 多万英镑的救济拨款，支持个人的自身发展。1996 年，出台《终身学习政策框架》，着眼于雇主、个人和教育培训、职业指导的实际价值，为终身学习的未来建设提供支持。②1997 年，发布《学习社会中的高等教育》，推动建设学习型社会并作为国家发展战略目标。同年，发布《21 世纪的学习》白皮书，呼吁学习型社会的构建。1998 年，发布《学习的时代》绿皮书，强调突破阶层背景局限，帮助每个人实现终身学习。1999 年，发布《学习成功》白皮书，从各个方面对终身学习展开论述，为终身学习体系的构建指明方向。2006 年，发布《继续教育：提高技能　创造生活》，为终身学习体系中职业教师的学习和培训构建更加完善的资格认证框架。2023 年，通过《终身学习(高等教育费用限制）法案》，并实施"终身贷款权利"计划。

二、英国高质量终身学习体系的现状分析

英国的终身学习体系取得了一定的成效，但仍存在一些问题。第一，成人参与学习的积极性不高、行动力不强。虽然民众普遍认为学习是一件有价值的活动，但实际上，真正参与学习与技能培训的成年人并不多。根据一项调查，超过一半的工作者目前或者最近有参与学习的经历，这意味着不到一半的成年人未进行有效的学习。在英格兰和威尔士各年龄段的人群中，1/6 的成年人基本素质不高，只能进行简单的日常交流和生活。第二，参与学习

---

① 王志学、黄慧娟：《英国终身学习的发展动力及策略》，《成人教育》2004 年第 10 期。

② 崔彦、王伟杰：《英国成人教育立法研究》，《继续教育与人事》2001 年第 7 期。

与技能培训的群体分布不均，大多集中在中产阶层，很大一批妇女无法入学，这阻碍了其获得进步与发展。第三，目前的专业认证体系呈现分层化特征。资格认证系统中每个层级相差的距离较大，分层严重，对个人能力要求较高，不利于大规模地普及和推广终身学习。

除此之外，从组织管理和政策制定来看，当前英国终身学习体系的运行模式从中央驱动发展转向雇主驱动、中央权力下放，遵循"以市场为导向"的原则，以满足市场需求、雇主利益和地方经济发展为主要目标。公共政策的作用主要是在市场机制失灵的情况下进行干预，政府公共政策的颁布与实施旨在通过提供资金支持、资格认证、信息服务和质量保障来促进终身学习的发展。然而，情况并不乐观，公共政策的新方向应是创造基于市场的解决方案，有效将技能供应与当前和未来的需求相匹配，以提高劳动生产率。从历史上看，英国的学习与技能政策以供给为重点，政府旨在通过公共投资提高劳动力的技能水平，进一步实现高水平的就业，以产出优质劳动力，促进经济社会的繁荣发展，并以此提高国际竞争力。具体来说，供给侧推动，即政府增加劳动力学习与技能的经费支出，培养和发展合格劳动力，吸引更多雇主参与资本投资，达到"高端市场"下高附加值、高生产率、高技能和高回报的生产战略。但在实施过程中，越来越多的人发现其技能供给的弊端，即学习与技能是经济发展的派生需求。因而，不能只注重供应，技能政策的制定方向趋于市场需求导向体系。在此系统中，投资者在学习和培训方面有更大的影响力，雇主更加看重终身学习平台和相关机构的运营，对终身学习体系建设的参与性和积极性不高。但是，教育是培养人的活动，其回报周期较长，耗资较大。20世纪末，英国自愿投资继续教育和成人学习与技能培训的比例远低于法国、芬兰等国家。如何吸引雇主和投资商的目光，是市场驱动下的终身学习体系未来发展所面临的挑战。

第三节 英国高质量终身学习体系的基本架构

全球各国顺应教育改革和发展趋势，在终身学习理念的引领下，不同程度上推进了终身学习体系的建设和发展，且各有侧重、各有特点。英国的终身学习体系基本架构较为完备，无论是其政策制定，还是师资匹配、资源开发等，均有其成熟的发展经验。

一、英国高质量终身学习体系的政策制定

（一）政策的具体实施

总体而言，政策的颁布与实施使英国终身学习的发展越来越趋向规范化和制度化，政策内容关注劳动力个人技能和素养的提高，旨在为社会创造更多的经济财富。与此同时，政策的提出与落实离不开教育管理系统的配合和推进。英国的终身学习体系与英国教育系统的管理与发展同频共振，表现为中央集权与地方分权相结合，同时受到市场需求的支配。教育机构与私营企业之间建立合作伙伴关系，企业为终身学习的发展提供资金支持。

具体而言，英国终身学习体系发展的策略计划，在各个时期根据社会发展状况和需求而定，且又均有侧重，但整体聚焦于劳动力的技能培养。2000 年，《学习与技能法案》的颁布表明英国形成以成人学习和技能委员会、国家教育和培训委员会、成人学习监察局、继续教育资助委员会为核心的终身学习体系。在课程内容的要求和课程质量的评估问题上，强调基本技能的获取和学习，通过技能审核和鉴定来提高课程评估的透明度和可操作性。与丹麦、瑞典等国家的一体化、通用化系统不同，英国的课程内容和评价采取专业化、分层式的方式来进行评定，保障了终身学习课程建设和评价体系的实施水准和质量。因此，在政策的引领下英国的终身学习体系不断完善。

（二）教育政策实施导向

在政策的具体实施过程中，国家管理与市场导向相结合。教育的监管和治理是各个国家教育发展中最具争议的决策领域，对教育的过程和结果乃至整个教育体系都会产生重大影响。因此，监管与治理部分被视为教育工作顺利开展和实施的关键环节。在英国，政府对教育的监管权、控制权逐渐从中央转移和下放到地方，国家和政府把控教育的整体发展方向，扮演着"目标导向"的角色，不具有实际的控制管理权利，而地方学校享有极大的监理权，根据地方学校、机构的实际情况来制定合适的教育教学发展方略。① 随着中央政府机构权力的削弱，行政大权和财政大权下放至学校和机构本身，教育参与市场竞争，个人自愿支持学习，市场和个体很大程度上支配终身学习的全面发展进程。英国当局认为应各司其职，政府负责终身学习政策方略的宣传、推广和落实；个人自愿负责自身的终身学习行为，做到对自己负责。在这一过程中，虽然市场掌握了一定的职权，但地方当局拥有对教育的主要决策权。比如，英国的学校被赋予了选聘教师和解雇的权力，以及支配学校大部分的经费支出。综上所述，英国终身学习体系的监管和治理总体表现为中央政府职权下放、市场需求主导的"自愿合作组织"模式。②

二、英国高质量终身学习体系的师资配备

英国负责终身学习教师资格认证的机构分工明确。中央政府负责整个认证活动的整体过程，并与外部机构协同，对教师发展、技能培训、课程实施予以监督和审查。目前的终身学习教师资格体系是由学习和技能服务

---

① Carolyn M., Toshio O., Werner M., *Revisiting Lifelong Learning for the 21st Century*, Hamburg：UNESCO Institute for Education，2001，pp.1–24.

② Prokou E.，"A Comparative Approach to Lifelong Learning Policies in Europe：The Cases of the UK，Sweden and Greece"，*European Journal of Education*，Vol.43，No.1，March 2008，pp.123–140.

机构构建的，课程实施和认证标准是由城市和行业学会、爱德思（EdExcel）等机构制定的①，旨在建立合格的专业资格标准，使教师在教育中得到认可。20 世纪 90 年代初，英国曾试图依照国家职业资格标准为教师编制理想绩效能力方案。培训和发展领导机构（Training and Development Lead Body, TDLB）制订的评估方案被用于非大学课程的质量评定。②2006 年，英国发布《继续教育：提高技能，改善生活》白皮书，概述了新制定的教师学习和技能发展执照资格标准和具体的实施过程。随后，终身学习部门推出了一系列教师资格证书，如终身学习部门教学证书（Certificate in Teaching in the Lifelong Learning Sector, CTLLS）和终身学习部门教学资格证（Diploma in Teaching in the Lifelong Learning Sector, DTLLS），来满足终身学习过程中处于不同教学和培训场景下教师的职业需要。可以看出，英国不断在教师资格认证和教师培训方面做尝试，以促进教师获得更好的专业发展。

终身学习体系中与非学校教育有关的教师资格认证评定机构的资质十分重要，首先，其决定了教师资格认证的可信度和质量水平。因此，英国对这类机构具有较高的要求，从而确保教师为成人教育与学习提供的服务质量。其次，教师资格认证机构对教师的考查与要求保持较高的水准，规范化地保障授课的各个环节和内容，使学习者学有所成。除此之外，英国还设立了监督管理机构来监察教师培训活动，通过检查和审查制度加强教师培训，保障教师培训顺利进行。

具体的制度内容以学分作为衡量指标。不同层级、不同阶段、不同时期和不同授课内容要求教师达到的学分标准也是不同的。由此可以看出，英国在实际实施中采取灵活多变的方式进行，从而更科学、更合理地促进教师专

---

① Tedder M., Lawy R., "The Pursuit of 'Excellence': Mentoring in Further Education Initial Teacher Training in England", *Journal of Vocational Education and Training*, Vol.61, No.4, December 2009, pp.413–429.

② Chown A., "Can the NCVQ Model be Used for Teacher Training?", *Journal of Further and Higher Education*, Vol.17, No.2, June 1993, pp.15–26.

业技能的提升。在终身学习教师资格认证体系中，授课教师的教学实践是考量和评审教师绩效的关键项目指标，以授课的时间和次数来进行记录和评定，旨在让教师在实践中不断促进教师专业能力的发展和提升。

三、英国高质量终身学习体系的资源开发

（一）多维开放的学习资源

学习资源的开放获取是指消除或降低经济、技术、地理、制度等阻碍知识获取的门槛，允许学习者参与教学内容或课程的学习，参加社区实践或其他类型的知识共享活动。它可以使非正式和独立的学习者能寻求并获得对其学习的认可。通过开放获取，可以扩大信息和知识的传播范围，这是开放教育资源（Open Educational Resources，OER）的主要目标之一，也是开放的一个最基本的维度。基本上所有的开放教育资源都包括开放获取的维度，但开放教育资源的目的不同，在此维度上的表现形式也不尽相同。

从英国大学在开放教育领域的诸多实践可以看出，"开放"贯穿于终身学习体系发展的整个过程和阶段。随着时间的推移，"开放"已演变为开放的内容、开放的教学、开放的研究等多个方面。

英国开放大学以向所有希望实现其理想和抱负的人提供优质的高等教育为目的，在建校伊始就以"人的开放""地点的开放""方法的开放"和"理念的开放"为己任[1]，引领着开放教育的潮流。开放大学的入学是无门槛的，凡年满21周岁的成人，不论职业、资历和社会地位，均可报名，无须考试，按报名的先后顺序录取。

除此之外，英国建设 Open Learn 平台，该平台和慕课的内容都是通过网络向所有人开放的，无入学门槛，只要能与互联网连接的人都可以参与学

---

① 李慧迎：《战后英国大学开放教育资源研究》，湖南师范大学 2019 年博士学位论文。

习。但不同的是，Open Learn 的内容是可以随时访问的，慕课则受开课时间的限制。因为 Open Learn 项目的目的是在正规教育和非正规教育间建立桥梁，所以它的内容可以随时随地让任何人都可以访问；慕课的目标则是为尽可能多的学生提供免费的大学教育，因此它的内容与传统的大学课程一样有开课时间的限制，在授课时间内，学习者可以随时访问，而授课结束后，课程的访问是受限的。

在英国提供的开放教育资源中，产业大学、Open Learn 以及慕课所提供的资源都是开放的。产业大学提供的咨询和部分学习内容是可以免费访问但受版权保护的。产业大学在启动之初是由政府提供启动资金，2011 年后由 Learn direct 公司开始独立运作，但依然与政府保持合作伙伴关系，可以从政府部门获得数千英镑的合同经费。[①] 尽管慕课号称要为尽可能多的学生提供免费的大学教育，但这种免费也仅仅是可以不付费访问。不同的慕课平台对其课程的版权管理是不同的。

（二）形式多样的学习资源

通过开放教育资源，每一个人在他生活的每个阶段和职业发展生涯中都可以获得适当、有益的教育机会，同时也要求提供开放教育资源的机构能以灵活的方式提供内容、课程、支持、评估和认证。各类技术开始在教育领域得到充分的利用，为开放教育资源打开方便之门。

早期能够提供的开放教育资源的形式相对比较单一，如由伦敦大学提供的开放学位。到 20 世纪 60 年代，传播技术开始在教育领域大显身手。开放大学在成立之初倚仗英国广播公司通过广播进行教学，随后发展到应用电视、电话进行教学。除了传统的印刷媒体外，由开放大学提供的开放教育资源还包括广播、电视、录音、录像。80 年代，微型计算机开始进入家庭，

---

① Govindarajan K. K.，"Bilobar Congenital Lobar Emphysema in a Child：How to Approach It？"，*Kardiochiurgia i Torakochirurgia Polska*，Vol.17，No.4，December 2020，pp.208–209.

信息存储技术进一步发展，开放教育资源的表现形式也越来越丰富。[①] 产业大学提供的开放教育资源包括其提供的学习中心和咨询服务。在产业大学成立之初，多媒体计算机尚未普及，人们需要到学习中心进行学习，产业大学在英国境内建立了数千个学习中心。[②]

Open Learn 除了提供许多免费的学习课程外，还提供许多实用的学习工具，促进学习者之间的交流和共享。[③] 这些软件中既有基于文字的，也有基于图形的，还有基于视音频的协作工具。这些工具都是开放大学的知识媒体研究所开发的，学习者可以免费使用。而且，知识媒体研究所还开放了这些软件的源代码，其他使用者也可以根据自己需要对其进行改造或再利用。随着许多社会性软件的功能越来越健全和稳定，许多社会性软件也能实现这些学习工具的功能，有的甚至比这些学习工具更有优势。在内容合作创作和再利用方面，Open Learn 中员工团队的指导者为合作者的创作提供建议和帮助，如发布材料、创建论坛和组建合作共同体等。在慕课中，绝大多数课程都配备了一定数量的助教，负责课程答疑、监控论坛和课程直播时的一些管理工作。

四、英国高质量终身学习体系的组织管理

英国高质量终身学习体系的组织管理集中体现了地方管理机构的高度自治。换言之，英国大学享有很大的自治权，国家的控制主要通过资金和质量保证来实现。麦克·奥斯本（Mike Osborne）强调，政府在高等教育方面没有权力，除了管理拨款委员会和通过质量保证机构（Quality Assurance Agency，QAA）标准和基准声明设定资格框架，它们可以

[①] 孙福万、杜若、刘永权：《英国开放大学研究》，中央广播电视大学出版社 2015 年版，第 23 页。

[②] The House of Commons, *Extending Access to Learning through Technology：Ufi and the Learndirect Service*, London：The Stationery Office Limited, 2006, p.24.

[③] 李慧迎：《战后英国大学开放教育资源研究》，湖南师范大学 2019 年博士学位论文。

自由决定自己教授和研究的内容，以及如何管理这些活动。正如上面提到的，对大学自主权的唯一限制是拨款委员会对拨款分配的规定和质量保证机构设定的质量标准。此外，资助模式的改变导致大学不得不对他们的模块和课程进行学分评级。这些变化导致了继续高等教育的进一步分权，然后由学术部门、学校、部门、中心或单位以学科为基础提供各种不同的教育。如前所述，罗素大学集团的一些大学有独立的中心、单位或分部，用于继续高等教育或终身学习，如剑桥大学、牛津大学、曼彻斯特大学和斯特灵大学。在大多数情况下，这些机构都被纳入了教育部门。

20世纪90年代，继续教育部门的重心转移也在组织层面上留下了痕迹。由地方教育部门资助的继续教育部门或中心被削减、缩小或分散。在具体的机构设置方面，继续教育部门提供传统的外语或历史等科目的成人教育课程。虽然其中的一些部门正在拆除，但其他部门正在并入大学，并提供入门课程或一级课程。这些部门的运作方式与牛津大学相同，从一般管理（包括市场营销和人力资源）到课程设计，但它们几乎得不到牛津大学本身的支持。

持续专业发展（Continuing Professional Development，CPD）在许多大学由学术部门（通常与专业团体联合）提供，有助于促进区域经济。然而，持续专业发展不应被视为继续高等教育的同义词，因为学员的目标不一定是获得学术资格。

第四节　英国高质量终身学习体系的主要特征

在高质量终身学习体系建设的过程中，英国形成了独具特色的模式并表现出鲜明的特征，主要包括政策实施、资格管理和质量保障等方面。

一、以学习项目为主的政策实施

对循证政策（Evidence-Based Policy，EBP）的讨论自 20 世纪末至今从未停歇。到如今，其发展已经趋于成熟，形成编制、实施、反馈、审查和评定等流程。在每个阶段，政府都充分关注国家智库或研究小组等第三方社会机构的研究成果，这可以作为了解社会和人民状况的有效途径，从而更好地实现政策愿景。①

英国联合政府时期的终身学习政策以学习项目（Study Programme）为主。英国政府出台了《职业教育回顾——沃奥夫报告》（Review of Vocational Education——The Wolf Report），其探讨了如何改善 14—19 岁青少年的职业教育，以帮助其成功地进入劳动力市场，接受更高层次的教育培训。报告提供了实用的建议，为未来的政策提供了方向指引。具体而言，介绍了英国职业教育所处的社会背景、劳动力市场环境及其蕴含的挑战；提出由资助每位学生替代对每项资格的资助，促使教育培训机构对学习者更加负责；提高学徒制质量；扩大英语、数学以及实用职业资格的教学；为年轻人提供更多的工作实践经历②，支持其参与社会行动项目或工读课程等，以提高就业技能；更多地关注年轻人的兴趣与需求等。该报告围绕青年终身学习与职业发展，通过翔实的调查数据与扎实的论证，有效地洞察了社会需求，并提出了 27 条政策建议，其中包括引进"学习项目"。③

2013 年 9 月，"学习项目"正式实施。2015 年和 2016 年，英国政府更新了学习项目的政策文件。"学习项目"旨在为学习者提供一套结构化的、

---

① 吴雪萍、赵婷：《如何推进我国的终身学习进程——英国推进终身学习的新举措及其启示》，《教育发展研究》2016 年第 9 期。

② 吴雪萍、赵婷：《如何推进我国的终身学习进程——英国推进终身学习的新举措及其启示》，《教育发展研究》2016 年第 9 期。

③ 吴雪萍、赵婷：《如何推进我国的终身学习进程——英国推进终身学习的新举措及其启示》，《教育发展研究》2016 年第 9 期。

个性化的、具有挑战性的学习项目组合，为其下一阶段的发展奠定坚实的基础。①

二、不断完善优化资格管理体系

教学与管理机构作为英国教育部的执行机构，主管英国的教学活动，其秉持公平一致的原则，代表国务大臣在法律的规定下执行整个教师职业的监管与治理。该机构主要有以下几点职责：为完成课程的教师授予合格的教师资格；对为初始教师提供职业培训以及为完成早期教育技能与学习发展的个人提供教师资格认证；公平有效地评估远程接受培训的教师的专业成绩；严格规范教师教学活动和行业职责；及时对不当的教师行为进行监督并组织督查小组举办听证会。除此之外，教学与管理机构每年都分析与制定年度执行情况报告，以更好地回顾与核查教学监管工作是否合格。通过以上方式提高教师的专业水平和职业素养，为每个人提供世界一流的教育、培训和指导。

除此之外，英国的教师资格认证和培训体系也是资格管理体系中十分重要的部分，并受到法律保护。合格教师资格（Qualified Teacher Status，QTS）是在英国任教的基本要求。无论是在英格兰、北爱尔兰还是在威尔士，均有相应的机构对教师身份进行认证。在此基础上，英国提供了三条获得合格教师资格的途径：向教学监管机构（Teaching Regulation Agency，TRA）进行申请；接受相关的评估与审查并符合合格教师资格的标准；在英国完成教师的培训课程。同时，英国对每种获取条件做了具体的规定和划分。例如，如果教师资格申请来自非欧洲经济区（European Economic Area，EEA）的国家，也不属于澳大利亚、加拿大、新西兰、瑞士或美国，那么申请的途径以接受评估为佳，并且需要满足几个条件：至少 2 年的教学经验、英国或非英国大学的第一学位；达到相当于 GCSE 语言和数学 4 级的标准等。

---

① 吴雪萍、赵婷：《如何推进我国的终身学习进程——英国推进终身学习的新举措及其启示》，《教育发展研究》2016 年第 9 期。

除此之外，还应具备训练教学的健康体魄和身体能力。由此可见，英国的教师资格认证方式灵活多变，规范严谨。

除了规范的教学与管理机构、健全的教师资格认证与培训体系之外，英国的国家职业框架也十分完善。追溯到1987年，英国构建国家职业资格框架，具体细致，规范严谨。① 英格兰、北爱尔兰、苏格兰、威尔士使用类型不同，大致上归为五类，职业资格体系框架十分明晰。

三、构建学生主体的学习质量保障制度

英国政府陆续发布一系列的政策促进学生的发展，其对教育的重视程度有目共睹。2022年3月，英国发布《为所有学生提供机会：卓越教师建设优质学校》（Opportunity for All：Strong Schools with Great Teachers）白皮书，制订了确保每个孩子获得充分发展的计划，以挖掘个体潜力，提高整体的教育水平。白皮书为生活在农村、沿海城镇和发达地区的每个学生、父母和家庭提供帮助，这体现了对教育机会均等的关注，彰显了终身学习理念。此外，白皮书还提到了教师培训和职业发展计划，力求到2024年创造50000个培训岗位，促进教师的发展。除此之外，还对教育经费、课程管理和监督机构提出了一系列要求与计划。

此外，英国政府也大力支持成人教育，投资开设免费的就业课程，帮助成人获得终身技能课程的资格。同时，对成人资格认证进行了分级认证。其中，3级相当于高级技能证书或文凭。如果成人已经拥有3级或更高的资格，但年收入低于国家生活工资（自2022年4月起为18525英镑）或失业，可以免费获得这些资格。这与成人已经拥有的任何资格无关。除此之外，为进一步落实终身学习的理念，19岁到23岁的成年人可以通过线上聊天、发送邮件、打电话等方式及时联系国家职业服务中心以获得更多的信息。课程支

---

① 吴雪萍、赵婷：《如何推进我国的终身学习进程——英国推进终身学习的新举措及其启示》，《教育发展研究》2016年第9期。

持方面，政府发布国家生涯服务课程查找器来帮助成人学习者查看所在地区或在线免费提供的课程，使其能够根据自己的需要进行学习。此外，国家职业服务中心提供免费的指导和建议，帮助成人根据自身兴趣和需要进行职业培训和选择。课程所涉及的技能种类多样、涵盖面较广。例如，用于电子营销和编码的数学课程，建筑、物流或工程领域的技术培训课程等。

第五节　英国高质量终身学习体系的研究总结

如今，各国逐步迈向知识经济时代，英国以高质量终身学习体系为抓手来顺应时代潮流。在把握英国高质量终身学习体系历史、架构和特征的基础上，从开放教育办学机构和等级资格认证体系等方面对英国高质量终身学习体系进行总结。

一、灵活的开放教育办学机构

终身学习贯穿人的始终，既包括正式学习，也包括非正式学习。因此，相较于其他学习形式来说，其灵活性、便捷性、价值性都相当高。结合英国的发展脉络不难看出，英国首先从行会制度慢慢过渡到学徒制度，接着开始注重成人教育，成立开放大学，最后利用技术实现不受时空限制的学习。

首先，为了促进工业革命之后的经济发展和社会进步，英国的学徒制逐步向成人教育发展。尽管当时并没有统一的教育机构为成人提供学习服务，但民间组织（诸如成人教育中心和社区教育中心）面向该地区的人员，为其提供文学、艺术和体育等领域的课程，提升了成人的生活质量和学习热情。1903 年设立的工人教育联合会尽管是民间组织，但其组织严密、管理严谨、制度健全，并与高等机构进行合作，开设了众多符合当时成人继续学习需求的课程，至今仍为人所称赞。

其次，20 世纪 70 年代，经济与社会的发展与进步催生了一批以远程教育为特色的教育机构，其中，开放大学的影响最为深远。开放大学采用广播电视等媒介手段，向学习者提供远程学习资源，允许学习者根据自己的学习需求进行课程学习，完成一定的课程任务，获得国家所认可的文凭证书。灵活的学习方式、多元的学习选择以及创新性的远程交流不仅有利于提高成人的学习意愿并满足其职业发展需求，而且能促进整个社会的学习氛围。目前，开放大学仍然是成人继续教育的主要选择，且教学模式不断推陈出新，吸引了越来越多的学习者。

最后，通信技术和网络技术的迅猛发展使人们更加倾向于学习资源的可视化和便捷化。因此，英国颁布了《产业大学，创建全国学习网》，开始关注产业大学这一新型教育形式，并利用通信技术和网络服务形成高效、动态的学习网络。相较于开放大学，产业大学利用网络平台提供课程资源，通过交互界面允许学习者随时随地进行学习与交流。学习者可以在任意场所、任意时间接受知识的陶冶与熏陶。灵活可视的学习资源和政府的支持使产业大学得到潜在的学习者的关注。

终身学习意味着所有人都能根据自己的实际需求和愿景自由选择其接受学习的形式。无论处于什么阶段，学习者都能找到适合自己的学习模式。因此，构建灵活的开放教育机构能够最大限度地发挥学习者的学习主动性和积极性，利用技术和在线学习服务为学习者提供个性化、人文化的学习支持。学习者能够便捷地利用学习资源，掌握适应未来职业需求的技能，从而为社会储备创新性的高素质人才。这也是为什么英国政府、机构、企业乃至个人都推崇终身学习的原因。

二、完善的等级资格认证体系

终身学习的成果不仅表现为学习者的学习进度和状态，而且与其资格认证有密切的联系。英国政府历来重视终身学习的等级资格认证，并建立了一整套可以实施的认证管理体系。

首先，英国为了鼓励在职人员或工人提高其知识技能，联合伦敦城市行业协会颁布了三层次的资格认证体系。该体系的内容包括：第一，采用半工半读的形式进行继续教育，拓展理论知识与技能；第二，将所学知识应用于实践操作，为期两年，确定其学习水平；第三，进行深入学习与实践，完成所需的任务即可拿到所认证的文凭。

其次，英国政府结合时事更新资格认证体系，并推行了"学分积累与转移"计划，旨在促进正式教育与非正式教育的融合与创新。此后，将其计划推广成五级认证体系，涵盖工业、商业和农业等十一个领域需要继续教育或成人教育的人员。为了满足义务教育结束后就职的工作人员的学习需求，提高其自我发展的意愿，该体系又经过了多次更新，形成最终的初等、中等、高等三级认证体系，分别代表了其操作实践水平和程度，以促进终身学习的深入发展。

最后，为了促进继续教育、成人教育和职业教育等形式的融合，英国政府推行了全国职业资格证书制度，以鼓励职业教育与终身学习的发展，从而保证每位学习者都能实现自我发展和提高。同时，《学习与技能法》的颁布以法律形式确保了职业资格证书的地位与价值，并改善了其职业资格证书和财政经费的支出。各种形式的教育形式正在趋于体系化和规范化。

进入21世纪，随着全球范围内政治、经济、科技、文化等的变迁，构建终身学习体系、建设学习型社会已然成为推动各国持续发展的重要举措。英国的高质量终身学习体系历经了启动、发展、成熟这三个时期，目前面临成人学习积极性不高等难题。从政策制定到师资配备、资源开发，再到组织管理，英国的高质量终身学习体系形成了较为完善的基本架构。在此基础上，英国高质量终身学习体系的主要特征表现为以学习项目为主的政策实施、不断完善优化资格管理体系、构建学生主体的学习质量保障制度。最后，从灵活的开放教育办学机构和完善的等级资格认证体系两方面对英国高质量终身学习体系进行了总结。

第四章　荷兰高质量终身学习体系
发展研究

随着经济的快速发展和全球化的到来，国际社会和世界各国政府清晰地认识到教育是个人生存发展的基础，是民族振兴和可持续发展的重要保障，是立国之本。国家必须保障公民的基本受教育权，实现公正、优质、包容的教育。为使每个人都能享受到教育，各国逐渐构建起完备的教育体系，而终身学习体系则是教育体系的重要组成部分。21 世纪，大数据、互联网、人工智能等新兴技术快速发展，构建完善的高质量终身学习体系对国家、社会和个人的发展来说至关重要。荷兰是教育强国之一，本章分析了荷兰的高质量终身学习体系。

第一节　荷兰高质量终身学习体系的背景分析

终身学习（Lifelong Learning）是指社会中的每一个成员，为了适应社会的发展和促进个人的发展而不断地进行学习。① 如何构建终身学习体系，是当今各国教育机构和教育研究者关注的一个重大课题。

---

① 叶青、罗辉、彭悦：《关于终身学习研究机制的探索——荷兰公开大学终身学习研究机制对我国终身学习研究的启示》，《中国成人教育》2012 年第 21 期。

英国成人教育委员会在《1919 年成人教育报告》（The 1919 Report on Adult Education）中提出，成人教育是一种终身教育的理念。联合国教科文组织在《终身教育》（Lifelong Education）报告中指出，"从亘古以来，就有终身教育的观念，西方的圣经、古兰经，犹太圣法、伊斯兰教条都包含了终身教育的观念"。1929 年，勒克斯利（Yeaxlee）将终身教育视为一种人在其一生中必须完成的教育。1965 年，时任联合国教科文组织终身教育局局长的保罗·朗格朗（Paul Lengrand）发表《终身教育引论》（An Introduction to Lifelong Education），对终身教育的重要性进行了系统的阐述。在《学会生存：教育世界的今天和明天》（*Learning To Be: the World of Education Today and Tomorrow*）一书中，富尔（Faure）阐述了发展终身教育对于个人发展的重要意义。戴夫（Dave）在《终身教育的基础》（Foundations of Lifelong Education）中，对终身教育理论进行了进一步的阐述。1976 年，联合国教科文组织把终身学习作为一种权利，强调学生在终身教育中的重要作用，提出了把"终身教育"变为"终身学习"的观点。尽管不同的组织使用不同的术语——终身学习、循环教育、终身教育，但他们都强调学习是一个终身的过程，所有教育都应该围绕这一原则进行组织。联合国教科文组织于1996 年出版《学习：财富蕴藏其中》（*Learning: the Treasure within*），建议各国应加速建立终身教育体系。

随着联合国教科文组织的大力倡导，终身学习的研究和实践在世界范围内迅速兴起，欧洲便是其一。1996 年是欧洲终身学习年，欧洲委员会（European Commission）通过了一份政策文件《关于终身学习战略的结论》（Conclusions on a Strategy for Lifelong Learning），具体规定了终身学习战略的若干原则。2000 年，欧洲委员会发布了《终身学习备忘录》（A Memorandum on Lifelong Learning）。2002 年，理事会通过了一项关于终身学习的决议。经过不断地发展，终身学习成为欧洲大多数国家教育和培训政策的重点，荷兰就是其中的国家之一。荷兰由阿鲁巴、库拉索和圣马丁这三个国家组成，是一个相对较小的独立的西欧国家，有大约 1700 万人口，面积仅是美国加利福尼亚州的 1/10，是世界上人口密度第 22 位的国家，也是欧洲人口密度最高的国家。

荷兰相当重视教育，其教育水平非常高。2017 年，世界经济论坛（World Economic Forum）发表了 2016—2017 年的"全球竞争力报告"（Global Competitiveness Report），报告评选出了 11 个国民平均教育水平最高的国家，荷兰以 6.1 分的成绩位居榜单第三名。荷兰，有 1/3 的 25—64 岁的国民拥有大学及大学以上学历，远高于世界平均水平的 24%。这与荷兰对终身学习的重视密不可分。1991 年，一个新的中左翼内阁宣布致力于建设"知识社会"，"终身学习"一词首次出现在荷兰的政策议程中。20 世纪 90 年代初，荷兰新兴的政策主要关注政府、社会合作伙伴（工会和雇主）和个人在终身学习投资中各自的财务责任。荷兰政府在 1999 年的《国家行动计划》（National Action Plan）中表示支持欧盟关于终身学习的定义，即"所有有目的的学习活动，无论是正式的还是非正式的，都是在持续的基础上进行的，目的是提高知识、技能和能力"。总的来说，荷兰在终身学习体系建设方面积累了一定的经验。

第二节　荷兰高质量终身学习体系的历史考察

荷兰对教育尤其重视，并成功地走在了各国终身学习运动的前列。下面从萌芽期、发展期、成熟期和完善期这四个方面对荷兰高质量终身学习体系的历史进行考察。

一、萌芽期：关注成人教育和职业教育发展

自第二次世界大战至 20 世纪 70 年代，荷兰政府重点关注成人教育和职业教育的发展。1949 年，联合国教科文组织举办了第一届成人教育大会，

提出终身学习的概念。① 第二次世界大战后，荷兰的职业教育和培训等政策都有了很大的改变。初期的职业教育和培训主要是通过国家出资的中等教育方面来进行的。20 世纪 70 年代中期，政府对社会文化成人教育政策的重点放在"剩余"政策上，该政策强调政府需采取补贴方式，为志愿行动提供基础服务，如寄宿学院和受欢迎的大学。根据《中等教育法》，政府对成人在夜校获得正规教育资格负有有限的直接责任。成人可以报名参加夜校的课程，这些课程与初级教育的中等教育形式相同。其他成年人大多数选择了函授教育，以提高他们的个人和职业资格水平。60 年代末 70 年代初的解放思想开始在"终身学习"方面对成人教育政策产生影响。在荷兰，一个与第二次妇女解放运动有密切联系且基础广泛的基层联盟提出了各种受欢迎的成人教育倡议，如妇女社会方向课程和成人社区进修课程。荷兰政府政策的重点重新转向为素质低的成年人提供教育机会。

在这一时期，荷兰政府侧重于促进成人教育和职业教育的发展，提出了一系列的教育倡议，为所有成年人提供终身学习的机会。自 1991 年终身学习首次出现在荷兰的政策议程后，荷兰开始加大对终身学习的关注。

二、发展期：重视高等教育发展

20 世纪 70 年代早期，高等教育规模迅猛发展，高等教育实现大众化。荷兰政府于 1985 年发布《高等教育：自治与质量》（Higher Education：Autonomy and Quality），提出了"以质量换取自治"的方针，给予了大学更多的行政和财务自主权，同时也要求大学承担更多教育质量责任。同年，荷兰开放大学成立，这所大学是一所开放的高等教育院校，由国家提供资金。学校最初是为了让有能力和有兴趣的人能够获得更好的教育。之后，它的目标转变为要成为一所为终身学习者服务的大学。这种转变决定了学校要有针对

---

① Volles N.，"Lifelong Learning in the EU：Changing Conceptualisations，Actors，and Policies"，*Studies in Higher Education*，Vol.41，No.2，February 2016，pp.343–363.

性地研究，为办学的方向做好准备。在此背景下，荷兰终身学习实验室应运而生，它的任务是对终身学习的理论、概念、模型、工具进行更深入、更全面的研究，使大众更深刻地理解终身学习，促进终身学习体系的发展。1999年，荷兰教育、文化和科学部（Ministry of Education，Culture and Science）颁布了《2000年高等教育和研究计划》，该政策是根据多样化的学生群体对灵活和个性的学习需求而制定的。这是终身学习的一个重要方面，因为双重轨迹能够促进学习和工作的灵活结合。

20世纪70年代初至90年代，荷兰政府加强了对高等教育的建设，实现高等教育规模迅猛发展与高等教育大众化，促进了高等教育与社会之间的联系，并且让民众对终身学习有了更深层次的认识，这些都在某种程度上促进了荷兰的终身学习体系向高质量发展。

三、成熟期：多方资源的投入

自20世纪90年代以来，荷兰政府加大了对终身学习体系的资源投入。首先，政府开始改革教师教育。20世纪末，荷兰教师存在数量严重不足、理论与实践脱离的问题。为了应对师资队伍的严重不足，荷兰政府采取了一系列措施，迅速、高效地充实了师资队伍，其中一项就是实施另类教学计划，以吸引更多的人进入教师行业。这一系列措施促进了教师教育者专业理论和技能的发展。其次，在技术投入方面颁布政策，加大投入。1999年，荷兰政府颁布《在线教育》（Online Education）政策文件，强调了到2002年年中要实现把所有教育机构与国家知识网络相连接。该网络为教育机构提供了在线设施，包括教育软件、互联网接入和公共教育部门之间传播信息和服务的虚拟空间。此外，荷兰政府凝聚多方力量致力于终身学习的发展。最后，在就业方面发布了一系列措施。第一，减少没有启动资格的高校，特别是在城市聚集区的高校；第二，通过工作条件和人事政策的现代化提高教师职业的吸引力；第三，将财政培训设施扩展到非营利部门和社会经济；第四，将区域办事处转变为基础广泛的职业教育和培训开放学习中心；第五，为学生提供更加灵活的学习资助，允许学习和工作相结合；第六，确保七年的综合教育轨迹，以鼓励从中等职业教育向高等职业教育的转移；第七，在国家技术中心网络中加强企业与职业教育和培训之间的合作。促进终身学习的措施在就业能力议程和国家就业计划中处于核心地位，这清楚地表明了荷兰政府经济和就业政策的优先事项与注重促进荷兰人口的外部和内部就业能力之间的密切关系。

这一时期，荷兰加大了在教师教育者发展、技术和就业方面的投入。多方资源的投入在更大程度上推动了终身学习体系的发展。

四、完善期：保障教育质量和提高就业能力

20 世纪初至今，荷兰的终身学习体系已经取得了长足的进步。1996 年，经济合作与发展组织发布《全面终身学习》（Lifelong learning for All），此后，荷兰政府关注开始转向劳动力资源开放和就业能力。20 世纪初，终身学习强调以学习者为中心和个人学习。欧盟发布的《终身学习备忘录》将终身学习和教育培训的概念并列提出，指出终身学习是当今社会贯穿人一生的关键因素，并且终身学习对整个社会的发展具有重要意义。荷兰政府于 1996 年通过《职业教育与成人教育法》，这项议案涵盖了所有的职业教育和成人教育，并且第一次把职业教育和普通教育分离。该法案目的在于：强化职业教育的资源整合，提升职业教育的质量，强化职业教育与市场的衔接，协调职业资格证书体系，降低职业学生的退学率。其后，荷兰教育、文化和科学部根据法案，将职业学校从 500 多所调整为 63 所，使职业教育的规模和质量得到了极大的提高，职业院校的综合实力也得到了显著提高。最后，荷兰是全球高等教育质量保障体系改革的先行者，率先构建了一套完善的国家高等教育质量保障机制。其中，教育认证是荷兰高等教育质量保障机制的一个重要内容，它是由独立的机构根据国际质量标准对大学和学位项目进行评价。

为有效应对劳动力短缺以及提高人们的学历层次，荷兰政府在 2000 年《里斯本协定》的基础上，制订并颁布了《终身学习行动计划》。

这一时期，荷兰制定了一系列相关政策和质量保障机制，保障了教育质量和提高就业者的就业能力，促使荷兰终身学习体系逐渐趋于完善。

第三节　荷兰高质量终身学习体系的基本架构

通过对荷兰终身学习体系的历史考察，可以发现荷兰终身学习体系的发展趋于完善，逐渐迈向高质量发展阶段，形成了包含政策、师资、资源和组织等方面的基本架构。

一、荷兰高质量终身学习体系的政策制定

自 20 世纪 90 年代初以来，欧盟委员会、联合国教科文组织、经济合作与发展组织、七国集团（Group of Seven，G7）和许多非政府组织在教育和培训领域以及国家政府政策审议方面达成了广泛共识。构建高质量终身学习体系被视为应对全球化和知识社会挑战、提高经济竞争力、解决失业和创造就业、提高个人就业能力和确保边缘化风险群体融入社会的一个重要策略。目前，荷兰大多数的教育和培训政策文件都强调终身学习。

（一）职业与成人教育法

荷兰对职业教育，尤其是中职教育给予了特别的关注。首先，荷兰政府于 1987 年发布了一套关于职业技术教育改革的法令。这项法令的重点是对中职教育进行改革，这项改革在 1991 年结束，历时三年。其次，政府于 1993 年颁布了《业余职业教育课程培训法》并建立了规章制度，该制度主要针对学徒制、在职人员和特定行业的培训。再次，荷兰政府于 1996 年制定了《职业和成人教育法案》。这是首部将职业教育与成人教育纳入在内的

法律法规，将职业教育与普通教育分离，旨在强化并深化初级和初级后职业教育体系的建设。这个举措极大地影响了荷兰的职业教育体系。此外，还制定了国家职业资格体系。最后，自 2006 年起，荷兰教育、文化和科技部在成人教育方面的经费和资金都有限，只对较高层次的、以荷兰语为第二语言的教学项目提供经费。然而，较低层次职业培训项目转由隶属司法部的移民局提供资金。荷兰政府重视职业教育与普通教育，并积极为其发展提供优惠政策，逐步建立起健全的职业教育体系。

(二) 就业和薪酬相关政策

荷兰在制定终身学习政策时强调劳动力市场的参与和劳动人口的就业能力。荷兰政府非常注重促进重要风险类别的劳动力市场的参与。重要风险类别包括老年工人、妇女和少数民族。[1]

首先，在解决老年工人劳动率层面。2003 年，荷兰政府在《促进老年工人的劳动参与》政策文件中宣布了一系列措施。一是政府强调自愿提前退休仍然是个人的权利，但这种选择必须以有关个人为代价。这意味着现有提前退休计划的税收优惠将在适当时候取消。政府还赞成取消强制性退休的标准年龄，并实行灵活的退休计划。二是政府已经宣布为雇用 50 岁以上老年工人的特定类别工人的雇主扩大财政便利。三是政府考虑取消 57 岁以上失业者申请工作的免税。这些措施很大程度上解决了老年工人就业的问题。

其次，在解决妇女的就业问题层面。荷兰妇女在劳动力市场中的参与率相对较低。荷兰妇女绝大多数从事兼职工作，尤其是在育儿期和晚年。荷兰政府的政策继续侧重于缓解妇女在平衡就业和护理方面的问题，以及提高其就业能力的任务。《1999 年国家行动计划》中指出政府允许领取社会福利和

---

[1] European Centre for the Development of Vocational Training, *Lifelong Learning in the Netherlands*, Luxembourg : Office for Official Publications of the European Communities, 2002, pp.105–108.

没有找到工作义务的个人，特别是有五岁以下子女的单身母亲，参加教育课程。这意味着她们能够接受高等教育，获得社会福利的权利。《好工作行动计划》和《2000年国家行动计划》中的一些具体措施进一步促进了妇女更多地参与荷兰劳动力市场。此外，1998年的《职业中断资助法》允许雇员为了照顾他人或为了教育和培训的目的而中断工作。1999年的《灵活性和安全法》提出要确保那些以临时合同就业的荷兰妇女，让其在一定的就业期后有权获得长期就业合同。《工作时间调整法》保证兼职雇员享有与全职雇员相同的权利。1999年的《休假储蓄法案》使雇员能够将其部分年收入用来资助一段时间的休假，如教育假。

再次，在解决少数民族移民劳动率层面。荷兰是一个多元文化的社会，民族多样性是荷兰的显著特征。荷兰少数民族参与劳动力市场水平较低的问题源于三个时期的移民涌入，分别是20世纪60年代和70年代来自土耳其和摩洛哥的"外来工人"、自1975年以来来自苏里南的"联邦公民"，还有来自安的列斯群岛的难民潮。官方政策文件称许多少数民族在就业方面的问题被归因于他们的教育水平相对较低、过早辍学、缺乏起步资格和言语困难。自20世纪90年代初以来，荷兰政府的移民融合政策越来越注重促进移民参与就业。1998年的《新移民公民法》要求新移民参加旨在介绍荷兰社会和文化、基本生存技能以及掌握荷兰语的课程。政府在更广泛的层面上对更灵活的教育和培训措施进行大量投资，以提高资格水平，从而提高没有起始资格的就业者和求职者的就业能力。

最后，荷兰政府于2001年正式颁布了就业与薪酬法案，该法案的重点是为失业人员提供专业技能培训的法律保障。该法案的一个重要特点是保障失业者的基础工资。此外，政府还成立了由雇主、雇员和市政官员组成的就业和薪酬委员会，以制定就业和工资等方面的规章。为了给失业者提供更好的保障和支持，政府重组和重建了大量的就业中心。此外，员工保险方案执行部门是一个专业的协调机构，它与应聘者签署了一份合同，保证100%的

"不成功，不收费"。

二、荷兰高质量终身学习体系的师资配备

20 世纪末，荷兰政府对教师教育进行了改革。第一，荷兰的师范教育转变为现实主义的培养模式，其主要特征是：教师的培养任务是帮助学生发现并提炼自身的感知，形成实践智慧。师范教育的任务是通过实践体验和对实践环境的主观感知来实现的，很大程度上解决了教师理论与实践相脱节的问题。第二，荷兰政府通过一系列迅速和高效的方法来充实师资队伍，包括实施可供选择的计划来吸引人们从事教师工作。妇女由于养育子女而临时离职，或具有其他专业学历或从事其他职业但具有一定的教学经历者，可以在短期内完成职业培训后上岗。这在一定程度上解决荷兰教师数量严重短缺的问题。第三，1999 年荷兰教师教育者协会（Dutch Association of Teacher Educators）制定了教师教育者专业标准，以促进教师教育者整体的专业发展。随后，教师教育者协会制定了一系列教师自我评估、专业发展和注册的流程，以促进教师教育者对自身专业发展进行反思。[①] 第四，2001 年，教师教育者协会公布了教师教育者知识基础，以提高教师的理论素养。与此同时，教师教育者协会亦为教师教育工作者制订并推行专业发展计划，旨在提升其理论素养，促进其专业认同的发展。这一系列措施促进了教师教育者专业理论和技能的发展。第五，教育部为加强职业教育和师资培养，制定了一条特殊的毕业方式，以加强职业教育的师资队伍建设，并制定了另一种方法作为进入教师行业的质量标准，这在很大程度上促进了教师的专业发展。

---

① Boei F., Dengerink J., Geursen J., Kools Q., "Supporting the Professional Development of Teacher Educators in a Productive Way", *Journal of Education for Teaching*, Vol.41, No.4, August 2015，pp.351-368.

三、荷兰高质量终身学习体系的资源开发

为建设高质量的终身学习体系，荷兰注重开发相应的资源来作为保障，主要包括创客教育平台和荷兰学分积累和换算系统。

（一）荷兰创客教育平台

荷兰创客教育平台是由荷兰的学校、创客机构和创客空间构成的。它将学校、政府、企业和其他社会组织联系起来，为创客教育注入了强劲的生命力，推动了荷兰终身学习体系的高质量发展。荷兰是世界上创新指数较高的国家，它积极推动创客教育，并在创客教育的基础、实施和保障上建立了一套行之有效的模式。[①] 荷兰有科技教育与创造教育的传统，为创客教育的发展打下了良好的认知与实践基础。荷兰创客教育的目的是培养学生的创造力、数字素养和创客素养。

荷兰的创客教育之所以发展迅速，得益于其有效的组织与保障机制。一是荷兰创客教育平台组织相关研究人员对创客教育开展研究。二是荷兰创客教育平台开发了教育凭证系统，旨在让学校和本地共同开展创客教育。三是打造荷兰创客教育网，为分享信息、活动、项目和申请教育优惠券提供支持。该网站不定期地发布有关荷兰创客教育的新闻、博客、会议报道、学术论文等。其中的一个特色是创客教育地图。荷兰创客教育平台将教育界、工业界和创意界连接起来，汇聚了热爱学习、创造和技术的人士，为荷兰的创客教育和终身学习贡献了一分力量。

（二）荷兰学分积累和换算系统

欧洲学分转换系统（European Credit Transfer and Accumulation System，

---

① 刘大军、黄媚娇：《荷兰创客教育的实施及启示》，《教学与管理》2020 年第 25 期。

ECTS）是欧洲委员会从伊拉斯谟计划发展而来的，其目的是利用欧洲学分互认体系，推动欧洲国家学术交流，提高欧洲高等教育水平，推动欧洲高等教育的国际化。① 荷兰是高等教育区最早完成国家资格架构建设的国家。荷兰政府已制定了法律，以确保荷兰的所有机构都能与欧洲的资格架构相一致。荷兰终身学习成果认证、积累与转换制度研究在荷兰开放大学中开展，荷兰开放大学通过对高等教育改革的动因和措施进行分析，研究其在践行欧洲学分转换系统方面取得的经验，展现其在终身学习实践上的创新。

首先，在欧洲学分转换系统的框架内，荷兰主要研究四大要素，即学分计量、课程负荷量、学习成果和成绩评定。② 第一，在学分计量方面，欧洲学分以欧洲传统的全日制学生的年度课业负担为基础，包括课堂讲座、专题讨论、自主学习、团队合作以及考试前的准备等。欧洲学分转换系统注重学生的学习时间，体现了以学生为中心的思想。第二，在课程负荷量方面，课程负荷量的计算直接作用于学分的计算。欧洲学分转换系统使用者手册规定，学分根据学生在完成的课程中所承担的工作量来计算，其中包含了在取得学分的过程中所参加的一切活动。课程安排、授课和评价是影响课程负荷量计算的重要因素。第三，在学习成果和成绩评定方面，《都柏林框架》规定了高等教育本科学士学位和硕士学位的学习目标，强调学习者四个方面的能力，分别是在实际环境中运用知识的能力、运用数据分析解决实际问题能力、团队合作能力和自主学习能力。

其次，荷兰制定了科学的学分换算方法。根据欧洲学分转换系统的规定，荷兰每位学生每一学年的课业负担是 60 学分，而每学分则是 28 学时。若一门课程为 4 学分，则学生在校期间的平均课时为 4×28=112（小时），每年的课业负担量为 1680 学时，达到了 ECTS 所定 1500—1800 学时的标准。

最后，荷兰建立了学习成果考核体系。荷兰的高等教育实行十分制，即

① 赵莹：《荷兰终身学习成果认证、积累与转换制度研究》，《成人教育》2015 年第 3 期。
② 赵莹：《荷兰终身学习成果认证、积累与转换制度研究》，《成人教育》2015 年第 3 期。

满分是 10 分，最低是 1 分，及格是 6 分。但是就毕业成绩来说，学习者在两个课程科目中获得很高的分数，则该学习者也可以毕业。此外，学生先前的学习成果主要是通过经验法和能力法来证明的。这两种方法都适用于具有一定的专业知识背景的学生，以确定其能否被免除某一特定学科的学习。

总的来说，荷兰开放大学在践行欧洲学分转换系统方面取得了丰富的经验，为广大社会成员提供最大限度开发自身才能的机会和途径，并促进了欧洲学分转换系统的发展，同时也满足了荷兰对高等教育变革的需求，符合欧洲高等教育一体化的要求。

四、荷兰高质量终身学习体系的组织管理

教育督导局（Inspectorate of Education）是荷兰国家级督导机构，是教育、文化和科学部设立的独立行政机构之一。教育督导局隶属于教育、文化和科学部，但为了确保其独立性，教育督导局位于乌特勒支市，设有独立的办公大楼、442 名督学和工作人员，属于半独立的政府部门，并设有多个区域督导办公室。教育督导局以督导教育质量为首要责任，现设一位总督导，四位主任督学，分别负责小学与特殊教育、中等教育、成人与职业教育、高等教育督导。教育督导局主要是对教育鉴定实施机构的资质和工作质量、执行计划及项目工作进行督导。在终身学习体系构建的过程中，教育督导局起着十分重要的作用。

首先，教育督导有两大类型：一是对国家教育基本质量标准和拨款条件相关法律条例的执行。二是其他质量方面，包括学生发展的结果和进展情况，学习过程的结构，对个体需求的回应，考试的内容、水平和实施等。

其次，教育督导的核心任务包括：一是向议会提出有关学校和教育体制质量和发展的年度报告；二是履行法案、条例或教科部所赋予的其职责；三是通过督导机制促进质量的改进与提高。

再次，教育督导的职能：一是学校教育质量方面的问责职能，以学习成

绩为起点；二是监督与有关法律和规定相符合的情况；三是由总督学牵头制定督导工作的框架和方式、方法，并经教育部核准。监督报告要向社会公布。此外，在荷兰《宪法》中，教育监督与教育质量评估是教育督导工作的重要内容。

最后，督导人员履行其职责是通过学校视察来实现的，能够使督导人员把握学校生活的主要特征。其督导过程包括三个阶段，分别是准备阶段、实施阶段和督导反馈意见阶段。督导人员根据相关的教育理念和法规制度，确立了督导指标体系。教育督导指标体系关注对教育过程的评估，尤其关注教育过程中学生的发展，同时也关注学生的安全感和幸福感，体现出教育的平等与包容。荷兰的教育督导评估指标体系不断地变化和更新以适应教育形式的新变化。①

总的来说，荷兰的教育督导是现代教育管理体系的重要组成部分，在很大程度上促进了荷兰终身学习体系质量的提升。荷兰的教育督导模式为荷兰教育保持世界领先地位提供了有力的保障。

第四节　荷兰高质量终身学习体系的主要特征

在对荷兰高质量终身学习体系进行历史考察，把握其基本架构的基础上，可以总结荷兰高质量终身学习体系的特征，包括教育自由化、责任分配均衡、学习环境多样化和支持处境不利的群体等。

一、教育自由化

荷兰《宪法》第23条指出，教育是政府始终关注的焦点，即教育是政府的责任。教育督导局负责对教育质量进行监督和评价。教育自由化体现在

---

① 李政云、刘艳华：《荷兰2017年版教育督导评估指标体系述评》，《上海教育评估研究》2021年第2期。

以下这三个部分，分别是学校创办自由、教学组织自由和信念自由。①"学校创办自由"是指任何公民都有权根据宗教、意识形态或教育信仰建立学校。宪法保证私立学校和公立学校获得同等的公共资金。"教学组织自由"意味着公立学校和私立学校都可以在法律允许的范围内自由决定教什么和怎么教。"信念自由"是指人们的信仰不受约束，是自由的。教育自由化这一特性在荷兰高质量终身学习体系建构过程中逐渐体现出来，促进了荷兰终身学习体系的高质量发展。

二、整合多方资源，责任分配均衡

荷兰政府凝聚多方力量致力于终身学习体系的发展。政府负责为初始教育和培训提供公共资金，直至学习者获得入门资格和进入劳动力市场。政府还负责促进那些不具备基本资格的成年人的初始后教育和培训。在组织和规划学校教育上，教育行政部门拥有很大的自主性，要为学生提供良好的教育体系，使学生、家长、雇主和社会融为一体。此外，荷兰通过构建一套完善的体制来推进学校的自我管理，以保证教育的全面、公正，并使之成为一种多元化的有效激励机制。社会合作伙伴和个人学习者分别负责超出初始资格水平的后初始教育和培训的资金。在初始后教育和培训中，社会伙伴积极合作，通过集体劳动协议和部门教育和培训基金来促进终身学习。

三、灵活学习轨迹，多样化学习环境

在构建终身学习体系的过程中，荷兰政府非常重视促进现有学习轨迹的更大灵活性和学习环境的更大多样性，以促进学习者学习和工作的灵活结

---

① European Centre for the Development of Vocational Training，*Lifelong Learning in the Netherlands*，Luxembourg：Office for Official Publications of the European Communities，2002，pp.51–53.

合。在教育和培训中的灵活学习轨迹方面，尽管在 20 世纪 80 年代中期劳动力市场失业率由高转低，但在很多领域仍然缺乏大量的人力。此时，荷兰政府引入了灵活的学习轨迹方面的政策。如劳动基金会 1998 年的报告《终身学习和工作》、1998 年政府与社会伙伴之间的协议《工作学习创造机会》《2000 年高等教育和研究计划》、2015 年的《高等教育和研究战略议程(2015—2025)》和 2016 年的"灵活计划"等政策，其总的特点是教育机构的正规学习与基于工作能力获得能力和技能之间的不同形式的可变组合。这些政策强调双重轨迹，侧重基于工作的学习、获得基本资格和更新技能，为过早离开教育以及未获得启动资格的年轻人提供指导和咨询、先前学习的认证以及信息技术的利用，增加他们的就业机会。这在一定程度上满足了劳动力市场不断变化的需求。

四、执行特殊策略，支持处境不利群体

针对发展终身学习过程中出现的年龄、性别和种族层面等社会排斥问题，荷兰在制定终身学习政策时强调劳动力市场的参与和工作人口的就业能力。具体而言，首先，荷兰政府在应对社会排斥方面时，非常注重解决如何提高重要风险类别的劳动力市场参与率的问题，重点关注那些在积极参与就业方面处于弱势的类别。在《2000 年竞争潜力测试》报告中，这些类别不仅包括资格低的就业者和没有起始资格的求职者，还包括老年工人、妇女和移民。其次，经济合作与发展组织 1999 年关于社会排斥的一份报告也强调需要减少后三类人在进入劳动力市场方面面临的障碍。再次，《2000 年国家行动计划》更加强调针对三类因被排除在劳动力市场之外以及教育和培训水平低而面临社会排斥风险的特定人群的具体措施。这些特定人群分别是老年工人、妇女和少数民族。最后，在终身学习的背景下，荷兰政策文件强调重视老年工人、妇女和少数民族的教育培训和投资，帮助其融入劳动力市场，促进社会经济发展，推动终身学习发展进程。

第五节　荷兰高质量终身学习体系的研究总结

荷兰在高质量终身学习体系建设方面积累了宝贵的经验，可以从终身学习政策、教育资源建设、技术支持的学习方面进行总结。

一、制定相关政策文件，提高全民终身学习意识

2002 年，欧洲理事会通过了一项关于终身学习的决议，这促使终身学习成为欧洲大部分国家教育和培训政策的重点。荷兰制定与终身学习的相关政策，为终身学习体系的建设提供指导。一方面，完善与职业教育和成人教育相关的法律法规，将终身学习的理念、要求和原则融入其中。另一方面，制定一系列与就业和薪酬相关的政策，从更实际的层面保障公民的终身学习机会。此外，荷兰还发布了一系列政策文件，这类政策文件明确了政府、教育和培训机构、雇主和个人在终身学习投资方面的各自责任。这些政策在很大程度上提高了全民的终身学习意识，促进了民生的个人福祉以及社会经济活力的发展。

二、注重教育资源建设，保障终身学习顺利推进

荷兰非常注重教育资源建设，为高质量的终身学习体系提供了保障。一方面，1996 年至 1977 年有一场全国知识辩论，该辩论强调了知识在社会中发挥着日益重要的作用。全国知识辩论会议结束后，荷兰终身学习委员会建立。该委员会于 1998 年发表了国家行动方案，该方案在就业者和求职者的就业能力、教师的就业能力和防止辍学和将教育转向终身学习等关于终身学习的投资方面提出了具体投资政策措施。另一方面，在 1999 年的政策文件《为明天量身定做的解决方案》中，荷兰颁布了一系列的措施，该措施包括增加参加教师培训的人数、开放教育领域的劳动力市场、招聘教师的新方法、教师培训改革、质量体系、改善人事政策和就业条件。一项相对成功的

战略是开展全国运动，鼓励外教，特别是已婚妇女，在经过再培训和工作经验后重返教学岗位。

三、充分利用通信技术，发展虚拟化的终身学习

荷兰在政策文件《好工作》中指出了通信技术的应用可以促进终身学习的发展，并建议政府和社会伙伴推动发展不同经济部门的远程和虚拟学习，使工人为劳动力市场所需的通信技术技能做好准备，并利用通信技术提高教育和培训的效率。自学、函授教育、教育广播和电视以及计算机辅助学习是远程教育和开放学习的灵活性和个性化的重要表现。首先，在20世纪70年代和80年代，荷兰以开放大学的形式帮助学习者进行远程学习。其次，为提高学校计算机数量、软件可用性和互联网接入，荷兰对小学、中学和高等教育进行投资，加强其通信技术基础设施的建设。其次，1999年，《在线教育》强调了到2002年年中将所有教育机构与国家知识网络相连接的愿望。该网络为教育机构提供了相应的技术设施。再次，2000年，教育、文化和科学部宣布将开放大学转为虚拟大学，目标是开发虚拟学习环境，用于普通高等教育和新的目标群体，特别是终身学习的高等教育市场。最后，2018年，荷兰出台《荷兰数字化战略》，强调推动学校教育数字化转型，并推动虚拟仿真技术在大学中的应用，满足学生的需求。

本章基于全球发展终身学习、构建知识型社会的背景，对荷兰高质量终身学习体系发展的历史进行了考察。纵观历史，荷兰在推进高质量终身学习体系的发展过程中取得了不错的成效。荷兰高质量终身学习体系具有教育自由化、整合多方资源和责任分配均衡、灵活的学习轨迹和多样化的学习环境，以及执行特殊策略支持处境不利群体等特征。最后，对荷兰高质量终身学习体系进行总结：荷兰制定相关政策文件，提高全民终身学习意识；注重教育资源建设，保障终身学习顺利推进；充分利用通信技术，发展虚拟化的

终身学习。总的来说，荷兰在终身学习体系的建设进程中采取了一系列措施，包括完善终身学习法律机制，积极创造学习环境、氛围和机会，重视教师职业发展，搭建终身学习协作平台。

第五章 日本高质量终身学习体系
发展研究

随着经济的发展、新兴技术的出现、人口老龄化进程的加快和可支配收入的增多，人们对终身学习的需求与日俱增。以日本为代表的发达国家更早地进入了成熟社会形态，局限性的学校教育已经不能满足人们日常对知识的需求，这些都要求人们对教育作出新的思考。此时，终身学习理念便应运而生。

第一节 日本高质量终身学习体系的背景分析

日本多年来一直致力于终身学习社会的构建，也是目前终身学习体系建设水平较高的国家之一。在终身学习没有兴起之前，日本国内盛行的是社会教育。社会教育一般被认为是日本终身学习的核心，日本终身学习体系的构建始于社会教育。20世纪80年代中后期，日本提出了"向终身学习过渡"的口号，终身学习自此便成为日本教育界的重要改革方向。1990年，日本将文部省的"社会教育审议会"改为"终身学习审议会"，这让很多人有了终身学习就是社会教育的错觉。同时，日本将社会教育体系纳入终身学习体系之中，"社会教育"变成了一个历史名词，但是"社会教育"并没有就此消失，反而随着全球"终身学习"时代的浪潮袭来，社会教育的职能得到了进一步的增强。20 世纪 80 年代以后是日本社会教育发展的重要时期，也是日本社会教育勃兴的年代。日本"终身学习"理念兴起的原因，除了顺应国际的趋势，还有以下几个方面。

第一，日本社会的需求。全球科技发展势头正盛，日本的科技发展紧跟欧美国家之后，这使日本国内社会短期内发生了巨大的变化。国民的职业环境以及家庭环境都与战后时期有了较大的改变。首先，职业要求更新的职业知识，学校教育阶段的知识已经远不能满足职业生产，因此需要不断更新职员的知识储备。其次，随着经营市场的扩大，分化了更多的职业类型与职业内容，学习新的知识技术显得尤为重要。最后，妇女对知识的需要也日益增多。生活效率提高以后，她们有了更多的自由时间，这也为参加终身学习提供了精力保障。

第二，国民主观的学习需要。随着生活水平的提高、受教育程度的上升、自由时间的增多等，人们意识到终身学习日益重要的地位。此外，雇佣机会不稳定、社会生存压力增大等倒推人们不断地学习新知识来保障生存。

第三，教育改革的要求。首先，日本以往的学校教育过于学校中心化的弊端日益凸显，即强制性、权威性、拘束性的教育让学生的学习兴趣下降，也导致了学生特长与接受的教育不匹配的情况，校园暴力、青少年犯罪、不正常的学术竞争等问题开始产生。日本教育部门认识到不能仅改革学校教育，而且要将校内教育与校外教育相结合。其次，长期以来的职业教育都由企业自主承办、自主开设，企业占有较大主导权，政府很难参与企业内部的技术培训。然而，在国际化市场面前，企业面对技术的更新表现得更加迟钝，只有政府参与调整传统企业培训才能调动整个日本产业的积极性。最后，日本的新生人口数量下降的趋势开始显现，受教育人口逐渐减少，为了保证高等教育有充足的生源，开拓社会人入学新途径尤为迫切。这就要求实现学校教育与社会教育相结合，共同构成一体化的教育体系，这个体系就是终身学习体系。

第二节　日本高质量终身学习体系的历史考察

日本终身学习体系的发展受到政治、经济、文化等因素的影响，使其在不同的发展阶段呈现不同的目标。经过几十年的发展，日本终身学习体系的建构日益完善，日本已经是世界上率先进入高质量终身学习体系建设的国家之一，以下将从发展历史与现状分析两方面进行阐述。

一、日本高质量终身学习体系的发展历史

第二次世界大战之后，日本受到欧美国家的影响，也意识到在国内开展终身学习的重要性。从社会教育的萌芽到建立健全终身学习体系，日本给亚洲国家做了一个很好的榜样。以下将从四个阶段探析日本高质量终身学习体系的发展历史。

（一）萌芽期：社会教育的出现与发展

第二次世界大战后，日本的首要任务是复苏国内经济，加快科学技术的进步，与西方国家一同站在世界发展前列。

首先，日本的社会教育出现与完善主要以连续颁布两部法律为主要标志。一方面，1947 年 3 月，日本根据新宪法精神颁布了指导日本教育改革的《教育基本法》，其中要求"国家以及地方公共团体应对家庭教育以及在劳动场所等社会场所进行的教育实施奖励"等。该部法律是日本终身学习体系发展的法律基础。另一方面，1949 年 6 月，为满足民众对社会发展的学习需求，日本颁布了《社会教育法》。该部法律规定了日本社会教育将要展开的具体范围以及活动，首次让民众对社会教育有了更清晰的认知，明确了国家教育以及各社会组织团体在发展社会教育方面的主要任务，以及社会教

育主事等社会教育相关的职务与职责。

其次，为响应政府的社会教育政策，日本的众多学校开始将校内资源与校外共享。例如，在中小学教育活动结束之后的操场、体育馆、游泳池等可以向社会开放；高校面向社会开放函授课程以及夜校等。同时，学校还与企业联手进行员工的在职教育培训或者再就业教育等。高校中以武藏大学为典型，该校从 1953 年开始便开设面向社会学员的"全校特别讲义"，这种类型的研讨会在日本国内得到了一致好评。同时，该校还积极筹办"武藏大学实施经济讲演会"等活动，让公益性讲座可以造福更多的地区与人民。

最后，1953 年以后，日本政府大力资助"公民馆"的发展。到 1958 年，日本有 90% 的市町村都设立了公民馆。除此之外，"文化中心"在日本蓬勃发展，其主要设立在报社、百货商店中，主要面向家庭主妇开展教育讲座。20 世纪 60 年代，日本农村出现了为农民特设的"农民大学"，农民自主集资聘请讲师前来授课，主要教授与农村生产活动密切相关的或者与环境保护相关的内容。

（二）发展期：终身学习体系的发展

第二个阶段是日本终身教育实践摸索与政策形成的阶段，在这一阶段，日本文部省几个具有代表意义的县郡在文部省的赞助下，形成了完善的行政组织和推进机制，并建立起提供终身教育的设施等，终身教育理念开始逐步"日本化"。这主要体现在两个方面，一是终身教育逐渐变为终身学习；二是终身教育开始被纳入政府政策之中，即向"终身学习体系过渡"。①

1. 终身教育改为终身学习

日本在 1981 年 6 月发布的《关于终身教育》报告中提出"整个社会要广泛地立足于终身教育的思想，尊重个人为提高自己所作的努力，并给以公

---

① 波多野完治：生涯教育論：教育改革の指針となる生涯教育の理論と実践，東京：小学館，1972，pp.45–48.

正的评价，即向所谓的学习社会方向努力"。该报告中区别了终身教育与终身学习，二者主要是主体性不同。终身学习是以学习者的自主性为主，强调"自主、自愿"原则；终身教育则侧重于教育部门对学习者的帮助，带有一定的强制色彩。① 国家政策用语把终身教育改为终身学习，旨在改变过去教育制度的划一性和强制性，强调尊重学习者个性、自由自律的特点。

关于日本国民的终身学习问题。首先，在题为《关于终身学习》的论证报告中是这样描述的："在当今剧烈变化的社会条件下，人们为了自我充实和发展以及提高生活质量，从而寻求合适的和丰富的学习机会。这些学习行为，主要是在个人的自发状态下进行的，是根据自己的实际需要，选择适合自己的手段和方法，伴随终身的学习过程。从这个意义上说，将其称为终身学习是非常贴切的。"② 日本教育界把基于个人的主动性、自发性，并由个人自由选择适合自己的方式而进行的学习命名为终身学习，就是始自这个论证报告。关于终身学习的想法和名称，自日本临时教育审议会论证报告发布之后，就一直沿用至今。

2. 向终身学习体系过渡

1984 年 9 月，日本成立了总理大臣私人咨询机制——临时教育审议会，该机构自 1985 年至 1987 年两年间提出四份咨询报告，其中明确指出："为了主动适应社会变化，建立有活力的社会，以及满足人们日益提高的学习要求，就必须向终身教育体系过渡，对教育体系进行综合性重组。"③ 其中有学者认为对教育体系进行综合性重组可以理解为，整合以往的家庭教育、学校教育、社会教育等各领域的学习、学习体制和机会，明确各领域在终身学习体系中的作用与特点，在今后实施政策当中注意各领域的协作与配合。向终

---

① 波多野完治：生涯教育論：教育改革の指針となる生涯教育の理論と実践，東京：小学館，1972，pp.33–39.

② 周建高：《日本终身学习的理论与实践》，南开大学 2009 年博士学位论文。

③ 王树义、孙嘉：《战后日本终身学习体系演进及启示》，《成人教育》2016 年第 1 期。

身学习体系过渡的主要目标是要建立提供不断学习机会的终身学习社会。该报告在强调"向终身教育体系过渡"时提了整合终身学习体系的方案，并从终身学习的观点开始重视高等教育，提出了高等教育多样化和改革。①

（三）成熟期：终身学习从实践探索转向政策实施阶段

在此前论证报告的基础上，1990 年 6 月，日本发布《关于完善为振兴终身教育的政策促进体制的法律》，规定了全国在面向终身学习体系转变的过程中，为振兴终身教育，日本各都、道、府、县所需要开展的工作及为推进这些工作的顺利开展而必须完善的有关制度，其中包括终身学习审议会的设立，制定各市、街、区的相互合作体制的相关标准等。

1992 年，日本召开终身学习审议会论证报告会，在"关于适应今后社会发展的终身学习振兴方案"的论证报告中，提出了对国民终身学习活动进行支持的一些重要措施。其中包括鼓励青少年的校外活动、支持和促进公益志愿者活动、加强循环教育的发展、进一步提供与现代社会相关课题的学习机会、完善和充实相关机构等。除了这些措施之外，在题为"面向21 世纪的日本教育发展"[平成八年、九年（1996 年、1997 年）] 的论证报告中，还提出了另外一些与终身学习相关的课题，主要有环境问题与教育、国际化与教育、信息化与教育、科学技术的发展与教育、老龄社会的发展与教育等。

另外，在对今后终身学习社会的发展进行探讨的过程中，如何构筑一个能够将终身学习的成果积极运用到社会实践中的社会体制也是非常重要的一项内容。为此，1999 年 6 月，日本终身学习审议会又发表了题为"充分运用学习的成果——关于如何运用终身学习的学习成果"的论证报告。其中提出的主要倡议就是应该将终身学习的成果运用到个人的自我实践、自我发展

---

① 邓永庆：《日本推进终身学习的制度保障研究》，《成人高教学刊》2007 年第 5 期。

中去，运用到志愿者活动中去，运用到当地社会的建设和发展中去等。[①]

在充实、利用现有终身学习的学习机构和基础设施方面，主要包括日本国内已有的公民馆、图书馆、博物馆、青年之家、少年之家、妇女中心、学校、体育场（馆）、终身学习中心等场所。另外还有不少相关机构，例如：学校、幼儿园、社会福利中心、文化会馆、妇女会馆、医疗机构等，这些部门也都属于推动终身学习的机构。

在前面所提到的这些实施终身学习培训工作中，推动这些工作发展的相关组织也是必须加以考虑的。其中包括中央行政机构中的终身学习推动总部，以及各基层行政机构中的终身学习推动工作行政联络会议，还有由各界人士构成的对终身学习的发展进行探讨的终身学习推动协议会，以及专门组织——地区终身学习推动协议会等。为了能有效地推动终身学习工作的开展，在这些机构设立、健全之后，还需要组建包括民间团体在内的各机构和设施之间的网络、终身学习指导人员的资质网络等。在这些相关机构、团体、设施、指导人员等的终身学习支援体系网络建成之后，还将进一步要求为市民提供终身学习的机会，并逐步充实和完善相关规定。这样一来，相关机构、相关设施、相关指导人员、相关工作等都将在人们的日常生活中逐渐发展起来，而终身学习的内容也将在当地社区的建设和城市的建设中发挥相应的作用，并进一步促进终身学习工作的全面开展。

二、日本高质量终身学习体系的现状分析

日本的教育系统主要由两部分构成，分别是学校教育系统和社会教育系统。从具体的教育实践来看，日本社会教育体系的扩充即为日本的终身学习体系。第二次世界大战以后，日本政府大力发展本国的社会教育，20 世纪90 年代，颁布了《国立青少年之家与少年自然之家改革方案》，首次提出"学

---

①　施克灿：《终身学习理念与日本当代社会教育的新发展》，《外国教育研究》2002 年第7期。

社融合"这一理念，该理念促进了日本终身学习体系的发展与完善。

（一）终身学习体系下的学校教育

在终身学习的建设发展中，学校教育在其中发挥着主要作用。日本教育界在学校教育领域的改革有：在初等教育阶段减轻学生负担，鼓励青少年增加课外活动；在中等教育阶段设立学分制高中；在高等教育阶段的大学增加公开讲座，采取各种措施招收社会成员，并以多种措施建设研究型大学；打破学校体系原有的封闭性，面向社会，为中途辍学者、在职者、高龄者提供重返校园学习的机会；让学校不再仅仅是青年儿童的学习场所，而是成为地方性的居民活动中心。

在义务教育阶段，日本政府主要采取了以下措施：（1）精简学校课程。为提高青少年学习兴趣，培养儿童的学习能力，改革教育方法和内容。在原来繁重的课业设置上，对教学内容进行严格筛选，缩减到原来内容的30%，并将总课时削减到70课时，学校可以自行决定每节课的时长。在小学三年级至高中，均设"综合学习课"，其教学内容由学校自行决定，如可以开设国际语言、生态环境、体育健康等学生感兴趣的课程。另外，扩大了学生的选修范围，降低学分要求。这些措施主要是为了减轻少年儿童过重的学业负担，增加学生的自由活动时间，这也呼应了课程改革的总目标及指导思想，即为培养能灵活应对社会变化的人，在发展学生个性的同时，激发学生的学习动机，让学生能够在宽松的学习氛围中进行体验型学习和问题解决型学习。（2）学校设施面向社会开放。在《社会教育法》颁布以后，学校便要尽可能地将学校设施提供给社会。例如，学生放学后的空余教室、操场、游泳池等。

大学教育阶段在应对终身学习体系建设时，是备受关注也是改革最多的。日本提倡的终身学习体系尤其重视大学的开放。日本鼓励大学开办公开讲座，公开讲座不限于大学内人员。1984年以后，大学开办的讲座数量急剧增长。以武藏大学为例，随着终身学习思想的传播以及学习运动的发展，从 1982 年开始将讲座规范化，每年春秋各举行一次。武藏大学除了自己举办以外，还与地方合作举办。武藏大学作为东京都练马区终身学习事业的一个组成部分，在练马区教育委员会的要求下，为练马区的居民举办公开讲座，每次根据与当地教育委员会的协议，统一邀请武藏大学的经济、人文、社会各系的专职教员担任讲师。

（二）终身学习体系下的社会教育

社会教育涵盖广泛，为人们提供离开学校教育后的、针对成年人的社会化教育，社会教育也是日本终身教育的起点。谈到日本的社会教育，就不得不提到贯穿终身教育理念发展的重要社会教育场所，即终身学习局。文部省是日本的教育行政中心，其在 1988 年进行了机构改革，将以前的"社会教育局"重组为"终身学习局"。这也体现出终身学习在国家教育政策中处于核心的地位。[1] 文部科学省的构想是：每个国民通过持续学习，使自身成为新的社会主体并积极参与行政，有利于促进社会的多元化。这是日本应对人口减少、产业结构的转型以及应对居民丧失归属感等问题而制定的对策，希望借此减轻财政方面的负担。[2]

（三）终身学习体系下的远程教育

除了学校教育和社会教育，还有远程教育，也是终身学习体系建设中不可缺少的一部分。日本的远程教育大概分为函授教育和放送大学。其中函授教育分为学校函授教育和社会函授教育，其主要区别在于，学校函授教育可为接受教育者提供学位证书，而社会函授教育不能授予学校毕业资格，它的

---

[1]　牧野笃：《日本终身学习政策的特征和动态平衡过程的社区——基层自治组织变革与居民学习》，《教育科学》2012 年第 1 期。

[2]　新井郁男：学習社会論，東京：第一法規株式会社，1982，pp.55–72.

教育科目一般为职业与家庭有关的知识技能类课程。随着计算机、互联网的普及使用，函授教育得到了进一步的发展。另一种教育即日本的放送大学。最开始的电视播放课程是为了辅助大学的选修课程而进行的，之后在吸取国际众多国家关于放送大学的经验后，日本谨慎地创立了第一所广播电视大学。广播电视大学的发展迅猛，且结合最新形式的课程资源建设来不断创新。2014年，日本电视大学开始提供慕课资源。截至2020年，日本放送大学与398所高校签订了学分互换协议，这极大地拓宽了学习者的选择渠道，为学习者提供了更加丰富的学习机会。

第三节　日本高质量终身学习体系的基本架构

通过对日本高质量终身学习体系的历史考察与现状分析，可以看出，日本的终身学习事业开始较早，且善于将国内现实教育状况与先进经验相结合，从而制定更具有日本特色的终身学习体系。下文将从政策制定、师资配备、资源开发以及组织管理方面探究日本高质量终身学习体系的基本架构。

一、日本高质量终身学习体系的政策制定

终身学习事业能够在日本兴起、普及，并在东南亚地区首屈一指，其背后离不开日本政府颁布的一系列与终身学习体系相关的政策。

（一）法律政策

立法和法治是日本教育改革中的重点与特色。在高质量终身学习体系建立的过程中，日本政府首先是进行了大量的调研用于政策研究。1971年，在中央教育审议会发布《关于今后学校教育的综合扩充整备的基本政策》后，日本国内便掀起了学习、研究和实践终身教育的热潮，这为立法和法治奠定了基础。1981年，中央教育审议会发布《关于终身教育的报告》，该报告明

确了日本接下来向终身学习方向努力的意愿。1985 年至 1987 年两年间，临时教育审议会接连发布四份咨询报告，第一份报告指出迈向 21 世纪的日本教育改革基本方向之一是让国民在正规学校教育之后仍有获得学习的机会，并在日本国内建立起既工作又学习的社会。之后的咨询报告进一步明确了以国民终身学习能力为主要目标，重视个性原则，向终身学习体系过渡并能适应时代的变化。

日本终身学习事业能坚持其社会化进程，得益于其立法的不断更新。长期以来，面对时代和社会的变化，以及国际局势的转变，日本教育界能取长补短，致力于终身学习法律政策的制定、修改与完善。从行政咨询提出的建议到议会，再到与国民的反复协商与试行中，其政策也具有普遍适用性与持久有效性。

（二）资金援助政策

财政支持是日本终身学习事业发展的首要条件。首先，充实终身学习局的支配预算。1993 年，日本文部省管理下的终身学习局每年获得的资金支持便增至 519.4 亿日元。这些资金将用于"完善振兴终身学习的基础""扩充学校的终身教育的功能""振兴社会教育""完善青少年社会教育设施"等。其次，为了支持地方政府开展终身学习活动，日本政府特设"地方终身学习振兴费补助金"。1996 年预算为 136.1 亿日元，这笔预算在建立终身学习推进体制、在全国范围内开展终身学习事业、支持学校设立公开讲座事业、设置社会教育指导员、建立终身学习信息提供体系、促进地区性国际交流、振兴家庭教育及学习事业奖励等方面发挥了重要作用。

其次，原 14 省厅的资金投入也很多。据统计，1995 年，除文部省以外，其他省厅关于终身学习预算约达 3 万亿日元。如厚生省仅用于老年人福利中心、健康设施费用就达 825 亿日元；农林水产省用于美化村庄建设，森林体验、交流等设施改善上的费用约 529 亿日元；劳动省用于职工综合福利中心、体育设施、野外活动设施等的费用达 227.2 亿日元。①

最后，日本政府对终身教育团体的公共法人和公益法人及有关设施免除所得税，对捐赠、遗赠给终身教育团体及设施的资金免除赠予税和遗产税。终身教育团体还在关税、居民税、不动产税、固定资产税、城市规划税等方面享受税制上的优惠。这些税制优惠措施有力地推动了民间参与终身学习事业。

（三）信息资源服务政策

在支援日本终身学习体系建立的过程中，日本政府给予的信息资源服务起到了中流砥柱的作用。随着时代的发展，信息化服务能够为终身学习创造良好的基础条件，日本政府意识到计算机和互联网技术可以让终身学习手段更加丰富多样。1985 年，临时教育审议会在答审中讨论了在教育领域使用新媒体、培养适用信息化社会人才等事宜。临时教育审议会在终身学习推进政策中，把对信息系统的建设与利用放在核心位置。1987 年，社教审教育媒介分科会发布报告《生涯学习与新媒介》，论述了可以辅助终身学习的媒介具有教学性功能。同年，文部省给积极建设学习信息服务系统的都道府县都提供了补助金。这些建立的"终身学习情报提供系统"，指的是利用计算机整理制作终身学习信息数据库，通过互联网在线提供信息框架。在文部省的补助金政策发布以后，日本兵库县便在全市内设置了终端设备并在学习中心添置了大型计算机，最早构筑了学习信息的收集、提供系统。

20 世纪 90 年代后半期，全球互联网发展迅速。为推动社会教育信息化，让全国的 500 万人掌握使用互联网的必要技能，文部省把其与自治省合作开展的"IT 讲习"委托给都道府县，并制定一系列措施，如提供卫星

---

① 瀬沼克彰：余暇社会をデザインする，東京：学文社，1993，p.86.

通信讲座、培训班、开发学习内容等。2000 年，终身学习审议会发表《关于活用新信息通信技术的终身学习推进方策》的报告，指出今后可利用新媒介提供更加多样的学习机会。2021 年，日本发布《面向新时代的学习环境　实现"一人一台"的指南》，强调加强信息化基础设施建设，为学习塑造良好环境。

日本中央政府制定的与终身学习相关的政策，为地方政府推广普及终身学习事业提供了行政、财政方面的保证和评价标准。地方政府在具体实施政策的过程中，根据本地区的特点和实际需要提出各种各样的终身学习设想。也就是说，地区不同，开展终身学习的侧重点也不同。例如，鹿儿岛市提出了"鹿儿岛市和睦社会宣言"，而山口县为了纪念"国际老龄年"通过了"山口终身工作宣言"。总之，日本在开展终身学习过程中，既体现了政府政策的强制性，又体现了地方政策实施的灵活性。这种强制性和灵活性相结合，保证了国家需求与地方需求的统一，从而使终身学习体系的建设能够有效推进。

二、日本高质量终身学习体系的师资配备

师资力量是决定终身学习体系建设质量的保障，日本对终身学习事业的师资有着严格的要求以及聘用机制。1949 年，日本颁布了《教育公务员特例法》，保障了高素质的教师队伍发展。在社会教育中，社会教育职员在保障国民自主自由学习事业中起到关键作用。培养、训练终身学习指导者队伍，是职员国民终身学习的有力举措。

（一）社会教育主事

在推进终身学习体系的过程中，日本对专业指导人员能力和素质的要求很高，相关人员需要经过严格训练并达到一定标准后方能上岗。这要求专业指导人员精力旺盛，视野宽阔，具有较强的组织、沟通、协调及交际能力。

日本从事终身学习的指导人员主要是由原来从事社会教育的人担任。这些指导人员的主要任务是激发人们的学习热情，并为他们的自主学习创造条件，从而提高其学习效果。在不同的机构中，对指导者的称呼不一，多数称为社会教育主事。社会教育主事除了专职者以外，还会招收兼职者。随着社会教育规模的扩大，兼职者的数量也有大幅增长。社会教育主事按照《社会教育法》，按规定设置在都道府县及市町村教育委员会的事务局，负责给社会教育者提供专业性意见与指导，但没有命令权与监督权。同时，日本对社会教育主事的资格要求也很高，必须在大学学两年以上、取得 62 学分以上，或者从事过与社会教育有关职务，或者担任过文部大臣指定的学校或机构的培训者。对社会教育主事的培训有专门的条文做了规定，只有任命了社会教育主事者以及文部大臣，都道府县才能进行培训。要获得主事资格，必须参加专业培训并且获得社会教育基础、社会教育计划、社会教育演习和社会教育特讲者四门课程的全部学分。

（二）专职工作人员

教育主事人员，公民馆主事人员作为社会教育机构的专职工作者，其主要任务是开展多种多样的教育活动，如策划教育活动并监督实施、为学习者提供咨询服务和学习场所的协调。除了组织管理的任务外，公民馆主事人员还要负责部分的教学任务，因此他们既是管理人员也是教学人员，是类似教育主事和专职讲师的一种职业。此外，公民馆主事人员有针对性的职员培训课程。例如，石川县曾由县教育委员会指定过研修课程，分为公民馆长研修和主事研修，培训课程又分为基础研修和专业研修。

（三）行政人员培训

行政职员的指导人员主要是指在行政机关和社会教育设施工作的专职指导人员，如教育委员会事务局里的社会教育主事及主事助理、公民馆主事、图书馆的司书及司书助理、博物馆的学艺员及学艺员助理、青少年教育设施和社会体育设施的指导职员等。民间指导人员包括：（1）社会教育有关团体的指导人员；（2）社会教育设施的有关指导人员；（3）各种集会中的指导人员；（4）社会教育的各种委员，如社会教育委员和负责社会教育设施的馆长或所长、咨询机关的公民馆运营审议会委员（图书馆协议会委员、博物馆协议会委员、青年之家运营委员等与行政有关的委员。此外，还有体育指导委员、青少年委员、妇女教育指导委员、家庭教育指导员、同和教育推进委员会等）。①

（四）志愿者服务

公民馆经常会在各地区举办学习活动。活动课程涵盖的范围较广泛，通常会聘用具有扎实技能和知识的社区居民，也会在网络上公开招聘志愿者作为讲师。志愿者事业很受日本民众的欢迎，这些志愿者可能是某个行业的专家，或者是退休的教师，还可能是对此感兴趣的毕业大学生。但是，这种临时招聘的方式极大地限制了招聘讲师的授课水平，因此公民多会采用网络定期招聘的方式寻找长期的志愿者。这样不但可以为公民提供更高质量的课程，也可以号召更多的民众参与终身学习事业。

三、日本高质量终身学习体系的资源开发

纠正过于重视学校教育而导致的弊端，是日本建设终身学习社会的重要目的之一。在高质量终身学习体系建设的过程中，日本根据学习者的不同年龄与受教育阶段，开发相应的终身学习资源。以下将从儿童与青年时期、职业发展期、业余活动期和高龄教育期四个方面分别阐述。

---

① 日本社会教育学会：《终身学习体系化社会教育》，东洋馆出版社 1992 年版，第 44—61 页。

（一）儿童与青年时期

建设高质量终身学习体系时，需要重视青少年时期的经验。充实校外活动，使之与学校教育平行，改变偏重学校教育的状态是重要课题。日本开展终身学习的动力之一就是改变学校教育在青少年生活中比重过大的局面。1974年，日本建议把婴幼儿期的家庭教育作为终身教育的起点。对幼儿的教育分散在家庭教育、社会教育和学校教育等领域。日本政府为了给幼儿提供多样的学习机会、充实的交流机会，提供多种资源。

早在1988年5月，日本在埼玉县鹤岛町举办了第七届孩子节。该节日上有各种活动。例如，少年团等设置了传统游戏角，生活之会、食生活改善推荐协议会设立了自然食物、洗涤剂公害角，老人俱乐部、体育团体设立了门球角等，地域文库、读书会设立了朗读角，亲子电影会设置了动画电影角，公民馆利用团体举办了手工制作培训班，其他的团体也设置了多种多样的活动角落。①1998年9月，川崎市组织了"川崎市儿童权利条例检讨联络会议""川崎市儿童权利条例调查研究委员会"，在听取各类市民和儿童意见的基础上，整理出了儿童权利条例草案"中间报告"。儿童权利条例草案共6章，说明了儿童权利的范围，家庭、学校和地方相应的权利，如何让儿童表达意见，如何保障儿童权利。

随着农民阶层的缩小，青年教育政策的重点从劳动青年转向了在校青少年教育。从1973年开始，横滨市青年团体联络协议会每年由青年们自主筹划，活动包括国际交流、国际理解活动。其中，国际理解活动分为青年海外派遣事业、海外青年接受事业、与留学生的交流三大项。青年间的交流无比重要，通过参加海外研修，青年能够把自己的经验和成果向周围扩散，找到在职场、群组和地域等各种场合从事志愿者活动的伙伴。青年学习是社会教

---

① 中藤洋子：《社会教育の課題——すすむ「生涯学習体系」への移行と社会教育の課題 -- 第28回社会教育研究全国集会シンポジウムより》，《月刊社会教育》1988年第12期。

育事业，当然也是终身学习事业。

（二）职业发展期

成人期区别于生涯其他阶段的主要特征，是除了必须承担着维持家庭、养育孩子的责任外，还得专心于职业。生产是人类生存和发展的基础，发展职业能力是个体终身学习中极其重要的部分。在现代日本，职业能力主要是通过企业内培训和职业实践养成的。成人能够利用的公共教育福祉，主要是公共职业能力开发和社会教育。

由于市场经济体制，特别是日本终身雇佣体制的缘故，职业训练主要由企业自己来承担。[①] 日本于 1978 年修改了《职业训练法》，明确了公共职业训练的重点由养成训练转向成人训练，而且主要只面向中小企业。日本从事公共职业训练的机构主要包括国家、都道府县、市町村主办。公共职业训练通过各类学校完成，虽然学校教育法规定的学校教育中也有职业教育，但是与作为公共职业训练机构的学校并不重合，而是互相补充的。[②] 1992 年修订的职业能力开发促进法确定了职业训练体系，由职业能力开发学校、职业能力开发短期大学、职业能力开发大学、职业能力开发促进中心和残疾者职业能力开发校构成。1998 年，除了国立的职业能力开发大学外，日本的公共职业训练学校合计有 335 所。进入 20 世纪 90 年代后，日本公共职业训练机构普遍大学化，受训者的起点学历、教学内容日益提高，达到了大学学历水平。

除了利用上述公共职业能力开发机构来提高日本劳动者职业能力，还有企业内培训。日本的企业内教育制度于 20 世纪 50 年代从美国引入，以培训管理者、监督者为中心。60 年代，日本的企业内教育制度进入全盛时代，从美国引入了各种基于新经营学、心理学、行为科学的训练法。根据

---

① 胡国勇：《日本高等职业教育研究》，上海教育出版社 2008 年版，第 198 页。

② 肖丽：《战后日本职业训练立法的沿革及其启示》，《职业与成人教育》2006 年第 1 期。

这些理论，企业设立了专职的培训者和研修中心。自 20 世纪 60 年代末期以来，日本开始以建立健全确保工人能终身不断地接受职业训练的体系作为政策目标，构建职业训练实施体系。公共职业训练是由各级政府和各部门举办的以就业准备、技能提高或转岗为目的的教育和培训。职业能力开发局负责职业能力开发的信息收集整理分析、对公共职业训练进行监督和指导。日本职业训练的特点是民间部门超过公共部门，政府积极扶植、保护和鼓励职业训练，但以间接支援为主，以直接供给为辅。

（三）业余活动期

日本把职业训练看成职业劳动的一部分，职业训练的行政管理归劳动省。日本将公民业余活动纳入终身学习体系建设中，如组织俱乐部提高公民游泳技术，并组建亲子游泳俱乐部。俱乐部在家长们互相合作下民主运营，按照《会则》行事。还有专门支持妇女学习，探讨女性职业问题的学习会馆，在这里，一些年轻母亲可以相互熟悉，共同发现困惑并解决问题。同时，日本开设"父亲家庭教育学校"来改变父亲教育中的不足。此外，日本还为临时职员争取改善劳动条件、为智障者做就业准备、帮助农牧民学习自主经营等。正是这些渗入社会各个阶层的活动，使日本的高质量终身学习体系得以苗壮成长。

（四）高龄教育期

1985 年 6 月 26 日，临时教育审议会在第一次答审时，提出向终身教育体系过渡，指出为了保障和提高社会活力，需要中高年人群积极参加社会活动，建设终身学习社会非常重要。① 日本近年持续走高的高龄化趋势是终身学习的催生素。为了促进日本高龄者学习事业的发展，日本建设了高龄者教

---

① 吕达、周满生主编：《当代外国教育改革著名文献（日本、澳大利亚卷）》，人民教育出版社 2004 年版，第 11 页。

室，还有公民馆、图书馆等主办的讲座等。高龄者教室以 60 岁以上老人为对象，有的会以"丰富心灵度过有益人生"为主题，每周开设两次课程，主要包括听讲课、看电影、跳舞等活动。为了提高积极性，大多还发放学生证、学业修成证等。此外，老人学园设有四年制的学部和二年制的研究生院，学分课程分为三大领域：一般教育、专门学科和俱乐部活动。高龄者教室、老人学园都是专门针对高龄者的学习机构，前者是规模较小的学习班，后者可以算作老年大学。

四、日本高质量终身学习体系的组织管理

在向终身学习体系过渡的过程中，日本不仅加大了国家和地方政府对教育的投资，还鼓励和支持企业和民间团体参与终身学习事业，不断发展完善各种教育机构，为学习者提供各种各样的学习机会。

（一）文部科学省与终身学习审议会

日本有着较完备的终身学习行政机制和推进机制，这是政策制定的基础和保障，主要包括文部科学省和终身学习审议会。文部科学省属于日本教育界的行政机关，一方面负责立法政策的制定，建立适时的实施机构并提供必要的资金支持；另一方面负责推进学习活动的开展，并致力于与日本其他省之间的合作，如与经济产业省和厚生劳动省之间的协作，从而能够进一步充分地利用地方教育资源，制定有益于当地终身学习发展的行政政策。此外，文部省将原来的"社会教育局"改为"终身学习局"。终身学习局是文部省内最重要的行政机构，专门负责日本终身学习各项事务的组织推进工作。终身学习审议会是日本文部科学大臣的咨询机构，它根据日本终身学习的发展情况提出更完善的指导性意见。其在 1992 年的《关于适应今后社会发展的终身教育振兴政策》中，为日本终身学习的开展绘制了基本蓝图。该报告提出了日本构建终身学习社会的目标：(1) 确立每个人在今后的生存方式，即

在各个时期都要进行学习并能得到对学习结果的正确评价；（2）激发人们的潜在学习兴趣，并将兴趣付诸实际学习行动；（3）全面展开学校和社会的合作，为国民提供多专业跨领域的学习场所；（4）确保国民的学习成果能够在实际生产与生活中有实际作用。

（二）地方行政组织与民间团体

《终身学习振兴法》对日本地方行政组织在推进终身学习方面的职责作出了明确规定：都道府县及管辖内的教育委员会要负责收集、整理并提供有关终身学习的信息，开展有关居民终身学习和学习成果评价的调查研究，能够开发适应地区发展的实际学习方式，进行对指导人员和咨询人员的培训，对地区的终身学习机关和团体提供建议及其他援助，加强与地区内致力于终身学习事业的机关团体的联系合作。

在中央政府的推动下，各地政府都积极加入终身学习推进机制的建设中来，从提供学习机会到成立专门的都道府县终身学习审议会，再到各地终身学习振兴计划的制订与实施等，各地政府为终身学习体系的构建作出了巨大贡献。截至2005年，有43个都道府县制订了终身学习振兴计划和发展规划，99个市町村设立了教育委员会，超过千个市町村制订了终身学习振兴和发展规划。

第四节　日本高质量终身学习体系的主要特征

在对日本高质量终身学习体系进行历史考察、基本架构分析的基础上，可以进一步总结日本高质量终身学习体系的主要特征。

一、政府与民间合作密切

日本高质量终身学习体系的特征之一是官方行政组织与民间的密切合

作。民众可通过两种方式参与终身学习体系的建设。一方面是参与政策形成，如通过发表演讲、文章、著作，参加临时教育审议会召集的意见公听会、教育改革征文等表达意见；另一方面是参加学习活动，成年人可参加学校、企业、公民馆、体育馆等组织的培训，或通过利用大众传媒、参加学级讲座以及参与自由大学等进行学习。个人性的参与在整个终身学习体系建设中占的比例较小，集团形式的参与在其中发挥作用较大。民间企业承担教育事业，可以分成几种形式：一是企业内的培训，给成人职业生涯的发展提供保障；二是各种私立学校，除了义务教育的学校外，高中开始的非义务教育中，私立学校占大部分；三是民间企业兴办文化事业如新闻社、商业公司等开设各种"文化中心"，体育健身休闲设施；四是非营利团体、志愿者团体之类的活动。①

总之，在日本政府的财政支持下，地方政府、企业和民间团体共同建立起了比较完备的终身学习体系推进机制与学习网络，创建并完善了相关教育机构。这为日本的终身学习事业在国内普及和发展奠定了坚实的基础。

二、学习活动多样且有趣

联合国教科文组织、世界银行等国际组织，多从知识创新应用决定生产力、提高劳动力素质变得非常关键等角度来提倡终身学习。由于日本的义务教育发展充分，因此，日本在终身学习事业发展中推行"宽松教育"，以培养学生个性、保持学习兴趣、学习能力。例如，针对少年儿童的学习活动，就有每年举办的"孩子节""亲师会"等；青年学习者可以加入国际交流活动与同龄人讨论感兴趣的话题，当地高中生组建了"东京高中生和平研讨联络会"，在其中他们可以结合其他地区高中生去参观著名景点共同交友学习。终身学习的发展侧重在高等教育的发展、开放与自由化。对于成人来说，可

---

① 吴忠魁：《当今日本建设终身学习体系的经验与措施》，《比较教育研究》2000 年第 5 期。

以在企业内接受职业训练，也可以在企业外参加社会教育或者进入大学。

1921 年前的日本社会教育主要是教化国民的公共性质的教育活动。根据 1992 年 2 月发布的《关于生涯学习的舆论调查》结果，58.2% 回答者希望今后的终身学习活动的兴趣爱好类可以包括音乐、美术、花道、舞蹈、书法等；53.7% 的人希望学习健康运动类内容，如健康法、医学、营养、跑步、游泳等；另外 22.5% 的人表示希望学习在家庭生活中有用的技能，如烹饪、裁缝、编织等；21.2% 的人希望学习教养性东西如文学历史之类。截至 2023 年 12 月，日本开放大学在日本拥有 50 个学习中心，提供面对面课程、学分认证考试、图书馆服务、课外娱乐场所等，极大地丰富了日本民众的终身学习活动。总体来看，学习内容丰富多样，学习人群的分布也比较均衡，民众认可的"学习"概念包罗甚广。

三、学习者覆盖人群广泛

日本终身学习的特色内容不在职业技能教育，而在业余文化活动。除了在职人员，青少年、家庭主妇和老年人也是日本终身学习的重要参与力量。因为日本的职业教育属于厚生劳动省的管理范畴（如厚生劳动省会制订职业能力开发计划），因此文部省组织的终身学习对职工能力和训练与提升没有明显效果。加之日本的企业教育本就已经很完善，因此和欧美国家不一样的地方是，日本国内参加兴趣爱好活动的人群比例要大于职业学习。

经济合作与发展组织认为，终身学习运动在多数发达国家只是一种为经济发展做贡献的人力资源开发的战略，而在日本却是一种保证人们日常生活中达到高度精神满足的战略，这是对日本终身学习的高度肯定。如前所述，在日本民众的意识中，终身学习的目的不仅是为了实现个人和国家的经济目标，也是为了消磨闲暇、满足求知欲、在社会生活中体验愉悦以及提高日常生活质量。

第五节　日本高质量终身学习体系的研究总结

从发展社会教育到颁布一系列终身学习政策，日本在数十年的实践探索中逐步推进终身学习体系的建设。从行政管理机构到终身学习模式，再到学习成果评价和学习资金投入，日本高质量终身学习体系的建设趋于完善。

一、系统化的行政管理机构

系统化行政管理机构的设置对保障终身学习质量具有至关重要的作用，这是由终身学习自身的属性和特点所决定的。终身学习是一项覆盖社会各个层面的系统性工程，它的有效开展以及质量的提升必须要由相应的行政管理机构来负责，对于相关政策、规划的制定和具体实施都需要相关部门的全程监督与实施。日本政府建构了中央层面和地方层面的系统化的行政管理机构。文部科学省及其下属的终身学习政策局是国家层面的行政管理机构，文部科学省统揽全国终身学习的工作全局，负责终身学习全国性标准的制定、政策的实施以及全国预算和地方补助金的规划和实施等。终身学习政策局负责全国终身学习活动的开展、协调各机关之间的关系等。地方教育委员会及其最高长官是日本地方层面的行政管理机构，负责国家终身学习政策的落实以及地方终身学习的个性化发展。日本构建的行政管理机构各司其职，各机构之间权责分明，在推动终身学习的质量提升方面发挥着重要的作用。

二、多样化的终身学习模式

为吸引更多的国民能够加入终身学习事业中，日本政府设置的学习活动涵盖了不同年龄段且考虑了不同群体的兴趣爱好。换言之，日本的终身学习活动非常多元化。地方政府为推广普及终身学习，积极地与民间团体建立放送大学和各种全国性教育场馆等。文部省每年都与地方合作举办"终身学习节"，以起宣传推广作用，在日本国内得到了很好的反响。此外，文部省还与农、林、渔省协作，在乡村、渔村等社区建立与终身学习相连通的机构，与健康福利省合作开展帮助老年人的健康教育、休闲娱乐活动等。学校在可以使用的时间内向居民开放，社区的博物馆、展览会等也可以成为学生的课外学习场所。

三、创新性的学习成果评价

学习评价可以为学习项目设计者提供改进的方向，为学习者提供有关学习效果的数据参考，便于社会、集团和个人对学习成果的使用。日本的学习成果评价机制是非常全面且合理的。1991年中央教育审议会提出以认定证、学分、资格、执照、称号等方式对终身学习结果进行评价，要求大学扩大社会人接受教育的学分认定范围，对于在专科学校学习中取得的专业技能给予相应学位，并建议企业要对终身学习结果给予恰当认可。此外，日本积极推动学习成果的互认。截至2016年，日本放送大学已经和387所高等教育机构进行了学分互认。

有关终身学习评价的方式因地方而异。例如，青森、山形等县采取学习一个小时一个学分的制度。1999年生涯学习审议会在《广泛应用学习成果》中提出构建成果认证互认网络，建立国家型"终身学习档案"。

四、多元化的学习资金投入

终身学习社会是一个覆盖社会各个层面的系统性工程，它的发展与完善需要全社会在人力资源、技术资源以及物质资源等方面给予大量的支持和援助，其中的财政保障是关键。政府在发展终身学习方面的财政投资要合理合情，这就需要为创建多元化的资金投入体系。日本多元化终身学习资金投入体系可概括为：政府是终身学习资金投入的最稳固来源，中央政府站在国家战略发展地位对终身学习的发展作出预算投资，地方政府根据地方社会的实际状况对终身学习的发展提供一定的补助金；政府对支持终身学习事业发展的公益团体或社会捐赠等实施税收优惠，调动社会成员支持终身学习发展的积极性；通过终身学习设施的市场化运作，吸引更多的民间资金进入终身学习资金投入体系。

从终身教育理念的传入到终身学习体系的重构，日本在终身学习的道路上已经走过了坎坷但收获颇丰的几十年。从法律和资源援助等政策的制定，到各类师资的配备、针对学习者不同时期的资源开发，再到中央与地方双向联动的组织管理，日本高质量终身学习体系的基本架构渐趋完善。这样的日本高质量终身学习体系具有政府与民间合作密切、学习活动多样且有趣、学习者覆盖人群广泛的特征。进一步总结可以发现，在高质量终身学习体系构建过程中，日本形成了系统化的行政管理机构、多样化的终身学习模式、创新性的学习成果评价以及多元化的学习资金投入。

第六章 德国高质量终身学习体系 发展研究

随着互联网、人工智能和大数据等技术的发展，社会不仅需要高素质的科技人才，同时还需要工作者们具备终身学习的能力。传统的学习模式和教育形式已经无法满足知识时代的要求。因此，世界大多数国家都在大力发展终身学习体系，帮助全体公民获得可持续发展的技能，适应当今学习型社会的构建。

第一节　德国高质量终身学习体系的背景分析

终身学习贯穿于人的一生，这种学习方式是促进个体社会化、社会规范化的重要路径之一，对个人能力和技能的提升、社会秩序的稳定以及国家的整体素质都有着越来越突出的作用。全球化时代必然需要终身学习这种学习方式，同时个人为适应数字化社会也必然需要具备终身学习的能力。① 在发展终身学习的潮流下，经济合作与发展组织发布《技能展望 2019：在数字世界中蓬勃发展》（OECD Skills Outlook 2019：Thriving in a Digital World），

---

①　苑大勇、沈欣忆：《终身学习推进可持续发展路径及实现：从秩序共存到螺旋上升》，《中国远程教育》2020 年第 8 期。

指出终身学习在数字化学习型社会中的战略地位，其不仅可以满足全民学习、全面学习的需要，而且可以提高个人的数字化技能和学习意愿，实现高标准的人才培养。为了满足国家发展经济和提高人才水平的需要，构建高质量的终身学习体系显得尤为迫切和重要。

德国向来重视教育的发展与提升，于1970年便大力推动终身学习，并将终身学习作为一项战略计划以促进国家政治、经济的发展。德国构建终身学习体系的目的是满足更多学习者的学习需求，并应对教育的变革，开展继续教育以及实现可持续发展，最终打造学习型社会。作为一直以来以治学严谨、注重实效闻名于世的国家，德国的终身学习使学习者脱离时空的约束，根据自己的选择和喜好享受教育的形式和风格。德国对于高质量终身学习体系的建设已初具成效，无论从理念上还是做法上，都值得深入研究。

第二节　德国高质量终身学习体系的历史考察

德国以"治学严谨，注重实效"而闻名于世，上到国家层面下到百姓层面，都极其注重教育的发展和革新。自20世纪以来，德国注重终身学习理念的贯彻与执行，并在实践中逐步构建高质量的终身学习体系。

一、德国高质量终身学习体系的发展历史

德国的高质量终身学习体系大致经历三个阶段的发展：第一阶段为萌芽期，德国制定相关政策文件，提供制度保障；第二阶段为发展期，强调完善技术支持，营造学习环境；第三阶段为成熟期，主张探索现代化学习模式，促进学习型社会的发展。

（一）萌芽期：制定相关政策文件，提供制度体系保障

20世纪70年代初，德国政府就注重对终身学习理念的政策化。德国教

育审议委员会共同制定的《教育制度结构计划》强调了终身学习的原则与重要性，并呼吁青少年具备终身学习的意识和学会学习的技能。无论是政府的白皮书还是地方机构的贯彻执行，都不难看出德国对于终身学习的重视程度，这为以后德国建设学习型社会奠定了扎实的基础。① 终身学习是发展未来国家社会和培养高素质的创新型人才的重要途径之一，其地位和价值不容小觑。因此，自政府发布相关政策后，德国的终身学习理念便慢慢深入人心。

20世纪90年代，终身教育思潮和终身学习理念的到来使德国加快了终身学习体系的构建，其中最为突出的就是颁布了《未来的教育政策：教育2000》的白皮书，并从宏观和微观层面探讨了终身学习的未来方向和实施方略，为德国未来的教育发展指明了一条明确的前进道路，从而保证所有人都能接受教育，以此促进全民都能满足所需的教育需求，并提升整体的素质水平和技能。②

由此可知，德国政府为了确保学习型社会的构建、贯彻终身学习的理念以及营造全民终身学习的氛围，从国家层面开始制定相关的政策法规以满足不同学习者的学习需求，该做法已初步具备了终身学习体系构建的前提与基础。然而，由于终身学习理念的主要推动力来自官方政府，而尚未得到来自社会大众的认可，因此不具备充足的硬件设备和软件资源的支持。

（二）发展期：完善技术支持，加大终身学习体系常规化

互联网的高速发展为在线教育的发展奠定了基础。1995年德国研究审议会在《信息社会：机会、革新与挑战》中提出，未来的教育将与现代教育技术完美融合，因此必须提高人们的数字化技能和运用多媒体学习的能

---

① 朱文彪：《德国日本终身教育的发展》，《外国中小学教育》2004年第8期。
② 宋孝忠：《德国终身学习政策述评》，《华北水利水电学院学报（社科版）》2009年第3期。

力。① 以德国远程大学为例，该校将传统教学模式与现代教育技术融合，采取混合学习模式，将这两种教学模式很好地结合起来，能够满足学习者的个性化学习需求，提升整体的教学质量和水平。德国远程大学的在线教育包含4种主要形式：个体学习支持、以网络为基础的合作研讨会与工作小组、在线通信和面对面授课。

为了应对21世纪的国际竞争，德国成人教育研讨会在1997年的会议上提出必须加快提高成人教育的终身学习能力，从而让其更快地适应21世纪的变化。因此，形成全民终身学习的学习氛围显得尤为迫切，这不仅变成德国的一项重要战略，而且也为激发学习者的学习意愿提供了前进方向。该会议通过的《成人学习汉堡宣言》旨在鼓励各界具备应对21世纪的数字化技能，实现自我提升和完善，从而促进德国综合国力的提升，并满足人才培养的需求。

这一时期，德国的终身学习体系已经进入发展期，其各项政策、设施和人员都已经步入轨道，尤其是建立了世界影响深远的哈根远程大学，不仅对本国的教育形式产生了深远的影响，而且也对国际社会产生了影响。同时，该时期的教育体系已经开始转向全民终身学习和个性化学习的模式，并得到了政府和社会有关人士的关注，终身学习体系已经开始积极迎接网络化时代的到来。

（三）成熟期：探索现代化学习模式，促进终身学习体系完善

信息技术的高速发展催生了一批现代教育技术。如何与教育融合并更好地服务于教育成为每个国家都开始重视和思考的问题。毫无疑问，德国抓住终身教育的思潮，从方方面面制定了促进终身学习的政策和规章制度，关注学习者的自我发展需求，提供个性化、人性化的教育服务，并与相关

---

① 张建平、王华轲：《德国终身教育的发展及其对我国的启示》，《继续教育研究》2004年第2期。

机构合作研发促进学习者在线学习的平台，以满足其终身发展的意愿。服务的多样化、资源的整合化、意识的多元化、学习的终身化使德国政府更加注重终身学习体系的构建和完善，以此实现学习型社会的目标，联邦政府推行的"地方学习计划"贯彻了终身学习理念，并开始在全国推广实施至今。①

作为联邦制的国家，德国联邦政府与地方政府通力合作，联合相关机构、研发中心、教育协会等共同致力于终身学习体系的建构，已在全国形成终身学习的思潮，并将德国建设成为全民学习、多元学习、终身学习的学习型社会，以全国之力促进个人和社会的整体提高。依靠政府的政策支持、企业的资金援助、高校的技术创新以及个人的终身学习认识，德国的终身学习规模和层次已达到相当高的水平，且终身学习体系正在有序平稳地建设。②

成熟期的德国终身学习体系逐步完善，德国构建终身学习体系的目的也不仅仅局限于满足学习者的个性化需求和多元化体验，而更加注重学习者的终身学习的感受和学习型社会的构建，以促进教育的现代化和信息化。

二、德国高质量终身学习体系的现状分析

伴随互联网、人工智能和大数据等技术的发展，借助于技术，德国的终身学习体系不断发展完善。特别是，德国正处于进入"工业 4.0"时代的关键时期，德国于 2013 年 5 月颁布的终身学习国家资格框架（German Qualifications Framework）使德国的工业化程度更加先进化和体系化，该框架注重学习者的学习过程，强调能力的培养，明确了个人发展的前进目标，通过

---

① 赵云：《德国学习型区域建设探究》，《当代继续教育》2015 年第 1 期。
② 樊小伟：《德国学习型地区建设及其对我国的启示》，《成人教育》2014 年第 1 期。

一系列标准确定终身学习对于德国工业发展的重要战略价值。[①] 该框架经过四年的贯彻执行后成为欧洲各国纷纷学习的样板。此外，德国将其框架运用于各级各类的学习层次上，将正式和非正式学习都非常有效地进行了整合与改善。

同时，德国高度重视教育与技术的结合，利用数字化资源和工具为全民提供正式和非正式的教育形式，以促进学习者综合素质的提高，促进了创新型科技人才的培养。近年来，除了研发和完善在线学习平台和进行技术创新外，德国还大力提高全民的信息素养和数字化技能，以此确保国家的技术革新和人才创新。2016 年 12 月，由德国文教部长联席会议通过的《面向数字世界的教育》战略决议指出，处于 21 世纪的人们必须具备"数字化能力"，特别是数字媒体的能力，以适应未来的社会需求。[②]

第三节　德国高质量终身学习体系的基本架构

终身学习对于教育的影响要求构建更加公平、灵活和开放的制度和体系。德国极其重视终身学习体系在促进经济发展和培养核心人才方面的重要性，为此，德国在政策制定、师资配备、资源开发以及组织管理等方面入手，不断完善高质量终身学习体系的基本架构。

一、德国高质量终身学习体系的政策制定

推进高质量终身学习体系必然需要相关政策的制定和颁布，对于德国政府来说，以法律政策规范和推进终身学习显得尤为得心应手，本文选取了以下三个对德国终身学习发展有较大影响的政策报告。

---

① 赵亚平、王梅、安蓉：《德国终身学习国家资格框架研究》，《职业技术教育》2015 年第 31 期。

② 戴婧：《疫情之下的德国在线教育》，《中国教师报》2020 年 6 月 3 日。

（一）《国家教育发展报告》

2010 年，德国联邦教科部和德国各联邦州文教部部长联席会议联合发布《国家教育发展报告》（以下简称《发展报告》），其发布背景是德国学生在国际测试上令人大吃一惊的表现。该报告主要强调三个主要的教育理念：提高个人发展能力、促进社会全民参与和机会均等以及提升人力资源建设。该报告不仅指向德国的所有正规教育，同时还强调了职业教育、继续教育以及终身教育的重要性，指明其存在的挑战与问题以及未来应该如何处理的方法和策略。

该报告指出德国未来的教育发展存在三大机遇与挑战，尤其是知识型社会和信息化技术的发展与完善，需要德国教育更加注重公平以及个性化和终身发展。首先，青少年教育呈现出明显的数字鸿沟，欠发达地区与发达地区的教育差距呈现越来越大的趋势，教育的包容性和可拓展性受到了限制。其次，数字化社会需要的是综合型的高科技人才，尤其强调知识与技能的综合运用。同时，时代的进步要求营造全民终身学习的氛围，提升终身学习服务的水平，以满足不同学习者的学习需求。最后，受教育者人口的减少必然促使教育体系以全新化的形式激发学习者的学习动机和学习激情，教育的重心将由学校教育转向终身学习。报告显示，德国社会的未来在很大程度上取决于强化教育现代化活力能否成功。①

由此可以看出，为了解决德国教育现状存在的问题，德国政府结合自身教育现状提出《发展报告》，激活教育活力和学生的终身学习需求，以满足新时期人才培养的要求和国家发展进步的需求。

---

① 俞可：《德国〈发展报告〉：教育的重心将由学校教育转向终身学习》，《上海教育》2010 年第 18 期。

（二）《德国终身学习国家资格框架》

在欧洲资格框架的推动下，欧盟各国开始以此为依据开发各自的国家资格框架。德国于 2013 年 5 月宣布正式实施终身学习国家资格框架，其目标是：增强学生的终身学习能力；促进教育层次的公正透明；提高社会与学校的合作水平；协调教育资源建设；加强学术认证和终身学习的成果评估；强化国际流动和人才培养的力度。终身学习国家资格框架特别强调要帮助学习者形成终身学习理念，促进所有的社会成员，包括处境不利或受失业影响的人，能够参与终身学习。德国的终身学习国家资格框架结合时代的需求和终身学习理念，上通下达、左右通畅，整合了教育领域各级、各层、各区的教育资源，从整体上达到了教育体系的多元化、终身化和个性化发展。①

总的来说，结合欧洲资格框架的内容，德国的终身学习国家资格框架在进行资格标准统一的层面上进一步保障了教育供给与劳动市场的平衡，从而提高了教育培养人才的标准与规格。这不仅有利于德国终身学习体系的构建与完善，而且有利于促进德国跻身于世界科技与人才强国行列。

（三）《工业 4.0 及其对劳动力市场和经济发展的影响》

2015 年 12 月，德国联邦职业教育研究所（Bundesinstitut Für Berufsbildung，BIBB）发布了一篇名为《工业 4.0 及其对劳动力市场和经济发展的影响》（Industry 4.0 and the Consequences for Labor Market and Economy）的报告。报告指出，随着工业 4.0 进程的不断推进，国民经济中的所有产业将会发生结构性的变化，一些简单、重复的工作将会越来越少；反之，极具挑战性和创新性的工作将会与日俱增，这必然要求员工成为具备独立解决问题能力的高素质人才。因此，重新审视制造类等专业的定位并大力支持人工智能

① 谢莉花、余小娟：《德国资历框架内容体系的特点及启示》，《中国远程教育》2020 年第 9 期。

等领域的创新、提升学习者的综合能力水平、弥补学习内容与岗位需求之间的差距则显得尤为重要。

正是因为科学技术的不断发展以及高新技术的交叉运用，社会也对技术技能人才的自我学习、高速学习、跨界整合的能力提出了新的要求，要想适应不同角色，就要在变化的环境中寻找信息，及时有效地获取自己所需的知识并进行整合分析。[1] 这必然要求学习者具备终身学习的能力和水平，依靠数字化资源和技术进行学习，提升整体的学习技能和综合实力。同时，这也必然要求社会形成终身学习的氛围，并结合政府的相关终身学习政策与方略，让所有人都能深入了解和贯彻终身学习理念，具备终身学习能力。

从总体结构来看，该报告的提出不仅考虑到德国现如今的经济状况和教育水平，而且从全球视野和长远眼光着手，鼓励全民形成终身学习的观念，从而提高自身的学习能力和技术水平，促进高质量终身学习体系的建设。

二、德国高质量终身学习体系的师资配备

一个国家终身学习体系的完善与否很大程度上取决于师资配置，未来的在线教育是赋予全民终身学习的必要途径之一，因而每位学习者都应具备使用数字媒体的能力和水平，同时所有教师必须具备数字能力以及灵活运用和传授数字媒体的技能。德国的师资水平一直处于国际领先行列，政府要求教师充分利用好数字化的在线教育平台，提升自己的专业素养和数字媒体素养，为学习者制定出个性化的学习指导方案，从而提高学习者的学习激情和动机。以下从两个方面论述德国教师的配置。

（一）继续教育：企业主体

德国联邦教育及研究部在行动计划中曾经指出，"数字化时代的到来必

---

① 张佩佩、刘晓：《工业 4.0 背景下的德国职业教育：挑战与应对》，《当代职业教育》2017 年第 4 期。

然要求劳动力具备必要的知识和信息素养，要想促进人力资源的提升，就必然需要发展终身学习，扩大学习途径和学习对象，以此提供终身学习的机会并满足学习者的需求，促进技术和人才创新"。① 因此，德国联邦教育及研究部与企业、跨企业职教中心、学校、教育中心研究机构等，一起开发新的、大量的、高水平的学习场馆。联邦和各州，以及经济部门还联手推动跨企业职教中心的数字化建设，使其成为职业能力教育中心。②

由于继续教育主要针对的是处于工作中的学习者，因此整个终身学习的实践中心主要以企业为主。简言之，企业是贯彻执行终身学习理念的重要主体。整个继续教育都紧紧围绕企业所需的技术创新和员工整体素质的提高，并将其作为教师教授的核心，通过员工或潜在的员工培训，不仅提高他们的专业技能和实践水平，还培养其终身学习的能力，以适应未来社会的需要。

此外，德国利用远程教育为继续教育的健康发展提供了支持。政府为教师提供定期参观学习的培训和技术支持；教师为适应知识型社会的新变化和新要求，不断进行理论与实践的创新，探索新的教学形式与方法，以确保紧跟时事、掌握最新动态。③ 由此可见，企业培训师若想适应在线教育的新变化，就必须能够结合经济、技术发展和就业要求，研究开发针对新职业（工种）的培训项目，以及根据企业生产、经营需要，掌握并运用现代培训理念和手段，策划、开发培训项目，制订、实施培训计划。

（二）成人教育：自控学习

德国的成人教育历来已久，这种学习没有非常绝对的时空局限性，也没

---

① 李米雪：《德国继续教育的发展与现状研究》，《开放学习研究》2017 年第 4 期。

② 周灵伶、申谜谜：《数字化变革下德国〈国家继续教育战略〉解读及其启示》，《文化创新比较研究》2020 年第 7 期。

③ 谢芳：《德国双元制师资培养对我国职业院校教师队伍建设的借鉴意义》，《长春教育学院学报》2019 年第 11 期。

有国家层面的成人教育系统，其教育形式多样、教育方法多元、教育范围广泛，能满足不同学习者的不同需求。在成人教育中心，不同年龄层次的人都在不断地学习。

成人教育的自控学习原则就是把更多的精力集中在个人身上，让学员个人成为传授和获取的中心。高度自控的前提就是学员有探究问题和解决问题的决心。[①] 德国的成人教育贯穿于整个学习过程中，甚至能将所学习的知识与技能完美地融入日常生活中去，这种学习方式能够最大限度地满足不同学习者的学习需求，既能提高成人终身学习的意识，又能提高学习者的创新精神和实践能力。

教育是全民共享的教育，它不受阶级、年龄、宗教、意识形态等的束缚，这既是成人教育的核心，也与终身学习提倡的思想一致。成人教育是终身学习体系中教育的一种经典呈现，它很好地诠释了终身学习的终身性、广泛性、全民性以及多元性等特点，其自控学习理念能很好地贯穿于整个终身学习体系中。

三、德国高质量终身学习体系的资源开发

数字技术革命极大地冲击了德国社会的方方面面，教育的革新在 21 世纪显得尤为迫切。因此，必须注重对于资源的设计与开发，这不仅有助于提升高质量终身学习体系的网络化和数字化进程，更有利于激发学习者强烈的自主学习动机和意愿，以培养符合 21 世纪的高素质人才。

（一）混合式新技术学习平台

为了促进全民终身学习，卡塞尔大学（University of Kassel）研发了混合式数字媒体开发项目——新技术条件下的混合式继续教育（Blended Cont

---

① 孟庆梅：《德国成人教育的学与教研究及其启示》，《湖北大学成人教育学院学报》2006年第 5 期。

ENT）。该项目主要针对学生、企业员工以及中小型企业，通过提供开放式数字化教学资源包提高学习者的实践意识和创新意识。该项目的基本原则是：根据学习者的不同学习目标制定不同的学习项目和过程反馈；该平台提供了多样化的交流模式，学习者可以根据自己的意愿进行线上交流与沟通，同时该平台还为学习者提供其自我设计的板块；采用人工智能、大数据等技术实时反馈学习者的学习状况，满足其个性化需求。[①]

把在线学习与线下学习相融合，将两种学习模式的优点完美融合，是混合式学习模式最大的优势。学习者可以根据自己的学习需要有目的地选择学习内容并展开学习，借助多媒体和网络资源，最大化地发挥自身的主体性，提高独立思考能力和实践创新意识，并形成终身学习的观念。

（二）openHPI 在线教育平台

慕课时代的到来推动着各国纷纷开始寻求教育的革新和发展，德国也积极研发慕课教育平台，并力求处于全球慕课教育发展的先列，openHPI 就是很好的证明。该在线教育平台于 2012 年由德国波茨坦的哈索·普拉特纳研究所（Hasso-Plattner-Institut）开发，其课程内容包括通信技术、计算机科学与技术、信息技术等领域知识，并且还有专门的模块负责全球前沿知识的汇总和更新，学习语言主要是德语和英语。该平台的建设标志着德国慕课教育的新发展，同时也使德国的慕课发展居于欧洲乃至世界前列。

openHPI 平台发展迅速，注册成员也已达 60 多万人，这背后离不开德国的高度重视和对在线教育平台的管理与组织。借助 openHPI 平台，学习者可以在一个全球性的社交学习网络中参与有关各种以信息通信技术为主题的互动在线课程，其课程特色主要包括以下四点：第一，反馈及时，学习者通过视频内容的学习进行自我测试和反馈，同时根据反馈继续学习；第二，

---

① 赵志群、黄方慧：《德国职业教育数字化教学资源的特点及其启示》，《中国电化教育》2020 年第 10 期。

课程多样，课程资源依赖所有的学习者的需求，利用互联网设备可以随意进入在线平台进行实时学习，从而深入了解学习内容；第三，学习层次没有限制，每位学习者都可以根据自己的学习水平选择学习内容；第四，学习小组成员不一，学习者根据自己的学习需求和进度选择适合自己的项目小组成员并进行交流、探索，从而形成自己的学习感悟，以个体选择集体、集体影响个体的形式促进其学习效率。

（三）Moodle 平台的开源课程管理系统

为了促进高质量终身学习体系的发展，从 2000 年到 2004 年，德国联邦政府共计投入 20 亿欧元，在其中比较出众的项目中，有 100 个面向平台建设，25 个面向资源工具的开发和远程教学的设计。比如，德国为了促进终身学习的发展，建立了 Moodle 平台这一开源课程管理系统。该平台为学习者创设了高度自由和个性化的学习空间，学习者可以利用该平台进行资源共享，并结合学习任务形成学习小组进行沟通和交流，集思广益、头脑风暴，以提高创新意识和交往能力，并掌握学会学习和学会生存的能力。该学习平台采用异步的学习形式，不仅有利于学生自己掌握自己的学习进程和学习状态，还有利于学生更好地把握学习目标，同时增强人际沟通和交流能力。当然，考虑到学习者和教师的合作与互动的需求，德国远程大学还积极研发了同步学习的学习形式，拓展了师生之间的情感沟通。例如，科学教育专业引入了 Adobe 公司生产的在线会议与电子教育应用工具 AcrobatConnectPro 并把其作为虚拟课堂平台。通过这个工具，教师可以在电子白板上进行课件展示，为学生们实时授课。

德国十分清楚终身学习体系对于国家未来发展和人才培养的促进作用，因此通过政府拨款、政策实施、机构宣传等途径来有力保证终身学习体系的建立与完善。在德国，终身学习正逐步深入社会的各个层面，并将继续发展；能让学习者通过非正规与非正式学习来满足个体终身学习的需要，并能使那些试图接受或者重新接受教育与培训的个体再次获得机会，而且有助于满足劳动力市场和社会对于人才的需求。①

四、德国高质量终身学习体系的组织管理

高质量终身学习体系的完善与否不仅与其政策制定、师资配备、资源开发有关，同时还与其组织管理密切相关。德国主要从两个层面进行组织管理：一个是德国成人教育协会教育服务中心；另一个是联邦教育及研究部。

（一）德国成人教育协会教育服务中心

德国成人教育协会教育服务中心（DVV PädagogischeArbeitsstelle）是德国政府资助的成人教育研究机构。该中心于 1957 年成立，旨在加强科学研究与应用之间的联系。除自身研究外，还支持其他单位进行研究，并出版和提供文献资料、参考书目，举办培训班和考试，促进国际合作。此外，服务中心还提供研究计划讨论稿和财政资助，安排特定课程的教学方法，提供信息和自学模式，为开发教学媒体服务。

科学技术的发展使得企业对于劳动力的素质和技能提出了更高的要求，这就要求成人必须具备终身学习的能力，不断提高自己的知识水平和业务能力。因此，促进职业发展成为成人教育协会教育服务中心的首要目标和中心环节，而实现这一目标的必要途径就是为成人提供相对应的职业培训。

（二）联邦教育及研究部

联邦教育及研究部高度重视学习型社会的构建，并与相关教育机构相继推行了学习型地区计划——"地方学习计划"（Learning on Place Program），该计划旨在让学习者能够结合自己的学习场所进行无限制的学习，摆脱时空

---

① 牛阿娜：《德国终身学习政策解析》，《产业与科技论坛》2012 年第 21 期。

束缚、资源限制以及资金缺乏等问题，以此创设全民学习的学习氛围。该计划获得了巨大的成功，越来越多的社区开始陆续加入该计划，为学习型社会的构建奠定了良好的基础。

为了扩大终身学习的范围，德国联邦政府结合不同地区的教育水平投资了 2000 万欧元大力推行"地方学习计划"。该计划旨在提高所在地区学习者的学习能力，并满足其对于未来的职业需求；让所有公民都能获得学习的机会，并能根据自己的学习需要选择学习内容进行学习与提升；考虑到学习者的时间等问题，该计划还允许学习者可以延迟两年获得所学习内容的文凭与证书。①

第四节　德国高质量终身学习体系的主要特征

为了保证德国工业"4.0"国家战略的顺利实施，必须提升终身学习体系的整体水平和标准。德国的工业 4.0 不仅是技术的革命，更是一场人的革命，尤其是终身学习的革命。为了更好地应对未来社会的发展并抢占世界经济和技术的发展先机，就必然需要以教育为依托，形成全民终身学习的思潮，大力发展德国的终身学习体系。为此，回顾德国高质量终身学习体系的基本情况，可以总结以下四大特征。

一、实现完善的政策保障和有效的管理形式

长久以来，德国关于终身学习的教育政策和报告文件都由联邦政府参与或审核，同时保证各州享有高度的教育自治权，这不仅有利于发挥联邦政府制定政策的独特性和相对性，更有利于激发各级州政府的主动性和自觉性。

---

① Thinesse-Demel J., Learning Regions in Germany, Birmingham：*European Journal of Education*, 2010, p.438.

　　值得一提的是，终身学习的观念和实施能从成人教育中得到很好的实现。成人教育的管理模式主要按照"地方为主、联邦为辅"的原则进行，这从体制上就给了地方足够的自治与自由。尽管成人教育尚未形成一个统一的实施方案，但这种联邦、州、地方的三级管理形式，在一定程度上促进了成人教育的精神独立与管理自由。[①] 这不仅是德国成人教育的典型特征，也是贯彻终身学习体系的有效体现。从德国成人教育的管理体系中不难看出，联邦政府提供政策支持，州政府负责管理服务，而地方政府进行具体实施。这种彼此独立、相互联系的组织体系为德国终身学习体系的构建与完善提供了宏观层面的支撑。此外，德国对于成人教育的政策制定已经具备详尽的理解与阐述。《职业教育法》《远距离教育保护法》《劳工促进法》《教育假期法》《继续教育法》等相关政策文件的颁布，以法律形式保证了成人教育在终身学习体系中的重要性，也证明了德国对于构建学习型社会的决心。[②]

　　伴随终身学习观念的深入人心、生活节奏的加快以及碎片化时代的到来，原先依靠固定场所和固定时间学习的正规教育已无法再满足当今人们的学习需要，因此人们渴望更加便利、灵活的教育形式。为此，德国颁布的一系列法案，从根本上规定了远程教育的性质，即这种教育形式既能够满足学习者的功利性的学习需求，又能适应现代化时代的节奏化，让学生能根据自己的需要选择自己的学习内容，实现更加灵活性和个性化的学习。同时，政府还制定一些特殊的财政税收政策，对远程教育进行拨款与补助，给各级州的继续教育机构、继续教育示范项目、成人教育研究机构提供经费资助。事实证明，在线学习成为公众比较倾向的再学习的首选形式和接受终身学习的有效手段。

---

　　①　王海峰：《经验与实践：德国成人教育管理的核心理路及启示》，《中国成人教育》2017年第18期。

　　②　李胜春：《德国成人教育研究》，《成人教育》2006年第2期。

二、提供合理的教学设计和过硬的教师队伍

迈克尔·克雷奇默尔（Michael Kretschmer）声称，国家的发展、教育的改善、人才的培养都离不开教师的教育与教学，而高质量的老师只有进行高质量的培训和合理的组织管理后方能对学生、教学乃至国家产生深远的影响。[①] 由于数字化时代的技术创新，终身学习不再仅仅局限于单一的传统课程中，而是将整个社会作为学习场所和内容。为此，学生所获取的学习资料和资源都是经过教师和教育部的精挑细选和层层把关的。这些教材都是以远程学习的方式进行编写，同时为不同层次和级别的学生设置了专门的多媒体教学材料。学生可以在网上根据自己的需要进行下载，并利用多种多媒体材料增加教材的可阅读性和可接受性。

由于现代远程教育主张"有教无类"和"因材施教"，因此德国的教师队伍显示出卓越的专业水平和技能。作为从事现代远程教育教学和管理的教师，德国教师不仅要掌握相关的专业理论知识和技能，而且还要灵活运用教育学、心理学、艺术学等知识，为学生提供全面而深刻的学习感悟和经历。同时，德国教师注重"以实体的眼光看待一切"，将复杂思维和批判性思维运用于终身学习课程中，并作为课程的教学目标之一。

教师不仅承担着"传道授业解惑"的伟大使命，而且肩负着培养高素质人才的重担。由此，继续教育成为教师技能培训和素质发展的战略要地。借助德国高度完善的师资教育体系和基础建设，教师的专业水平和能力得到了有效的提高。同时，为了迎接全球终身教育思潮的到来，德国教师身先士卒，不仅提高了自身对于教学、管理、教育理念的认知，而且扩充了全球视野，使其能够依据国际形势和前沿知识选择适合自己的教育技术工具。另外，教师接受培训时必须经过一段时间的培训与考核，待获得相关的"任教

---

① 刘铁军：《德国卓越教师教育计划：目标和路径》，湖北师范大学 2017 年硕士学位论文。

资格"才能对相关课程进行教学，这体现出德国师资培训的人文关怀和科学素养。

德国教师的专业素养和水平历来处于国际前列，主要表现为继续教育和成人教育的发展与完善。终身教育面向的主体多为成人，于是，为成人提供其职业需求和个性发展的学习机会成为终身学习的主要目标。① 德国远程大学具有独特的远程教学体系，从整体上提高了未来教师的能力水平。另外，德国最出名的就是双元型教师的建立与发展，经济的高速发展和教育的高效要求导致了职业教育的多元化和"高移"发展。无论从纵向发展还是横向发展，德国的终身学习体系建设可以说是已相当完善。中等职业教育体系有职业学校；高等教育体系有职业教育专科学校和应用科技大学，这些学校注重应用型人才的培养，形成立交型的培养体系。此外，社会上有各式各样的培训机构、远程教育机构，还有政府相关部门的高素质人才培养计划等，由此德国高素质、高水平人才的体系建设和培养计划得以充分形成，学习型社会也以此为基础得以构建。②

三、运用先进的技术手段和智能的学习平台

作为信息技术产业最为发达的国家之一，如何利用信息技术和现代化教育手段促进终身学习发展成为德国关心的首要问题。目前，德国花费了大量人力、物力和财力来促进终身学习体系的推进。首先，德国学校自2001年后就已全面进入网络化时代；其次，借助信息技术的发展和在线平台的优势，德国远程教育迈入新时期——在线教育和移动学习成为新趋势；最后，德国不少大学研发相关的在线教育平台、设计相关的建设体系、制定相关的规章制度，使德国终身学习发展一直处于世界前列。③ 德国在《数字化教育

① 王涛、周小粒：《美德终身教育现状比较研究》，《继续教育》2006年第5期。
② 江海燕：《德国教育现代化的历程和特点》，《广东社会科学》2018年第2期。
③ 冀鼎全：《欧洲的现代远程教育》，《陕西广播电视大学学报》2013年第4期。

战略2030》中指出，未来的人才不仅应该具备专业理论知识，更应该掌握必备的现代化学习技能，因为未来的学生必将踏入数字化世界，所以在学校教学活动中教学工作者必须引导学生掌握数字化技能，鼓励贴近现实的终身学习环境和互动性强的体验式学习。要想提升终身学习体系的水平，除了提倡学习者掌握终身学习的技能外，德国还放眼于整个教育市场，紧跟当今现代教育技术的实时发展，提供具有针对性和专业性的教育产品，要让教育也享有"德国制造"的优秀品质和品牌效应，为学习型社会的构建添砖加瓦。

伴随数字化时代的到来，在线教育的平台和资源也更加丰富，学习者不仅可以获得更多的学习机会，还能随时随地享受到优质的教学资源，这大大促进了德国整体教育水平的提高，并对宣传终身学习观念、实现教育公平起到了积极的作用。同时，科技的发展进步使在线学习者的质量和规格得到大大的提升，也对教师的专业水平和教学质量提出了更高的要求。由于德国的科学技术水平相当高超，因此，几乎所有的课程都能在在线教育平台找到对应的资源和课程，整个社会都充满着终身学习的良好风气。

在线教育平台提供的学习内容可以供学员反复观看和学习，且基本上所有的课程都能够自由、免费地共享，这极大地提高了学生学习的主动性和积极性，促进学生终身学习的意识和行为。学生不仅可以学到更多的理论知识，还能通过网上操练提升自己的实践水平和技能，以便充分地认识到自己掌握的程度。比如，教师可以利用Moodle平台有针对性地添加学习资源和学习任务，拓宽学习者的学习渠道。同时，教师通过学习资源模块将学习材料以文件、PPT、电影、动画、网页等形式添加到模块中，这些资源可以直接点击或以链接的形式呈现于首页上。或者，教师也可以通过学习任务模块添加作业、测试、留言板、问卷调查、交互平台、互动评价和程序教学等各种学习活动。①

---

① 阎石：《数字电子技术基础》，高等教育出版社2006年版，第12页。

四、建设人性的教学环境和严谨的研究机构

终身学习的背景下，德国越来越注重非正式学习，营造出极其人性化的教学环境，赋予每个学习者都能够学习的机会。德国博尔兹堡大学主张建设虚拟课堂，解决远距离教学的问题，基于 Web 设计、流播放和实时交互相结合的架构方案可以让教师和学生都能随时随地加入实时课堂中。同时，虚拟课堂采用直播和录制相结合的方式，教师上课过程中讲授的内容能够同步录制，待课程结束后就能立刻进行点播，方便学习者进行重复观看与学习。另外，虚拟课堂提供强大易用的课件制作功能，能让教师在任意时间、地点制作课件并上传、管理与点播；课件的内容包括音视频、文档、问答等，最大限度地符合了教育培训的特点，让优质教学内容能在保证安全有效的情况下快速传播，扩大教育影响的范围和水平。

随着终身教育、终身学习和学习型社会的理念越来越被大众所接受，为了促进全社会形成终身学习的氛围，德国启动"学习型地区网络计划"（The Learning Regions Networks Program）和"地方学习计划"，开展学习型地区建设，其目的是让所有人实现终身学习。这也是对经济合作与发展组织所秉持的使城市竞争优势增至最大限度的宗旨的拓宽和发展。[①] 因此，德国联邦政府、教育部门、高等教育机构等部门都围绕终身学习，并制定相关切实可行的政策文件，极大地促进了德国终身学习的发展。

第五节　德国高质量终身学习体系的研究总结

根据上文对于德国高质量终身学习体系的历史考察、基本框架以及主要特征的研究，不难发现德国的终身学习体系已经相当完善和先进。然而，德

---

① Reghenzani D., Kearns P., "Lifelong Learning in German Learning Cities/Regions", *Australian Journal of Adult Learning*，Vol.52，No.2，July 2012，pp.336–367.

国的终身学习体系仍然还有所欠缺，以下对德国高质量终身学习体系的发展作出总结。

一、国家政策扶持，全民重视意识不够

终身学习是社会发展的关键因素。20 世纪 70 年代初，德国政府和教育机构纷纷开始关注终身学习，并出台了《教育制度结构计划》，强调终身学习的重要性和以"学习的学习"为核心的终身学习原则[1]，以及继续教育在终身学习中的战略地位。之后，《未来的教育政策：教育 2000》《终身学习的新基础：继续扩展继续教育为第四教育领域》《全民终身学习：扩展与强化继续教育》《德国终身学习国家资格框架》等报告文件的颁布无一不证明终身学习对于国家综合实力的重要程度以及德国对于终身学习体系构建的关注程度。

然而，终身学习体系的构建主要是国家在推进，部分社会成员缺乏对终身学习真正含义的理解。这必然导致全民不够重视终身学习。据相关研究，无论是雇主还是职员都对毕业生的实践技能和知识储备持消极态度，且寻找所匹配的人才比以往更加困难。[2] 因此，加快构建终身学习体系，提高全民对终身学习的认识显得极其迫切和关键。与此同时，国家政策的颁布应确保终身学习体系的相关内容具有法律效力，让相关工作人员在设计、监督课程和资源时能有法可依，从而达到有法必依的程度，从根本上改善全民对于终身学习意识不够的局面。

二、课程质量过关，数字技术不够融入

德国高质量终身学习体系的构建主要在于继续教育与成人教育的发展与

---

[1] 朱文彪：《德国日本终身教育的发展》，《外国中小学教育》2004 年第 8 期。

[2] Manpower Group, *2018 Talent Shortage Survey*, Wisconsin：Solving the Talent Shortage, 2018, p.24.

完善。因此，若想高质量地发展终身学习体系，就必然需要借助数字技术和在线教育的优势。其中，成人教育的课程选择和设计要经过国家相关专业部门的认定与评估才能放到平台上供学习者学习，这不仅很大程度上避免了课程质量不一的局面，也从侧面反映了德国充分考虑到不同学习者的学习需求。为了促进全社会树立终身学习的观念，德国政府高度重视对学习内容和课程内容的设计。这几乎关乎整个终身学习体系的质量和规格。具体而言，德国在进行课程设计时，以未来的职业需求为宗旨，旨在提高学习者适应社会的职业需求和提升自我发展。课程既注重理论体系的输入，同时还结合当今现代化教育手段加强实践能力的输出，以促进个人的社会化和社会的个人化，多元融合学习者的学习需求，统筹管理教学目标和现实需要，既考虑到学生认知能力和水平的提高，也确保学生实践技能和创新思维能力的培养，从整体上提高学生终身学习能力。

虽然现代教育手段对于终身学习产生了深远的影响，但手段终究是服务于学习本身，如果本末倒置，则不利于学习者的终身学习能力和创新意识的培养。只有真正将现代化的技术与终身学习进行深度融合与革新，未来的终身学习体系才会焕发出蓬勃的生机。[1]然而，当前德国的数字技术仍然未能与学习过程进行全方位的有机融合，这必然使终身学习的数字化和专业化的进程趋于平缓。因此，德国政府必须加大对高科技人才的输入和培养，结合本国国情设计出适合德国终身学习体系的数字化工具和资源，以促进全民终身学习。

三、教师配置严谨，教学理念不够先进

为了提高教师的整体水平和质量，德国先后出台了一系列有关教师专业化标准的政策要求，以促进德国的教育现代化。为了促进终身学习体系的高

---

[1]　联合国教科文组织：《学会生存：教育世界的今天和明天》，教育科学出版社1996年版，第167页。

效发展，德国对教师的选拔和培训是相当严谨与严格的，主要对教师的三方面进行专业化认定。

首先，德国教育部强调教师教学能力的专业化，主要包含以下两点内容。一方面，教师必须精通自己学科所学的专业知识和理论通识知识，正如马可连柯所说："学生可原谅老师的严厉、刻板甚至吹毛求疵，但不能原谅他的不学无术。"教师不仅了解所教学的内容知识，而且需要实时更新知识体系，站在教育最前沿，掌握教育新动态。另一方面，教师必须掌握一系列教学方法并善于进行教学反思，除了具备专业的课堂教学和组织管理能力外，还要熟练运用教育技术学的理论与实践知识进行自我反思与学习，以提高自身的专业素养和信息意识。

其次，教师教学能力的专业性也是需要关注的一个因素。第一，终身学习要求学习者根据自己的学习需求学会如何进行知识的迁移与应用，同时提高自控学习和自我思考的能力，促进自身情感的陶冶与升华，提高其终身学习意识和创新思维。第二，教师要善于运用各种在线资源提高学生学习的主动性和自觉性，既满足学生的学习需求，又使学生形成个体自我意识与价值判断。

最后，教师的专业化也表现为教师具备创新能力以及先进的教学理念。德国教育部在《教师教学标准：教育科学》指出，创新能力是教师达到专业成长的必要条件。教师是学生的带领者，教师创新能力的发展不仅有利于其自我价值的提升，还能促进学生素质的发展，这无疑对教师的创新能力提出了更高的要求。[①] 简言之，教师的创新能力包括独到的见解、新颖的教法、创新的思维、凸显的个性、探索的精神和民主的意识等。

自"终身学习"理念被提出后，德国就极其注重终身学习体系的发展。本章对德国高质量终身学习体系进行了系统性的研究。首先，进行背景分

---

① 彭学琴、张盼盼：《德国教师专业伦理建设探析——基于〈德国教师教育标准：教育科学〉的分析》，《中国成人教育》2019 年第 22 期。

析，指出终身学习是历史的产物也是现代社会发展的必然。其次，从萌芽期、发展期、成熟期梳理了德国高质量终身学习体系的历史，并分析了其现状。再次，从政策制定等方面入手，从整体上探讨德国高质量终身学习体系的基本架构。最后，总结出德国高质量终身学习体系的四大特征，分别是实现完善的政策保障和有效的管理形式、提供合理的教学设计和过硬的教师队伍、运用先进的技术手段和智能的学习平台以及建设人性的教学环境和严谨的研究机构。

第七章　韩国高质量终身学习体系
发展研究

21 世纪，教育国际化、信息化的发展趋势越来越快。伴随云计算、大数据、人工智能和虚拟现实等的快速发展，新兴技术已经渗透到社会的各行各业。传统工业社会教育的重点是培养技能型人才，现已难以适应信息时代对个性化、创型人才的需求，全球工业社会向知识型社会发生了转变，国家竞争焦点也发生了根本性的变化。与资本和劳动力等传统生产手段相比，知识、技术以及创造性思想等无形资产的重要性大大提高，对"知识工作者"所产生的独特价值成为一个国家竞争力的关键因素[①]。在此背景下，各国加大了对终身学习的研究与实践。

第一节　韩国高质量终身学习体系的背景分析

近年来，随着社会的变革与转型、终身教育和学习社会理论的发展以及联合国教科文组织等国际组织的相继推动[②]，终身学习的理论逐步形成，并

---

① Kim J. S.，"Development of a Global Lifelong Learning Index for Future Education"，*Asia Pacific Education Review*，Vol.17，No.3，August 2016，pp.439–463.

② 吴遵民：《终身学习概念产生的历史条件及其发展过程》，《教育评论》2004 年第 1 期。

且朝着更加开放、更加包容的方向发展。全球众多国家结合本国发展的实际情况，逐步将终身学习提上议程。为解决各种经济和社会问题，韩国开始推进终身教育。韩国于2002年出台了第一个"终身教育促进计划"（Lifelong Education Promotion Plan），并每五年更新一次。2022年，韩国制订了第五个"终身教育促进计划"（2023—2027年），其以构建"人人享有的终身学习社会"为愿景，以"终身学习的伟大变革"为口号，旨在让每个人为数字化转型和老龄化社会带来的变革做好准备。

　　从颁布《终身教育法》，到推广终身学习城市项目，再到开发在线学习资源，韩国在数十年的探索中逐步构建较为完善的终身学习体系。根据欧洲终身学习指标（European Lifelong Learning Index，ELI）和全球终身学习指标（Global Lifelong Learning Index，GLLI）的数据，韩国的终身学习指数较高①，处于各终身学习国家中第22位，是27个终身学习强国之一。此外，基于终身学习指标，与其他国家相比，韩国在终身学习四大支柱方面的优势也是比较明显的。②总体上，韩国的终身学习体系比较完善且处于世界各国之间较领先的位置，主要体现在完善的基础设施、丰富的学习资源，以及优质的师资力量等方面。

第二节　韩国高质量终身学习体系的历史考察

　　终身学习体系的构建，与一个国家的基础设施、教师资源和人民学习意识等种种因素有关。韩国的终身学习起步较早，在20世纪60年代便开始，

---

　　①　Juseuk K.，"Analysis of the Lifelong Learning System according to the Global Lifelong Learning Index（GLLI）"，*Journal of Learner-Centered Curriculum and Instruction*，Vol.20，No.2，February 2020，pp.1–28.

　　②　Juseuk K.，"Analysis of the Lifelong Learning System according to the Global Lifelong Learning Index（GLLI）"，*Journal of Learner-Centered Curriculum and Instruction*，Vol.20，No.2，February 2020，pp.1–28.

经过六十多年的努力，韩国的终身学习体系已经趋于完善。以下将从韩国终身学习的发展历史以及现状两角度进行阐述。

一、韩国高质量终身学习体系的发展历史

由于历史原因，韩国早期较多接触到西方国家的教育理念，其中包括终身教育理念。因此，韩国对于终身学习的研究起步较早。但是，韩国起初主要是为了扫除成年人中的文盲，后来才逐渐推广到全民的终身学习。在政府以及社会各界的共同参与下，依托完善的基础设施，韩国的终身学习发展非常迅速，如今已经形成了完善的终身学习体系。韩国高质量终身学习体系的发展主要经历了起步期、发展期、成熟期三个阶段。

（一）起步期：社会教育到终身教育的转变

1945 年，光复后的韩国政府，开展基础教育以及成人扫盲行动。1956 年，在"韩国的民主发展与国民教育的课题"的学术活动上，韩国政府主要强调了社会教育的问题。在这之后，韩国政府积极关注社会各界中不同类型的教育，包括继续教育、非正式教育和成人教育等。韩国政府把这些不同类型的教育统称为社会教育，也就是后来的终身教育。

韩国的社会教育专责组织由文教部的文化局负责，文化局内有成人教育科、教导科、生活改善科、艺术科和体育科等。以扫盲为中心的成人教育由成人教育科负责，以文化活动为中心的社会教育政策由教导科负责。通信教育机构是以通信消除地域、经济或其他环境的不均等，实行均等的社会教育，是为提高整个社会的教育文化水平作出贡献而设立的机构。通信教育机构可以根据文教部长官的规定收取手续费，但不得以营利为目的。在函授机构的设立方面，培训员和成人学校得到监督厅的认可，设立了函授教育部。

20 世纪 70 年代，韩国引入了终身教育的概念，并且在 1980 年修改的

宪法中明文规定了国家振兴终身教育。在这一背景下，1982 年，韩国政府出台了《社会教育法》。但是，教育改革委员会于 1996 年 8 月全面修改了《社会教育法》，并提出将其改编为《终身学习法》。确定的主要内容是全面扩编现有的社会教育法，但是围绕终身学习法的地位曾有许多争论，所以政府确立的不是终身学习法，而是终身教育法，对法律的内容也进行了修改，向国会提交了修改案。直到 1999 年 8 月才在国会正式会议上通过并制定了《终身教育法》。当时的《终身教育法》明确规定了终身教育专门机关的设置。此后，韩国于 1999 年废除了原有的《社会教育法》，制定了《终身教育法》，从制度上为保障国民终身学习权的各项条件奠定了基础。期间，韩国为了推广终身教育开设了广播函授大学和开放大学，广播函授大学主要进行远距离教育，开放大学则从事继续教育。此后，随着《终身教育法》的出台，韩国对终身教育和终身学习的发展由此展开。

（二）发展期：终身学习网络的构建

随着《终身教育法》的提出，韩国加大对终身教育的研究和推广，并通过制定相关的政策文件对终身学习体系的构建提供有力的支持。

首先，在基础设施的建设方面。韩国政府颁布了《促进和扩展电脑网络使用法案》，使韩国整个核心网络的建设得到了有效的保障。1996 年，韩国政府也开始着手开展教育信息化计划，出台了《促进信息化基本计划》，随着时间的推移以及韩国在线教育基础设施的发展建设，韩国也相应地对《促进信息化基本计划》进行了修订和完善，最终在 1999 年制订了韩国未来五年的教育发展计划。同年，又发布了《网络韩国 21 世纪计划》。到 2000 年年底，在韩国政府的各项支持下，所有学校都配备了多媒体设施，所有学校都建成了校园网络系统。同时，韩国已经形成了以互联网为核心的信息化网络系统，在韩国境内教室、教师办公室、电子图书馆等各级各种学校的各类部门进行了全覆盖。

其次，终身学习城市的建设。韩国政府不断向大众普及终身学习的思想，并且在部分城市开始进行终身学习城市的建设。韩国终身学习城市事业是以 1999 年光明市首次发表的《终身学习城市宣言》为契机正式启动的。政府以 2000 年为起点，对活跃地区发展继续教育表示了积极的关注，之后，作为国家政策的终身学习城市建设工作由此展开。①2001 年，经各市道教育厅推荐，京畿道光明市、大田广域市儒城区、全罗北道镇安郡被韩国教育部选为试点地区。在这一时期，组成示范事业只是简单地以每个地区支援 2 亿韩元来制定和推进事业计划的方式进行。② 自这 3 个地区开始实施终身学习城市建设后，市、郡、区基础自治团体对其的关注度越来越高。2002 年，韩国制订了《第一次终身教育振兴综合计划（2002—2006 年）》，其中的五大方向包括了"地区终身学习文化振兴"，这促使地方自治团体对终身学习事业的关注开始增加。2002 年，韩国新指定了 3 个地区，2003 年新指定了 5 个城市，2004 年新指定了 8 个地方自治团体。由于地方自治团体的持续关注，2005 年，韩国又新指定了 14 个终身学习城市。教育部决定到 2010 年止，共建设 100 个终身学习城市，并到 2007 年为止，将事业管理进一步精细化。③

最后，在线教育的推广和发展。为了加大对终身教育、终身学习的推广，扩大国民终身学习的机会，基于广播函授大学和开放大学的成功经验，韩国加大了对国家在线教育的研究，主要包括网络大学的建设、在线学习平台的开发和使用、网络的资源的开发和整合等。

---

① 정성지，최수정，"평생학습도시 연구동향 : 2003 년 -2017 년 국내 학술지 게재 논문 대상으로"，농업교육과 인적자원개발，Vol.50，No.2，2018，pp.73–104.

② 정성지，최수정，"평생학습도시 연구동향 : 2003 년 -2017 년 국내 학술지 게재 논문 대상으로"，농업교육과 인적자원개발，Vol.50，No.2，2018，pp.73–104.

③ Kwon I.，"The Management System and Development Tasks for Policies of the Lifelong Learning City in Korea"，*Andragogy Today International Journal of Adult & Continuing Education*，Vol.8，No.3，2005，pp.11–13.

（三）成熟期：韩国进入泛在学习时代

这一时期韩国社会已经成为一个以知识为导向的社会，并且进入了泛在学习（U-Learning）时代，终身学习体系已经渐渐成熟。该阶段终身学习的方向是以自我为导向，其中主要包括以下几个工作任务：探究和开发适应未来教育的新型教育范式；把信息通信技术和韩国传统教育进行深入的融合；扩大大学在线学习中心地的建设和支持；加大与各国之间的教育信息化的合作与交流；全面推进终身学习城市建设项目。此外，在政府的大力支持下，韩国公共教育部门和企业开设了部分网络大学、网络多媒体学院和虚拟学校等，让学习者完全进行网络学习。总的来说，这一阶段韩国主要有三个目标：培育创造性学习的国民；构建终身学习型社会；建设地区学习共同体。为了实现上述三大目标，韩国又设定了四个基本领域，并且每个领域都提出了相应的推进课题。

首先，以大学为中心，推进终身学习的发展。韩国为了促进终身学习体系的建设，扩大国民终身学习的机会，在各地区建设开放大学、网络大学，以及在各类高校实行终身学习项目等。目前韩国主要有建阳网络大学、庆熙网络大学、韩国网络大学和国际网络大学等21所网络大学。各类高等院校都开设了终身学习项目，为学习者提供相关的学习资源，主要包括了学术会议、课程内容、公开讲座等。此外，学习者基于韩国的学分信用系统和终身学习账户系统，可以实现终身学习的评价和认定，获得相应的学分。

其次，构建线上、线下的终身学习综合支援机制。一方面，为了支持学习者的终身学习，韩国政府建设了大量的线下终身教育机构、开放图书馆、终身学习馆等场所，同时配备了终身教育师，为学习者提供必要的辅导和支持。另一方面，基于强大的在线教育体系，韩国推出了在线学习平台、终身学习网站等线上支援机制。例如，自2014年以来，政府利用当地的社区服务中心或老年人中心，建立了"快乐学习中心"，让当地公民可以方便地接受终身教育。国家终身教育门户网站自 2014 年开始运行，让每个公民在任何时候或在任何地方都能更容易地学习和寻找终身教育的必要信息。随着这些项目的系统性建立，韩国成人对终身学习的参与率从 2007 年的 29.8% 上升到 2018 年的 42.8%，终身教育机构和项目的数量出现了显著的增长。

再次，支援为整合社会资源而推进定制型的终身学习。政府通过制定相关的政策对资源进行整合和设计，从学习者的需求出发，与企业、高校等社会组织进行广泛的合作推出了综合性的学习资源。例如，韩国公开课（Korea Open Course Ware，KOCW）。学习者可以根据自己的需要来进行学习。并且，政府为每个人提供了一个定制的项目，一般可以按年龄分类去进行终身学习。

最后，增加地区的终身学习参与。韩国已经进入了超级老年社会，并见证了婴儿潮一代的提前退休，人们对终身教育的兴趣得到了广泛的传播。为此，韩国提出了加大各地区对终身学习的参与。同时，将地区的终身学习育框架与地区的发展一起制定，对终身学习的城市的构建提出了新的要求。以前是在维持新指定地区数量的基础上，减少了各地区的支援金额，现在是根据终身学习城市的指定，在多年内给予一定金额以上的支援。与此同时，推进终身学习城市网络建设支援工作，将建设工作的方向确定为地区终身学习充实化的方向。截至 2017 年，已建成 153 个终身学习城市，随着地方自治团体学习环境的形成，地区居民的终身学习参与正在扩散。[①] 此外，政府实施了启动当地终身学习的政策。这一政策的推广是为了利用当地的潜力，而不是得到政府的直接支持，为那些错过常规教育课程的人设立的终身学习项目一直得到传播。这个项目的目的是为那些没有基本识字能力的人准备机会，让他们重新开始学习。

---

① 정성지，최수정，"평생학습도시 연구동향: 2003년-2017년 국내 학술지 게재 논문 대상으로"，농업교육과 인적자원개발，Vol.50，No.2，February 2018，pp.73-104.

二、韩国高质量终身学习体系的现状分析

韩国的终身教育包括六个领域的系统教育活动：补充教育、成人扫盲教育、职业教育、文科、文化、艺术教育和公民参与教育。后来人们对终身教育进行了延伸，形成了如今的终身学习。在此基础上，韩国也提出了构建高质量终身学习体系的目标。经过几十年的积极建设，韩国的终身学习体系已经比较完善，其中主要体现在以下几个方面。

第一，普及在线教育，终身学习机会进一步扩大。随着通信基础设施和移动设备的迅速发展，全社会的生活模式发生了巨大变化。韩国进入了超时空的信息共享时代，各种产业群或各个方面的工作和生活效率都在提高，这也被称为智能时代。由于韩国信息化程度较高，网络和数字技术的普及，使在线教育变得比以往任何时候都更易于管理和访问，人们能够使用电脑或者手机进行学习。各地教育机构都提供开放式课件、在线课程和在线学位。截至2022年9月，在韩国，以教育和学习为目的的在线用户有58.8%。2022年，韩国的在线学习市场价值约5.35万亿韩元，高于2021年的5.02万亿韩元，同比增长6.6%。在线学习市场之所以能够持续增长，主要是因为在线学习摆脱了时间和空间上的制约，创造了随时随地都可以学习的环境，从而扩大了终身学习机会，提高了学习质量。

第二，构建多元的终身学习认定机制。从1990年引入的自学学士学位考试，到1995年的学术信用银行系统和合作时间注册系统、2006年的终身学习账户（Lifelong Learning Account，LLA），再到2008年的终身学习大学项目，韩国终身学习的认定和评价是多元化的。例如，韩国的自学学位考试制度是通过对学习者的学习结果进行个别化考试检查的方法来进行的（如考试合格即可取得学士学位），也是基于通过自学取得学位的法律来实施的。2015年，韩国在11个领域开展了自学考试，其中包括国语国文学英语英文学、经营学法学行政学、幼儿教育学计算机科学、家政学、信息通信学、看

护学、心理学等。再以学术信用银行系统为例,其是指在大学及大学之外开展的多种形态的学习和各种资格培训都可作为学分进行认证,学分累积到一定的程度也可以获得学位。这是根据 1997 年制定和颁布的"学分认定法律"而设立的。到 2014 年,已累计注册 1070700 人(其中短期大学课程的注册人数为 479527 人)。①

第三,不断完善终身学习网络。韩国终身学习体系的构建是自上而下的。首先,国家层面制定了相关的法律文件规定了终身学习的发展方向和规划,如《终身教育法》《振兴终身学习综合计划》《终身学习法》等。其次,为了响应国家制定的总规划,政府出台了相关的政策文件进行具体化,从基础设施的建设,到师资队伍的建设,再到终身学习方式的选择等都有明确的规定,并提供了相应资金的支持。再次,在国家大的政策的支持和调控下,区域政府、企业和高校等社会各界组织都积极投入到终身学习体系的建设当中,如区域终身学习院的建设、技术的创新、资源的开发等。最后,对学习者和教育者进行相关技能的培训,帮助他们树立终身学习的意识。此外,建立严格的终身教育教师的资格认定和评价机制,加大对师资队伍的高质量建设。

第三节　韩国高质量终身学习体系的基本架构

从以上对韩国终身学习体系的历史考察,可以发现,韩国在很早之前就已经开始实施终身学习行动,且发展较迅速,在追求速度的同时,保障质量。如今,韩国的终身学习体系已经比较成熟,可以满足韩国全体公民的终身学习需求。

---

① Kwon I., "The Management System and Development Tasks for Policies of the Lifelong Learning City in Korea", *Andragogy Today International Journal of Adult & Continuing Education*, Vol.8, No.3, 2005, pp.11–13.

一、韩国高质量终身学习体系的政策制定

终身学习所倡导的是全民参与的学习，然而起初人们对于终身学习理念的认识还不足，终身学习的重要性还没有被全社会普遍认识。为此，韩国制定了相关的政策文件来进行引导和约束，促进国家终身学习体系的构建。

（一）韩国终身学习体系的资金援助政策

为了减轻学习者在进行终身学习过程中所产生的费用负担，或者说为了帮助学习者更好地享受终身学习服务，韩国颁布了一系列的资金援助政策。从 2009 年开始，韩国教育部推出了全面的教育费用支持系统，为低收入家庭的学生综合提供学费、膳食、课外项目门票和沟通费用。在这四个领域中，教育部分别提供了相应的财政援助。教育部总共拨出了 8417 亿韩元的预算，以帮助新贫困阶层和低收入阶层学生的终身学习。考虑到目前的经济状况可能导致需要教育费用支持的学生的数量会迅速增长，教育部还计划发展一套系统，能够以地方教育财政的形式快速分配特别补贴。同时，2009年，韩国对高等教育学生的补贴也设定为 8456 亿韩元，比 2008 年的预算增加了 3777 亿韩元。

政府在 2012 年还启动了一个国家奖学金项目，以确保任何有愿望和能力的人接受高等教育的机会。根据这个项目，奖学金是根据家庭收入水平发放的，大学被要求资助他们自己的奖学金项目，并避免提高学费。此外，2018 年，韩国国立大学和公立大学还取消了大学入学费。私立大学的入学费将于 2022 年被取消。政府将学生贷款利率从 2.2% 降到 2020 年第二学期和 2021 年第一学期的 1.7%，进一步降低了学生和家长的财政负担。此外，新冠疫情期间，韩国政府为了保障全民终身学习服务，免除了移动数据的收费，并放宽版权规定，以促进教材的开发。在与文化、体育和旅游部以及版权保护组织协商后，韩国将放宽版权法规，直到疫情结束。

（二）韩国终身学习体系的技术扶持政策

从当前经济社会发展来看，信息化和数字化的快速发展促使了社会各个行业也在不断地更新变革，对于终身学习而言，其中最重要的一环就是要解决学习者学习时间和空间限制的问题。只有打破了时间和空间的限制，全民才可以更加便捷地进行终身学习。为了打破这一限制，就需要一系列的技术提供支撑，而韩国正是充分利用了强大的新兴技术的优势。为了加快技术革新和发展，韩国颁布了大量的政策文件。

20 世纪 70 年代，韩国政府就已经认识到了信息技术的发展和应用。为了扩大公民终身学习的机会，韩国实施了信息通信技术教育综合计划，主要由韩国教育人力资源开发部门组织负责。1995 年，韩国政府颁布了《信息化促进基本法》以保障整个计划的实施。在整个教育信息化计划实施的过程中，韩国政府着重加强了以下三个方面的建设：一是信息化基础结构；二是基于信息化基础结构所得到的资源；三是信息化基础结构以及资源的管理。随着信息通信技术的累积和深入，韩国的教育更加多元，其中最显著的就是在线教育稳定而快速地发展。在线教育的发展也为韩国实现全民终身学习、构建高质量终身学习体系提供了有力的支持。此外，政府为了各级各类不同学校的信息化和数字化建设，出台了各类的发展规划，如《ICT 教育总规划》《ICT 学校教育促进计划》等。①

（三）韩国终身学习体系的认定政策

1998 年，韩国国家终身教育研究所建立了教育学分信用系统（又称学分银行系统），并出台了《信贷授予法》政策文件。该政策的主要目的是供未受过大学教育的人员通过完成公民教育培训机构的课程和课程任务，在大

---

① 陆瑜：《韩国 ICT 教育计划》，《中国远程教育》2007 年第 7 期。

学进行兼职注册，通过自学考试获得各种职业许可证或获得学分和学位。

韩国从 1998 年开始运行教育学分信用系统，并在 2008 年对内容进行了进一步界定。为了使任何人在任何时间和任何地点都能接受自己喜欢的教育，韩国教育改革委员会在 1995 年颁布的《教育改革案》中明确了学分银行制的目标，即服务于"开放的教育社会"和"终身学习社会"。在学分银行制下，在校外进行的多种形式的学习也可以被承认为学分，学习者将其累积起来，达到一定标准就可以取得学位。随着学分银行制的实施，大学继续教育院在非学位课程、教育课程、证书课程和职业能力教育中增加了学位课程。学习学分银行制课程的人必须有高中以上的学历，课程对任何人开放。此外，还开设和运作了专门针对妇女或针对老年人的课程，有性别或年龄上的限制。韩国在第一批 61 个教育培训机构中开设 274 个学习科目，并从 1998 年开始扩大到 181 个教育培训机构，开设了 11319 门学习课程供运营。在实施的第四年，评价和认定了 336 个机构、8125 个学习科目，其间培养了 7963 名专业学士和学士。随着全民终身学习理念的提出，韩国的教育学分信用系统已经广泛应用于不同类型的教育中，促进了韩国终身学习型社会的构建。①

二、韩国高质量终身学习体系的师资配备

在推进全民终身学习、构建高质量的终身学习体系的过程中，师资配备也是一个非常关键的因素。早在 20 世纪 90 年代，韩国政府就加强了终身学习教师的管理和培训，其培训主要内容主要是信息技术的应用、网络技术的应用以及终身学习能力的培养等。韩国通过教育部发文和立法来加强管理和约束，例如《社会教育法》和《终身教育法》。除此之外，韩国对教师的选拔和资格的审核也有非常严格的要求。以上措施为韩国构建高质量终身学习

① 吴春玉：《韩国终身教育发展特点的研究》，《煤炭高等教育》2008 年第 2 期。

体系提供了支持。

（一）严格的教师资格审核机制

韩国把从事终身教育事业的专业教师称为终身教育师，且对于终身教育师的资格认定和选拔有着非常严格的机制。根据韩国终身教育法第 19 条第 24 款，终身教育师，是负责终身教育的规划、实施、分析、评价及教学业务等终身学习相关业务的专家。[①] 韩国把终身教育师分成了三个不同的等级，每个等级所需要的资质都不一样。韩国也是通过《终身教育法》明文规定了不同等级的终身教育师所需的资质，包括学历、应修课程和个人经历等。各个终身教育师也需要在相关的认定机构进行资格认定。首先，三级终身教育师有学分要求。例如，在大学或信用银行机构完成 21 个学分以上的终身教育相关课程并获得学位的人可以取得三级终身教育师资格。[②] 其次，二级终身教育师有学分和学位要求。例如，在研究生院完成至少 15 个学分的必修课程并获得硕士学位或博士学位的人可以取得二级终身教育师资格。最后，一级终身教育师还有从业年限的要求。在获得终身教育师二级资格后从事终身教育相关工作 5 年以上，并完成国家终身教育振兴机构开办的一级晋升课程的二级资格人员，可以获得终身教育师的一级资格。在整个资格认定的过程中，相关人员必须完成必修课程，对应的选修课程以及参加终身教育实习需要达到对应的时长之后，才可以获得相应的资格。

（二）多元的师资队伍建设

韩国终身学习体系中的师资队伍建设朝着多元化、专业化和综合化的方向发展。师资队伍主要分为专业教师和非专业教师两大类：一方面，专业教师主要指终身教育师。其全面负责包括终身教育项目的规划、实施、分析、

---

① 梁荣华：《韩国"终身教育师"制度介评》，《中国远程教育》2017 年第 5 期。
② 梁荣华：《韩国"终身教育师"制度介评》，《中国远程教育》2017 年第 5 期。

评价及教学业务等工作。《终身教育法》第 17 条规定了终身教育师的职务范围，明确规定为教育振兴相关事业计划等。终身教育师负责开发、运营、评价终身教育课程，并负责教授终身教育相关内容。即作为终身教育课程的开发者、运营者、评价者、教授者的角色，并且分析终身学习者的教育需求并开发出相应的教育方案的程序员，是开发的终身教育方案有效的运营者，是对完成的终身教育项目的整体事项进行分析、评价并反馈的评价者，以及作为终身教育者对学习者进行教育的教授者。另一方面，从事终身教育的非专业的教师主要包括学校兼职教师、企业教师、志愿者教师，以及外聘专家等等。他们主要负责学生的终身学习的教学任务，或者是相关辅导的服务，在学习者的学习过程中提供一些必要的支持。

在师资配备方面，主要是对终身教育师的配备，而非专业的教师没有严格的要求。韩国国家终身教育振兴院官网公布的数据显示，截至 2018 年 12 月，持有终身教育师资格证 1 级的有 780 人，2 级有 122112 人，3 级有 7504 人。其中 5397 名终身教育师被分配到 3328 个终身教育机构，执行终身教育业务。《终身教育法》对终身教育师的配备提出了基本标准：一是在各个省级地区终身教育部门需要配备的终身教育师人数在 5 人以上，其中至少包括 1 名 1 级终身教师；二是在各个市、郡、区的终身教育机构，当正式员工达到 20 人时候至少需要 2 名以上的终身教育师，若员工没达到 20 人，至少需配备 1 名；三是其他各类终身教育机构至少配备 1 名终身教育师。

三、韩国高质量终身学习体系的资源开发

韩国高质量终身学习体系的建设离不开丰富的资源作为保障。在韩国，政府、学校、社会各界组织共同参与到资源的开发建设当中，并取得了不错的成效。以下将从不同的角度来阐述韩国高质量终身学习体系的资源开发。

（一）高质量保证资源开发

韩国政府为了保证终身学习相关学习资源的开发，做了充分的准备。第一，构建了完善的基础设施，以保证资源高质量、高效率地进行开发。早在20世纪70年代，韩国就开始着手准备国家基础设施的建设，其中就包括了韩国教育信息化的建设，并在20世纪末基本完成。其间，韩国建设了全国中枢网络系统、校园网络系统以及学校配备多媒体设施，形成了以互联网信息高速公路为骨干、覆盖了全国各地各级各类学校的各级部门（包括教室、教师办公室、电子图书室、电脑机房）的教育信息化网络系统。韩国的网络质量也非常高，政府将资金大量投入网络基础建设中，使韩国宽带速度已领先美国15年。

第二，大量的资金投入和政策支持。在资源开发建设这一过程中，需要耗费大量的人力和财力。为了保证终身学习体系资源建设的有效进行，韩国投入了大量的资金。根据《韩国教育2020》文件，韩国的教育支出达到了 GDP 总值的 3.7%。同时，韩国采取了相关的政策以支持大学、企业和政府积极地开发学习资源。主要包括对新兴技术的开发以及技术在教育中的应用、终身学习课程的开发等。

总之，韩国发达的基础设施为整合教育资源、共享教育资源和开发教育资源提供了必要的条件，并且大量的资金支持和政策调节保证了学习资源的高质量开发。

（二）多方面参与资源开发和整合

在完善的基础设施、完备的政策以及大量的资金的支持下，韩国终身学习体系的资源开发能够快速且高质量地展开。纵观来看，韩国形成了政府、企业和学校相结合的学习资源开发体系。

首先，政府层面。一方面，韩国政府为了扩大终身学习的机会，满足不同学习者终身学习需求，积极建设了开放图书馆、开放大学和学习社区等终身学习机构。学习者可以根据自己的需求选择适合自己的学习机构。另一方面，积极开发整合相关的学习资源。韩国政府有专门负责学习资源管理的部门，其职责包括相关资源的开发，如学习课程的设计和开发。此外，还需对于学习资源进行有效的整合并合理安排分配，使终身学习机会更加均等，促进资源的共享。

其次，企业层面。在韩国政府的资金和政策支持下，韩国终身学习相关企业也获得了蓬勃发展。例如，韩国著名的 Megustudy、CMSedu、Bravecompany 等公司，在网络教育、在线教育和终身教育等领域一直处于全国领先水平。通常企业会根据市场需求和政策导向进行资源的开发。以 Megastudy 为例，在开发课程资源这一方面，Megastudy 会根据学习者、教师、教学内容等不同的角度来开发相应的课程体系。将课程体系按照课程难易程度和教师风格划分。哪些教师能激发学习者的学习兴趣？哪些教师授课只针对水平较高的学生？这些问题都会在 Megastudy 的网站上有详细的说明，同时每个课程也会注明适合哪种性格、成绩在哪个阶段的学习者学习。除了提供不同形式的课程资源之外，企业也会在各地设立信息中心，帮助地方社区的建设等，以促进终身学习社会的构建。

最后，高校层面。韩国的高等教育一直以来都强调发展全民终身学习。许多大学和学院努力建立自己的网络营地，为其课程开发了各种形式的学习内容，并发布在学校的终身学习网站上。其中，10 所大学被韩国政府指定为"区域大学电子学习中心"。这些中心的目标是促进数字化学习内容的发展和共享，以便于全民进行终身学习。以韩国忠南大学（Chungnam National University，CNU）为例，忠南大学数字化学习中心的主要任务是开发与课程对应的数字化学习内容。为此，该中心运行了一个数字化学习内容开发支持方案，中心通过该方案选择建议，并为开发数字化学习内容提供财政支持。该方案有两种赠款：一种是政府补助，另一种是大学补助。前者是针对具有基本学术取向的学科，包括文科领域和人文学科，所有参与大学的教授都有机会申请助学金。后者只提供给全国大学的教授。对于选定的建议，提供350万韩元用于课程开发。一些内容的开发由专业机构协助，但大多数内容是由教授自己使用开发援助软件开发的，如 ActiveTutor、Expert、Presto 和 Commones。[①] 在每个过程中，一份原稿可以由专业的网页设计师重新设计和改进。近年来，一些用特殊软件开发的内容形式被加载到智能手机上，学生可以在任何地方方便地访问这些内容。此外，淑明女子大学（Sookmyung Women's University）运营的 SNOW、高丽大学（Korea University）的 OpenKU、成均馆大学（Sungkyunkwan University）的 SKKOLAR 等公开授课网站都提供了不同类型的学习资源。淑明女子大学主要提供人文、社会、基础科学、应用科学、文化领域国内外讲座汇集公开资源，包括 Berkeley、Stanford、Yale 等国外知名大学提供的演讲，学习者无须登录即可自由听课。高丽大学提供讲义研讨会以及相关视频，让普通人也可以共享自己制作的资料或参与翻译。成均馆大学主要提供海外优秀授课，提供翻译或让学习者参与讲座讨论。总之，各地高校都根据自身的特色开发出相应的课程并实现共享，供学习者学习，学习者也可以依托学分信用系统进行认定并取得相应的学分和合格证书。

四、韩国高质量终身学习体系的组织管理

为对终身学习体系进行有效的组织管理，韩国成立了终身教育振兴院，并通过教育与人力资源发展部来推进终身学习体系的建设。

[①] Han I. S., Oh K. Y., Lee S. B., "Promoting E-Learning in University Education in Korea：The Role of Regional University E-Learning Centers", *International Journal of Contents*, Vol.9, No.3, September 2013, pp.35–41.

（一）韩国终身教育振兴院

韩国国家终身教育振兴院成立于 2008 年 2 月，是贯彻落实终身教育政策、振兴终身教育的综合机构。主要负责国家级终身教育促进项目、终身教育工作者培训、终身教育综合信息系统建设、终身学习账户系统、各级终身教育促进机构、终身学习城市振兴、学分银行系统和自学学位系统建设管理等多领域工作。此外，韩国终身教育振兴院通过终身教育券制度、全国扫盲教育中心和中央多元文化教育中心等严密的学习安全网，始终如一地实现"全民终身教育、全民终身学习"的使命。此外，对于弱势群体，包括残疾学生，韩国终身教育振兴院也给予一定的支持。近年来，随着非面对面社会和数字化转型的加速，教育创新的步伐正在加快。变革的步伐正在加深教育和经济以外所有领域的两极分化。韩国终身教育振兴院也旨在在这个大变革时代建立一个不落伍的包容性社会，将终身学习的机会给予更多人，为未来的教育提供丰富的机会。

（二）教育与人力资源发展部

韩国教育与人力资源发展部是中央一级的教育行政部门，也是政府一个组织机构。其主要的职责是组织开展一些相关的学术研究、参与部分政策的制定和实施等。通过计划、协调、制定教育政策来管理国家各层各级的教育，对各层各级的学校的各个方面提供相应的支持，支持地方教育办公室和韩国国立大学，运行教师培训系统以及负责终身教育和人力资源的开发。在韩国高质量终身学习体系的构建过程中，教育与人力资源发展部起着十分重要的作用，通过制定相关的政策、提供相关财政支持、提供丰富的学习资源进行组织和管理。一方面，在教师方面。韩国非常注重对人力资源的培养，对教师也提出了更高的要求，韩国政府每年都会通过相应的政策鼓励教师积极参加相应的培训，其中教育与人力资源发展部也是参加了相关培训方案的设计、实施以及管理。另一方面，在课程资源方面。教育与人力资源发展部对国家的课程进行了宏观调控，以促进教育的公平公正。

第四节　韩国高质量终身学习体系的主要特征

基于以上对韩国高质量终身学习体系的历史和基本框架的分析，从几个方面总结了韩国高质量终身学习体系的主要特征。

一、以完备的政策和有效的法律为保障

一方面，从终身学习理念的提出，到终身学习体系的构建，再到学习社会的建设，韩国自始至终都通过制定相应的法律制度来进行有效的保障。第一，通过相关法律向国民普及终身教育、终身学习理念。早在 1983 年，在韩国通过修订的宪法中就已经提出了终身教育的思想。其中第 31 条第 5 款明文规定：国家需要倡导终身教育。同时，《韩国教育法》《终身教育法》以及后来的《终身学习法》中都强调了终身学习的重要性，并且倡导全民终身学习。① 第二，通过相关法律保障国民终身学习机会。在韩国，无论性别、地位、年龄，全民都应当享有终身学习的机会。随着韩国特殊人群数量的不断增加，韩国对于特殊人群的终身学习权利也更加重视。韩国政府也是制定了相关的法律对这部分人群进行保障。例如，《关于残疾人等的特殊教育法》规定了扩大残疾人获得终身教育机会的方案以及制定和研究残疾人终身教育方案（第 33 条第 3 款）、在终身教育团体和终身教育设施内设立和运作残疾人终身教育课程（第 33 条第 4 款）等。②

另一方面，终身学习体系具有综合性和复杂性，构建完善的、高质量的

① 梁荣华：《韩国"终身教育师"制度介评》，《中国远程教育》2017 年第 5 期。
② 지은，"국내외 장애인 평생교육 정책 비교를 위한 탐색적 연구"，교육문화연구，Vol.25，No.2，April 2019，pp.433–450.

终身学习体系是一个长期且艰辛的过程。为此，需要自上而下进行广泛的参与和协作，在这其中需要一个总的方向，而这就需要政府政策上的引导。[①]同时，构建高质量的终身学习体系是一个需要耗费大量人力、物力和财力的过程。政府相应的政策，包括资金资助政策、资源调配政策等，例如《终身教育规划》《终身学习振兴计划》《终身学习城市建设》，都给高质量终身学习体系的构建提供有力的支持。[②]

二、以服务全民大众为导向

保证全体公民都享有终身学习机会，促进全民终身学习，建设全民终身学习型社会一直是韩国终身学习发展的重要理念。自 20 世纪 70 年代以来，在全球呼吁教育公平的背景下，韩国政府于 1981 年提出优先教育政策和教育资助政策，逐步设立优先教育区、优先教育网络以及提供教育补贴，为条件相对落后地区的低收入家庭的学生提供享受平等的教育资源的机会。当终身学习体系逐步形成后，韩国政府决心努力实现教育公平，使终身学习真真正正成为人们的普遍权利。

一方面，加大基础设施的建设，缩小区域数字鸿沟。地区经济的发展水平的差异必然会造成教育资源在获取、基础设备、网络服务等方面的差异。为此，韩国采取了一些的措施，来缩小因区域数字鸿沟而产生的差异。2001 年，韩国政府通过《ICT 教育总规划 2》，明确规定了农村地区数字化建设的总要求。其中，主要包括了完善地区的信息化基础设施，建设开放图书馆、终身学习机构、学习社会等。此外，韩国在全国 100 多个邮局开设了"网络广场"，免费为大众提供服务，供人们进行信息检索和学习等。

另一方面，保障特殊人群的终身学习权利。韩国的特殊教育政策所涵盖的特殊教育的范围，正在超越学龄期，呈现出以提供涵盖整个生命周期的残

---

① 吴遵民：《终身学习概念产生的历史条件及其发展过程》，《教育评论》2004 年第 1 期。
② 韩民：《我国终身学习体系形成发展的回顾与前瞻》，《终身教育研究》2019 年第 1 期。

疾人终身教育服务为导向的趋势。[①] 在特殊教育政策的支持下，韩国政府在福利机构或者学习社区设置终身学习点，以供特殊人群使用。同时，根据残障人士的不同类型，韩国开发了残疾人专用终身学习系统，主要是线上的形式。基本的学习内容包括文本、图片、视频等。该系统考虑到残疾学生的特点，以适当的形式为残疾学生提供服务。聋哑人学生们的学习内容可以在视觉上表现出来，通过储存的讲义资料用电脑画面观看录像和文本；而盲人学生可以通过电脑耳机听到教师的声音，并且可以通过在网络上使用声音呼叫系统与教师进行交谈。此外，听障学生可以通过聊天系统进行通信，可以与教师进行 1 对 1 的双向通信。[②]

总之，韩国充分考虑到了全民的终身学习需求，以服务全民大众为导向，推进高质量终身学习体系的建设。

三、以发达的信息技术为支撑

先进的技术对于高质量终身学习体系的构建具有不可忽视的作用。韩国的信息化意识较高，早在 20 世纪 60 年代，韩国就已经开始推动信息技术在教育的应用。凭借其完善的基础设施、政府的资金和政策的支持，韩国的信息技术得以迅速发展。在先进和多样的技术基础上，韩国的终身学习体系快速建立起来，并逐步成熟。

一方面，互联网技术的发展，为终身学习体系的构建提供了有利的条件。韩国人口密度高，居住环境密集，适合超高速网络普及。韩国的家庭拥有世界较高水平的上网能力，任何人都可以拥有上网的环境。在政府的积极投资和有力支持的前提下，伴随互联网商用服务的启动，韩国互联网的普及

① 지은，"국내외 장애인 평생교육 정책 비교를 위한 탐색적 연구"，교육문화연구，Vol.25，No.2，April 2019，pp.433–450.

② Son Y. M.，Jung B. S.，"Convergence Development of Video and E-Learning System for Education Disabled Students"，*Journal of the Korea Convergence Society*，Vol.6，No.4，August 2015，pp.113–119.

率迅速上升。2013 年，除无线网络外，韩国家庭的互联网普及率为 79.8%，计算机保有率为 80.6%。截止到 2022 年 9 月，韩国以教育和学习为目的的在线用户为 58.8%，这表明在线学习已成为韩国一种普遍的教学和学习方式。在线学习的发展和普及，突破了学习时空的限制，扩大了学习者终身学习的机会，使学习者可以随时随地学习，这也是终身学习的关键所在。因此，韩国互联网技术的成熟极大推进了国家终身学习体系的建设，为终身学习的全面铺开提供了有力的支持。

另一方面，多媒体技术的发展，优化了学习过程且提供了丰富资源。韩国依托其强大的多媒体技术为学习者提供了形式多样的学习资源。在学习资源的开发过程中，把图形、视频、动画和声音等多种信息进行综合使用，使学习资源形式多样，且学习内容重点突出、层次清楚、色彩逼真，具有丰富的表现力和感染力。韩国也通常利用多媒体技术建设一流精品课程。此外，多媒体技术的应用，优化了学习者的学习过程。学习者的学习不再局限于通过教师的讲授而获得，也可以通过视频、动画、图形等形式的资源来进行。学习者学习的内容更加多样化，可以获得全新的视听感受，并且学习过程也更加方便和简单，可显著地提高自身的学习效率。

总的来说，互联网技术、多媒体技术等信息技术的发展以及在教育中的应用，扩大了韩国公民终身学习的机会。学习者也可以根据自己的需要进行个性化的学习，给韩国终身学习体系的构建带来了巨大的便利。

第五节　韩国高质量终身学习体系的研究总结

以韩国高质量终身学习体系的历史考察、基本架构和主要特征为参照，总结韩国高质量终身学习体系构建的成功经验。可以发现，韩国形成了完备的政策法规、丰富的学习资源和完善的基础设施。

一、完备的政策法规

纵观韩国高质量终身学习体系的发展历程，可以发现，韩国政府提出的政策和法律法规给终身学习的推进提供了持久的动力。首先，从激发民众的学习意识上看，通过《终身教育法》《振兴终身学习综合计划》等文件，明确提出了全民终身学习的理念。同时，韩国政府组织开展了各种有关终身学习的活动，如终身学习庆祝会、终身学习宣讲会等，开展此类活动的主要目的是向大众普及终身教育、终身学习的思想理念，同时激发学习者终身学习的兴趣。其次，从基础设施的建设上看，为了保证终身学习体系实现快速而稳定的发展，韩国通过《ICT 教育计划》《终身学习城市计划》等文件加大各地区的基础设施的建设，建设全国互联网系统、终身学习城市，在各地设置终身学习机构，创立区域大学学习中心，创办开放大学等。再次，从师资建设上看，韩国制定了严格的资格认定和审核机制。除了《终身教育法》以外，韩国政府还颁布了《终身教育法实施令》《终身教育法实施规则》《幼儿教育法》《高等教育法》《关于学分认定等的法律》等法律法规，对终身学习工作者的职业范围进行了规定。最后，从学习者的学习层面看，韩国通过了《学分信用法》和《终身学习账户》，对学习者的学习进行管理和认证。总之，在构建终身学习体系的全过程中，韩国制定了较为全面的政策文件和法律规定，这也是保证其终身学习体系高质量发展的重要条件之一。

但是，过于严格和死板的终身学习体系也不利于学习者进行全面的终身学习。这主要体现在：第一，韩国的教育及终身学习社会还不够开放，学生无法在学校间做更弹性的选择。第二，大学的入学测验非常严格，因此相当多的高中毕业生丧失了进入高等学校继续学习的机会。第三，终身教育教师的资格审核和认定过于严格，有"质"但没有"量"。

二、丰富的学习资源

韩国根据学习者的特征和社会需要开发了丰富多样的学习资源。一方面，在内容上，有不同领域的视频课程、音频讲座、研讨会等多种形式的多媒体教学材料。另一方面，在形式上，也是丰富多样的。像在线学习平台、基于移动设备的学习软件和高校的开放数字图书馆。总的来说，在韩国的终身学习体系中，从学习资源的内容到形式都是比较丰富的。但是，也存在几个问题。第一，现时的旧式课程开发策划未能匹配到学员的需要。第二，几乎所有的这些学习企业和服务都以 Web 方式和视频型教学的方式进行服务，内容也几乎类似，无法促进学习者的学习投入。第三，一直以来根据政府层面的政策支持不断扩大资源的数量，但由于开发和运营的一贯性，导致了内容质量较低。

三、完善的基础设施

一方面，韩国从国家层面颁布了相关的政策以支持教育信息化基础设施的建设。并且考虑到弱势群体的条件不足，韩国在全国 100 多个邮局开设了"网络广场"，在社区建立终身学习中心，在各地区设置终身学习院，免费为大众提供服务，供人们进行信息检索和学习等。网络环境的建设是在线教育的重要保障条件，更是推动终身学习的必需条件。另一方面，政府积极建立相关网络教学平台和在线学习系统，来提高终身学习的服务质量以促进其全面发展。例如，政府在高校设立的区域性电子学习支持中心、开设的网络大学以及基于国家特征开设的慕课等。多种多样的学习平台可以满足不同学习者的学习需求，学习者可不受时间和空间的限制而进行终身学习。

总的来说，韩国的基础设施整体上是比较完善的，但也有一些问题。第一，部分地区和部分学生还缺乏相关的设备。第二，数字设备的使用成本较高①。随着新冠疫情的发生，韩国政府认识到了其中的不足。教育部开始扩大公共基础设施，以确保所有学生都能成功地访问学习内容。主要包括以下几个方面：在在线学习网站等公共学习平台上设置了 47 万间在线教室；为了抵消任何数字鸿沟，数字设备被免费租给了 24.3 万名学生，并额外储备了 25.3 万台设备以应对紧急情况；对于缺乏数字技能的低级小学生，国家教育广播公司（National Education Broadcasting Corporation，EBS）增加了频道，并根据年级提供定制的学习；从 4 月开始，教师可以在课堂上使用 WiFi，到 2021 年年底，全国所有的小学、初中和高中都配备了千兆级的无线互联网。

随着新兴技术的快速发展及其在社会各行各业中的渗透，传统的教育培养模式已难以适应数字时代创新型人才的需求。为此，全球工业社会向知识型社会发生转变。各国加大了对终身学习体系的研究与实践，并提出了构建全民终身学习社会的愿景。在此背景下，本章首先对韩国高质量终身学习体系进行了历史考察，从起步期、发展期、成熟期梳理其发展历程。其次，分析了韩国高质量终身学习体系的基本框架。再次，总结了韩国高质量终身学习体系的主要的特征：以完备的政策和有效的法律为保障；以服务全民大众为导向；以发达的信息技术为支撑。最后，对韩国高质量终身学习体系进行了总结。

---

① 김미영，강훈，"성인학습자의 평생학습 행복지수에 관한 연구"，한국산학기술학회논문지，Vol.17，No.4，April 2016，pp.138–146.

第八章　加拿大高质量终身学习体系发展研究

21 世纪是以知识为基础的全球经济时代，未来社会的和谐繁荣与和平发展以及环境的改善，将取决于人们是否有能够作出正确选择、是否能够适应快速变化、是否能够找到快速应对挑战的可持续解决方案，教育和终身学习是解决这些问题的关键。终身学习体系涵盖了从幼儿时期到成年时期的所有学习，但它又超越了正式学习，延伸到非正式学习，是实现全民素质教育的基本方式。终身学习对消除家庭和地区贫困和社会经济发展至关重要，对任何国家来说，它是建设更包容、更公正社会的基础。

第一节　加拿大高质量终身学习体系的背景分析

在全球背景下，如何获取和使用信息已经成为在学习和工作中取得成功的重要因素。自 20 世纪 70 年代初以来，社会对知识型员工的需求快速增长。信息通信技术（Information and Communications Technologies，ICT）及其应用的指数增长挑战了传统意义上的识字概念，除了拥有阅读、写作、算术和口头交流技能外，人们需要精通多种技术和语言，才能参与到全球化和科技迅速发展的世界中来，而终身学习是实现这一目的的重要途径。

面对 21 世纪的全球性挑战，每一个国家都必须实现全民终身学习。联合国教科文组织自成立以来就一直关注受教育权，它认为要采取措施，为行使这一权利创造必要的条件。教科文组织的首要目标是实现全民素质教育，通过保障各国公民的受教育能力进而促进经济的繁荣发展。近年来，一些教科文组织成员在建立终身学习系统方面取得了实质性进展。然而，终身学习在每个国家的具体实践中是不一致的。①

自 20 世纪 90 年代末以来，很多国家都将公民的终身学习作为一项国策。加拿大也早就意识到终身学习的重要性。在政策文件《知识至关重要：加拿大人的技能和学习》中，加拿大政府明确表示，"为了保持竞争力并跟上技术变革的步伐，加拿大必须不断更新和提升其劳动力的技能"。加拿大的终身学习得到了新自由主义的支持，它使个人跟上全球化的经济和技术变革，并使加拿大保持竞争力。

加拿大是世界上受教育程度最高的国家之一，在终身学习方面有一定的优势。具体而言，其利用公共广播和公共图书馆支持在工作场所、家庭和社区的非正规学习，具有广泛的正规教育体系，在学习技术和远程教育方面也取得了重要进展，向最弱势群体提供帮助并努力促进教育公平。此外，加拿大在向全国提供高质量教育方面也是世界领先的。从全球来看，加拿大是高中毕业率最高的国家之一。从国家层面来看，公民识字率和学习水平较高的国家更有生产力，生活质量也更高。从个人层面来看，拥有更好知识和技能的人更容易获得成功，更容易成为领导者。

---

① Yang J., Valdés-Cotera R., *Conceptual Evolution and Policy Developments in Lifelong Learning*, UNESCO Institute for Lifelong Learning : Feldbrunnenstrasse 58, 20148 Hamburg, Germany, 2011, pp.115–118.

第二节 加拿大高质量终身学习体系的历史考察

加拿大的终身学习体系发展依赖于其各个时期政府、机构、组织所做的贡献，了解加拿大终身学习的历史发展状况，能够帮助我们明确加拿大高质量终身学习体系的脉络。

一、加拿大高质量终身学习体系的发展历史

加拿大的终身学习起步早于很多国家，其终身学习体系的发展至今有近60年的历史，本节将从发展历史和现状分析两个方面进行阐述。

（一）萌芽期：引进终身学习理念

1972年，《学会生存》报告倡导将终身教育作为发达国家和发展中国家教育政策的总体理念。这份报告是在1967年世界各地年轻人示威游行之后由联合国教科文组织委托编写的。它被视为国际教育政策转折点和乐观期的开始，它使人们认识到教育不再是精英的特权，也不再是一个年龄段的事情，而是普遍和终身的，这也意味着教育观开始转向人文主义。也正是在这个时候，终身学习思想被引入加拿大。终身学习思想中关于每个人都有机会通过学习实现自身潜能的观点，以及它能为社会、经济和政治的适应性提供必要基础的承诺，迅速吸引了许多人，尤其是政界和商界的领导。从20世纪70年代开始，受西方资本主义经济危机的影响，加拿大的经济也急剧回落。为缓解社会危机，联邦政府加大了失业人员再就业培训的力度。1980年，联邦政府对《成人职业培训法》进行了修改，代之以新的法规——《国民培训法》。该法规定联邦政府为公民（特别是失业人员）提供学习的各项费用以帮助他们获取技能，另外还资助一些紧缺工作技能的培训，帮助企业举办专业技能培训。该法规还对"成人"做了明确的界定：年龄超过义务教育法定结束年龄（各省义务教育年限不同，一般为12年）1岁以上，并且

脱离学校教育系统至少一年者。① 从 20 世纪 80 年代开始，加拿大政府就针对一些失业人员、贫困人员、年轻人以及重新就业人员进行培训，同时加强私营部门在联邦资助的培训方面的作用。

1992 年，加拿大的官方组织面向全体公民发表了《学习得好，生活得好》（Learning Well，Living Well）的教育报告，该报告分析了加拿大的教育现状，认为加拿大的人力资源开发利用不足，部分加拿大人没有认真对待学习。报告认为，加拿大要想在飞速发展的时代中一直处于发达国家的地位，就必须让公民进行终身学习，保证知识和技能的储备。报告中所提到的终身学习有以下几方面的特征：无论人们处于什么样的环境中，都要用尽可能多的时间去学习；各种学习活动应该被当作一种对未来的投资，而不是消费；政府鼓励企业把就业补助条件以及各项财政补贴和学习机制联系起来，从而促进公民积极参与终身学习以掌握知识和技能。② 报告制定了 20 世纪末要达到的一系列教育目标，其中最重要的一项是创立世界一流的终身学习体系，具体目标有：制定合理的终身学习评价制度和评估标准；为所有学龄前儿童提供必备的认知和技能准备；为教师以及学习者提供先进的仪器及各种设施，保障终身学习的实施；通过各种培训和辅导加强加拿大公民对终身学习的理解；鼓励企业增加为员工提高终身学习技能的培训费用。

（二）发展期：满足公民终身学习发展需求

从 21 世纪开始，终身学习作为一个优先发展的领域受到政府的高度重视。2001 年，加拿大工业部委托其下属的"在线学习咨询委员会"（Advisory Committee for Online Learning）展开调查，随即发表了题为《大学和学院的

① Giddings D.，Ahamad B.，Latour G.，et al.，*OECD Thematic Review on Adult Learning*：*Canada*：*Background Report*，Paris：OECD，2002，p.8.

② Human Resources Development Canada，*Learning Well*，*Living Well*（*Consultation Paper of the Prosperity Secretariat*），Ottawa：HRDC，1991，pp.12–16.

电子化学习革命：全加的挑战》的报告。报告认为，21世纪，个体的技能和知识水平很大程度上决定着个人的成功，乃至国家和社会的健康发展。在已到来的知识经济社会中，中学后教育的知识资源对地方及整个国家都发挥着基础性作用，加拿大人正面临着持续的中学后教育的需要。① 报告阐述了加拿大中学后教育机构面临的挑战，指出在线学习对于提高中学后教育的灵活性、适应性及质量，满足在校学生、成人学习者、在职人员的在线学习需求方面的重要性，以及利用数字网络实现中学后教育和培训对加拿大个人及社会的战略意义。报告指出，当务之急是应尽快研究出在线学习如何能更好地保证不同学习者进行高质量的学习，即尽快提高在线学习的质量。同时，报告再次强调了联邦政府推动终身学习的目标：在目前这个强调创新、注重知识的社会中，形成一种终身学习的风气；通过各种先进的仪器或者设备，促进每一个加拿大公民更好地进行终身学习。报告还提出了下一步的行动计划：提高中学后教育质量，支持更高质量的在线学习教材的开发，加大对学习研究和学习产品开发的投资；扩展和改善网络设施、为在线学习者提供一系列的支持；保证全国学习通道的便捷，增加中学后入学机会；依靠广泛的合作，建立在线学习服务支持系统。

同年，加拿大政府在全国发起了关于技能和学习的大讨论。政府召开了一系列的全国性会议，和省/区政府、土著民族、商界、劳动就业部门、教育与公共政策部门、非政府组织共商人力资源开发大计，主题是"加拿大如何应对知识经济的挑战"。加拿大政府将全国性对话及讨论中的焦点问题进行总结，发布了涵盖各个领域的"创新策略"（Innovation Strategy），包括《实现卓越：对人力、知识和机会的投资》（Achieving Excellence: Investing in People，Knowledge，and Opportunities）及《知识至关重要：加拿大人的技

---

① Livingstone D. W.，"Lifelong Learning and Underemployment in the Knowledge Society：A North American Perspective"，*Comparative Education*，Vol.35，No.2，June 1999，pp.163–186.

能和学习》（Knowledge Matters：the Skills and Learning of Canadian）。《实现卓越：对人力、知识和机会的投资》指出要加强终身学习体系的构建，培养符合时代需求的高质量人才，同时注重科研能力的创新，为国家的发展储备人才。专职人才的技能短缺是未来 10 年加拿大面临的最大的挑战之一，加拿大需要培养更多的科学家、工程师和高技能的技术工人。① 报告在分析人力资源开发方面面临的挑战的同时，提出加拿大将通过三个途径解决技能短缺问题：一是提高中学后教育的质量，寄希望于大学和学院中新的毕业生，包括外国留学生；二是吸引高素质的移民来加拿大永久定居或临时工作；三是对现有劳动人口进行再培训，提高其技能水平。报告在阐述目标、挑战和对以往政策进行分析总结的基础上，详细列出了进一步的行动计划。

（三）成熟期：各阶段协同发展终身学习

加拿大的终身学习体系经过几十年的发展已经日趋成熟，它是采用"生命周期"方法进行的。换言之，学习应当在生命的所有阶段进行，早期阶段是后期阶段的基础。家庭、学校、社区和企业都是加拿大人力和社会资本的重要来源。加拿大的学习阶段主要分为学龄前阶段、学校学习阶段、高等教育阶段、参加工作阶段和老年阶段。②

第一，在学龄前阶段，许多学龄前阶段的孩子入学时还没有做好学习的准备。然而，儿童早期发育对未来素质的影响，可能比青少年时期接受基础教育和中学后教育的时期更重要。后期学习结果的差异与幼儿时期的经历有关，所以加拿大现在更加强调培养儿童早期的学习潜力。第二，在学校学习阶段，与英国、法国、德国、日本、俄罗斯和美国相比，加拿大小学生的阅

① Middleton A., "The Times They Are a-Changin：Time for a Major Emphasis on the Three Ls of Lifelong Learning at Canadian Universities", *Canadian Journal of University Continuing Education*, Vol.37, No.2, November 2011, pp.3–10.

② Gorard S., Rees G., *Creating a Learning Society? Learning Careers and Policies for Lifelong Learning*, Bristol：Bristol University Press, 2002, pp.75–81.

读和算术能力都更好，而且女孩在学校的表现比男孩好。高中毕业和发展足够的基础技能显然是继续教育的重要先决条件，因此要重视在校阶段的学习。第三，高等教育阶段能够确保公民在中学以外有广泛的学习机会，主要是确保中等升学考试合格的加拿大学生获得多种接受高等教育的途径。此外，不断增长的教育成本、不断上升的学费水平和学生债务负担，可能会让低收入家庭面临被排除在高等教育之外的风险。第四，知识经济将越来越需要提高技能或接受再培训的工人。然而，在加拿大，工人参加工作阶段成人教育和培训的比率仅为37%，与其他经济合作与发展组织成员的平均水平相当。鉴于1/3的加拿大工人表示他们希望接受更多的培训，有必要确保为那些需要加强技能的人提供更多的机会。第五，老年阶段的学习者同时也是非常重要的终身学习群体。然而，大多数老年人（65岁或以上）的教育水平和识字技能较低，只有8%的老年人参加正规的教育或培训活动，这对其健康以及他们对社会和社区生活的参与产生了不利影响。令人惊奇的是，老龄化的婴儿潮一代将比他们父母的受教育程度更高。

　　加拿大人力资源开发部发布了《知识至关重要：加拿大人的技能和学习》，同时也被联邦政府称为《关于终身学习的国家政策》，开头就明确表明"在知识社会中，一个国家最宝贵的资源是其人民"，"我们的人民——他们的技能、才干、知识和创造力，是未来成功的关键"。该报告系统阐述了之前政府在幼儿、青少年、成年人以及移民四个群体方面的政策、整体发展状况、资金投入以及存在的问题，还明确了今后的努力方向。报告被称为是加拿大"面向21世纪的技能发展和学习行动计划"。报告还强调了"没有任何政府和组织能够单独培养一支熟练的劳动力大军，它需要全国性的努力"。在此报告中，加拿大政府公布了政府财政预算中所增加的教育拨款及用途。正如加拿大领导人指出的，人力资源开发部的《知识至关重要：加拿大人的技能和学习》与加拿大工业部的《实现卓越：对人力、知识和机会的投资》，将成为21世纪加拿大实现创新型国家、巩固和加强经济竞争力的行动纲领。

《学习型加拿大 2020》（Learn Canada 2020）是加拿大省和地区教育部部长通过教育部部长理事会提出的促进公民终身学习体系构建、改善学习效果的一项措施。《学习型加拿大 2020》的愿景是为所有加拿大人提供高质量的终身学习机会。《学习型加拿大 2020》报告中指出认识到受过良好教育的人口和 21 世纪充满活力的知识经济，以及一个进步、可持续发展的社会之间有直接联系，因此需要为所有加拿大人增加个人成长的机会。

（四）完善期：以终身学习体系促进全民发展

2005 年，加拿大统计局就对终身学习能力的概念作出了界定，并指出终身学习能力是由沟通能力、计算能力、辩证思维、交际能力及使用技术的水平等维度决定。2006 年，加拿大学习理事会（Canadian Council of Learning，CCL）发布了世界上第一个衡量一段时间内各个社区和全国学习状况的工具——综合学习指数（Composite Learning Index，CLI），用于衡量终身学习状态的年度进展。综合学习指数由 26 种具体措施和 17 项指标组成，用于确定加拿大 4500 多个社区的终身学习效果，评估当地和地区的国家学习条件。指标分为四个不同的类别：（1）学习知识，包括阅读和计算能力、解决问题的能力、专上教育等方面；（2）学会做事，专注于动手技能，例如工作场所培训、访问学习中心、与工作相关的培训等；（3）学习和睦相处，包括社交和人际交往能力；（4）学习生存，涉及自我意识和个人发现的指标，并具有媒体曝光度、文化活动、艺术、体育等属性。该指数表明，加拿大还没有超越传统的学习概念，即正规、结构化的教育。加拿大学习理事会发布的第一份年度综合学习指数着眼于两个主要目标：激发对加拿大终身学习的讨论；确定全国和各个社区在终身学习条件方面的强项和弱项，以使社区能够相互学习。

为了激励学习者树立终身学习的理念并付诸行动，加拿大学习理事会于 2007 年基于德洛尔报告提出了终身学习的指标，以评估其学习情况。后来，加拿大提出了为所有加拿大人提供高质量终身学习机会的四大支柱（学会认知、学会做事、学会共同生活和学会生存），并把其作为前进的关键组织原则。

该指标分四类：（1）学会认知，包括为适应时代所需的基本技能，如阅读能力、计算能力等，其呼吁对信息来源的多样性、丰富的多媒体内容的多样性以及社会作出反应。（2）学会做事，将知识和技能、学习和能力、惰性和主动学习、编码和隐性知识、创造性和适应性学习联系起来。（3）学会共同生活，包括重新发现有意义的关系、提高社会凝聚力、为社区发展奠定基础等。它包含了公民生活的核心价值和多重财产背景下的身份建设，涉及社会技能和价值观的发展，如社交和人际交往技巧等。（4）学会生存，将每个人的内心旅程视为精神拓宽的过程，赋予生活和追求幸福以最终的意义，涉及文化活动、艺术、体育等自我意识和个体发现的指标。[1]

另外，加拿大还创建了国际成人素养调查（International Adult Literacy Survey，IALS）来衡量成人扫盲率。该调查分析了扫盲的不同水平，并确定了原因及其对经济和社会的影响。

二、加拿大高质量终身学习体系的现状分析

目前，加拿大已经意识到，在终身学习体系的建设方面，必须发展一个可访问的、多样化的和综合的成人学习和技能发展系统，在人民需要的时候提供培训。终身学习的四大支柱有八个具体的活动领域和伴随的目标：（1）识字：提高加拿大人的识字水平。（2）教育：消除土著学生与非土著学生在学业成绩和毕业率方面的差距。（3）高等教育能力：提高和稳定高等教育系统的长期能力，以满足所有寻求高等教育学习机会的加拿大人的培训和学习需求。（4）可持续发展教育：提高学生的可持续发展意识，鼓励他们积极参

---

[1]　顾凤佳、朱益明：《国际学习型城市评价指标比较：反思与展望》，《开放教育研究》2019年第6期。

与可持续发展社会的工作。(5)国际和国家代表：有效地在加拿大和国际环境中发言。(6)官方语言：促进和实施世界上最全面的少数民族语言教育和第二语言教育的支持项目。(7)评估项目和绩效指标：支持国家和国际教育系统的学习评估项目和绩效指标的实施。(8)教育数据和研究战略：建立全面、长期的战略，以收集、分析和传播国家和国际可比数据和研究。①

加拿大利用各种先进的科学技术，广泛传播学习资源，并且为终身学习项目的开展投入了大量的资金，帮助公民积极参与终身学习活动，促进终身学习体系的发展。加拿大未来技能委员会为此也作出了巨大的努力，最广为人知的措施是发表了一篇名为《加拿大——一个学习型国家》(Canada——A Learning Nation)的报告，报告指出应该从国家层面促进终身学习体系的建成，帮助每个公民进行终身学习，并以此为契机培养更多符合时代需求的劳动力。报告还指出了加拿大成为终身学习国家应从以下几个方面进行努力：通过各种软硬件设备帮助加拿大公民找到适合的工作；为每个公民创设终身学习的条件；继续发展本民族的优势产业；培养公民适应时代发展所必备的技能。②

2021年，加拿大税务局提出终身学习计划(Lifelong Learning Plan，LLP)，想要了解终身学习计划是什么，需要先了解注册退休储蓄计划(Registered Retirement Savings Plan，RRSP)。注册退休储蓄计划是指加拿大人将退休金储蓄起来，在政府规定的退休时间之前不动用这笔储蓄。但是，怎样在退休之前使用且又免收罚款呢？终身学习计划是安全使用这些资金的一种方法。终身学习计划是为了使加拿大人能够完成或增强他们的教育，可以在四年内从注册退休储蓄计划中提取高达20000美元的免税资金（但每年最多可提取10000美元）。资金用于自身、配偶或同居伴侣的培训或教育，但不

---

① Council of Ministers of Education (Canada)，*Learn Canada 2020*，Toronto：CMEC，2008，pp.1–3.

② 叶贝琪：《加拿大将构建终身学习体系》，《小学教学（数学版）》2021年第1期。

能用于资助孩子的教育，但终身学习计划必须在提款后的 10 年内全额还清。

要获得终身学习计划的资格，首先需要参与注册退休储蓄计划，才能从中提取资金。此外，还有一些特定标准，包括全日制入学、作为加拿大公民和加拿大居民和不在还款期内等。

第三节　加拿大高质量终身学习体系的基本架构

通过历史考察可以发现，加拿大的终身学习体系具有较高水平，处于终身学习体系发展前列。以下将从整体上阐述加拿大高质量终身学习体系的基本架构。

一、加拿大高质量终身学习体系的政策制定

在加拿大，教育改革是复杂的，因为没有联邦教育部。教育是各省的责任，因此新斯科舍省的做法不一定与不列颠哥伦比亚省、魁北克省、萨斯喀彻温省、西北地区或其他任何地方的做法相同。但是，尽管地区不同，在加拿大，终身学习体系和学习型社会的观念是国家发展恒久的主题。

（一）联邦政府的终身学习体系计划

加拿大联邦政府与各省和其他伙伴合作，建立一个更强大的社会联盟，通过制定一系列的政策，帮助儿童、工人、残疾人、土著人民和老年人等更好地进行终身学习。

首先，加拿大人力资源开发部（Human Resources Development Canada，HRDC）采取了一些关键举措，促进终身学习、人力资源开发和社会的发展。第一，针对特定寻求公平的群体（如妇女、明显少数群体、土著人民和残疾人等）提供有针对性的方案。第二，对儿童的特别倡议，例如家庭扫盲倡议。第三，青年就业战略。关于就业、职业和职业发展的大量研究和信

息，加拿大人力资源开发部正在讨论正式的终身学习政策，该政策将纳入其系统，即通过对人类发展采取综合的生命周期方法，使加拿大人能够充分参与工作场所和社区，并特别关注那些面临风险的人。

其次，加拿大联邦政府建立了学习技术办公室（Office of Learning Technology，OLT），促进终身学习文化的形成。学习技术办公室的工作是让人们认识如何用技术进行终身学习，并推动技术学习和技能发展领域的创新。学习技术办公室的愿景是为加拿大终身学习文化的发展作出贡献，其使命是与伙伴合作，通过技术扩大学习机会。学习技术办公室的主要活动包括帮助制定政策和战略，以最符合加拿大人终身学习需求的方式指导学习技术的发展和应用。

最后，加拿大工业部及其合作伙伴建立了"信息高速公路"。加拿大工业部组建了信息高速公路咨询委员会（Advisory Council on the Information Highway，IHAC），其中工作组侧重于电子和电信领域的学习和培训。它的愿景是使终身学习成为互联网或电子信息高速公路的一个关键设计元素，成为加拿大社会的特色。为使加拿大人做好准备，能够在互联网或"信息高速公路"上创造和获得终身学习机会，加拿大作出重大财政承诺，以建立易于使用的"信息高速公路"和相关的终身学习系统。为了实现学习，信息高速公路的很大一部分必须成为"知识高速公路"。无论地理位置、社会经济地位、性别、种族或残疾状况如何，学习者都可以获得学习系统和支持服务的机会。

（二）省级部门的相关教育举措

在加拿大，教育一直是省进行管辖，而在大多数省和地区，培训也成为一项责任。终身学习的政策和项目属于教育的范畴，通常是成人教育、继续教育，有时也包括劳动力培训和发展。省级会出台一些政策，主要有：所有省份都提供广泛的正规教育和培训机构的方案；大多数省份都有与年龄相关的教育和培训概念，即不同的计划和服务取决于年龄；大多数省份都有兴趣探索传统教育和培训之外的终身学习概念；所有省份都支持非正规和非正式学习；大多数省/地区作为伙伴参与联邦倡议；以及大多数省/地区以合作伙伴或创新者的身份参与支持终身学习的概念性计划。

2001年，加拿大的教育部部长出席了经济合作与发展组织教育委员会的部长级会议，该会议以"投资所有人的能力"为主题。在该会议上，16位加拿大省的教育部部长达成了以下共识：第一，加强终身学习的基础，增加幼儿获得教育的机会，特别是弱势儿童，并振兴学校，支持其他正规和非正规学习安排的发展；第二，通过建立促进教育、培训和工作之间更灵活流动的途径和桥梁，促进学习和工作之间的连贯联系，特别是旨在合理化两者之间的初始过渡，并通过改进评估和承认个人技能和能力的机制——无论他们是通过正式还是非正式学习获得的；第三，重新思考提供学习机会的所有合作伙伴（包括政府）的角色和责任；第四，为个人、雇主和那些提供教育和培训的人创造激励机制，以加大对终身学习的投资。

二、加拿大高质量终身学习体系的师资配备

在加拿大的高质量终身学习体系中，除了在校学生能够接受教师的辅导外，成人学习者同样也配备有相关专业的教师。加拿大职业技术教育和培训系统采用了电子学徒模式。加拿大的学徒制将工作场所培训（80%—85%的时间）与大学、培训中心、私人提供者或在线培训（15%—20%的时间）结合在一起，通常需要四年。每年的课堂时间为六周至八周，在此期间学徒离开工作场所上课。加拿大的几所大学已经试行了电子学徒计划，以期降低学习者和雇主的直接和机会成本，同时改善学生的学习成绩。其中的一种模式是曼尼托巴省红河学院的电子学徒替代交付式计划。这个模式是根据曼尼托巴学徒期货委员会的报告而构思的，该报告建议社区学院、公立学校和其他经认可的培训提供者探索使用替代的交付方式来增加技术培训系统满足预

期能力的机会。

教师不仅必须具备管理信息通信技术的技能，而且还必须了解其作为学习促进者（而不是教师）的新角色。当采用技术时，教师的适当准备和支持是必不可少的，特别是对于那些在数字化学习原理方面没有经验的人。职业技术教育和培训中的教师也可以从以技术为基础的授课中受益。这种方法不仅会增加职业技术教育与培训教师的培训范围，而且还将促进教师开展为促进技术型职业技术教育与培训而需要使用的实践。

三、加拿大高质量终身学习体系的资源开发

加拿大在硬件设施上支持公民的终身学习，而且为教育的各个阶段提供资源支持。例如，公共广播和公共图书馆支持在工作场所、家庭和社区的非正规学习，同时这种非正规学习也是主要的终身学习方式，能够向公众提供知识和信息。

加拿大在高质量终身学习体系的资源开发方面有着很长时间的实践。例如，安大略的 240 所私立职业学院（Private Career College，PCC）在成人教育中发挥着作用。私立职业学院提供短期的文凭和证书课程，通常持续 7 个月至 12 个月，其中许多课程以职业为重点。该项目提供的课程与公立大学有相当大的重叠，尽管它们的学习时间更短、学费更高。私立职业学院倾向于吸引年龄较大的学习者，大约 30% 的人年龄在 35 岁以上，并且还为第二职业参与者提供培训。近年来，一些辅导中心和其他培训机构已经出现 12 周的训练营式课程，为工作人员开设兼职夜校或速成课程。虽然其中很多都是面向技术领域职业，但也有一些提供产品管理和商业课程。Hacker You 技术学院推出了一种新的支付方式，称为收入分享协议，允许学生推迟支付 1.2 万美元的学费，直到他们完成课程并找到一份支付至少 5 万美元的工作，在此期间，他们须每月缴付每月入息的一个百分比，为期两年（还款上限为 30000 元）。如果学生在毕业五年内没有找到一份高薪酬的工作，他们不需

要支付任何学费。安大略省的高等教育机构提供短期、灵活、与劳动力市场需求相适应的项目，并有先前学习的认可过程。

四、加拿大高质量终身学习体系的组织管理

加拿大学习理事会在其 2010 年的报告中将终身学习视为经济和个人发展以及社会凝聚力的关键。加拿大中央政府支持终身学习，而各省负责教育和培训计划。大多数培训是由各省资助的；联邦政府在资助中的作用主要是扫盲和短期工作培训计划。加拿大为推动终身学习体系的高质量发展，注重协调好幼儿教育、初等教育至中等教育、高等教育以及成人学习各阶段之间的关系，确保每个阶段能顺利实施。

(一) 幼儿教育和学习

儿童应该获得高质量的儿童早期教育，以确保他们到校时做好学习的准备。幼儿学习和发展包括一系列学龄前儿童至幼儿园年龄的入学准备活动，如语言和识字技能、社会技能和创造力。目标是确保儿童特别是来自弱势群体的儿童，在进入初等教育系统时，能够更好地做好学习准备。在一些地区，幼儿学习和发展由教育部、其他政府部门、家庭和社区共同负责。在早期学习和儿童保育（Early Learning and Child Care，ELCC）框架中，加拿大联邦、省和地区的部长们认识到早期学习和儿童保育系统的质量与促进最佳儿童发展之间的联系。通过该框架，各国政府同意朝着共同的长期愿景努力。

加拿大建立以发展为重点的课程，课程也根据孩子的年龄而有所不同。3 岁前的儿童需要仔细照料，并且需要游戏和学习活动（如故事书阅读）平衡的课程。对于年龄较大的学龄前儿童（4 岁至 5 岁），可以适当进行以学业为导向的课程，该课程侧重于字母和数字初级知识等入学准备技能，以便为在小学遇到的学习任务做好准备。然而，关于哪种环境应该提供以学业为

重点的结构化活动，而不是玩耍和非结构化内容，仍存在争议。早期学习和儿童保育正是提供以发展为导向的课程，并结合对教育工作者的持续支持和培训，以确保儿童的即时体验内容丰富多彩。

（二）初等至中等教育

所有孩子都应该接受初等至中等教育，获得包容性的学习机会。初等至中等教育涵盖了从幼儿园到高中毕业的正规教育，由省/地区部/教育部负责，由私立学校和公立学校系统提供。在魁北克，职业培训(包括行业培训)在学校董事会所属的职业学校进行，但也为成人服务。他们提供的职业培训文凭同时也是魁北克的中学文凭。

儿童和青年能够在小学和中学阶段获取成为成年人所需的技能和知识。从 5 岁到 18 岁也是儿童和青年学习风格、学习态度形成以及学会如何学习的关键时期。加拿大青年在学校学习和发展各种技能，包括阅读、数学、解决问题和科学技能。这些技能为他们成功参与中学后教育（Post-secondary Education，PSE）和进入劳动力市场奠定了基础，这一基础还决定着公民参与度，即能够为他们的家庭、社区和社会作出贡献。

技术变革的步伐正在改变工作场所，重新定义我们社会的工作性质。决策、团队合作、领导力等技能，以及沟通技能、人际交往技能和解决问题等交叉能力，越来越成为在学校和职场中取得成功的必备条件。拥有一系列技能的学生能够自然地过渡到工作生活，而这些技能的最佳形成时间是初等至中等教育阶段。

（三）高等教育

高等教育是指超过中学水平的学术、技术和职业方案和课程，涵盖中学后的正规教育，包括本科和研究生教育，在大多数省份，还涵盖技术、职业和学徒培训。虽然学习者通常是年轻人，但高等教育可以发生在成年人生活的任何阶段，由公立和私立学院、大学和学徒培训机构组成。

在此阶段的年轻人通常已经从家庭中独立，并作出了他们成年后生活的决定，如追求高等教育、参与劳动力市场和个人生活方式选择。另外，父母的经济地位、受教育程度、对高等教育选择和费用的认识水平，也会影响年轻人是否决定继续深造。年轻人在高中和中学后教育的学习成绩和参与程度、识字技能、地理位置、性别、种族、高中期间和之后的就业以及课外活动也是影响学生是否选择高等教育的因素。

与世界其他地区相比，加拿大高等教育的青年参与率非常高。2005 年一项研究表明，20 岁至 24 岁的加拿大青年中，58.1% 的已经完成高等教育或正在上某种类型的学校。在提供数据的 24 个国家中，加拿大排在波兰和法国之后，居于第三位。在 20 岁至 24 岁已完成教育的人口比例方面，加拿大排在爱尔兰之后，排在第二位，在仍然受教育的人口比例方面，加拿大排在第十位。[①]

从宏观角度来看，追求高等教育的国家经济和社会发展更快，同时生产率、创新和经济增长也更加让人满意，还具有更高的公民参与度和社会凝聚力。从微观角度看，追求高等教育的个人有更多的个人福利，包括更高的工资和工作满意度，更少的失业时间，以及更好的健康和生活质量。

（四）成人学习

经济合作与发展组织将成人学习定义为成人（25 岁及以上）出于专业或个人原因而接受的所有形式（包括在家里、工作场所和社区）的教育或培训。学习的价值和贡献在人生的各个阶段都很明显，成人阶段的学习也不例外。成年人需要持续的学习机会，无论是正式的还是非正式的，可以帮助他

---

① Livingstone D. W.，"Lifelong Learning and Underemployment in the Knowledge Society：A North American Perspective"，*Comparative Education*，Vol.35，No.2，June 1999，pp.163–186.

们在工作场所保持竞争力，抵消部分老龄化的影响，培养健康素养技能。持续的学习可以影响收入水平、工作满意度、政治参与以及健康和幸福，还能提高经济生产率和竞争力。成人学习可能会面临许多挑战，包括重返正规教育、非正式和非正规学习活动。成人学习的形式包括参与工作相关的教育和培训、参与社区和公民活动、参加文化活动、接触媒体以及通过通信技术进行学习。

尽管加拿大是世界上受教育程度最高的国家之一，但该国近一半的成年人缺乏应对竞争激烈的全球经济所需的读写技能。对许多成年人及其家庭来说，缺乏教育和培训机会，最终会导致低工资、失业、贫困和社会排斥。加拿大于 2012 年关闭了加拿大学习理事会，使成人学习与省级条件保持一致，以获得更好的结果。从那以后，政府与各省一起制定了旨在提高成人识字率的政策和计划。加拿大政府还与 400 多个组织合作，以促进每年的扫盲和提高成人的基本技能。另外，政府还开展计划以提高成人的写作、阅读、计算和文件使用的技能，以及发展成人的思维技能、数字技能、口头交流技能等，使他们在工作中获得成功。

第四节　加拿大高质量终身学习体系的主要特征

加拿大积极发展终身学习，本节总结加拿大高质量终身学习体系的一些特征。

一、以充足的资金作支持

为了推动终身学习体系的发展，加拿大不仅制定了很多措施，还提供了充足的资金。首先，各省制定新政策法规。加拿大的不同省份都制定了有关成人识字和技能发展的立法、政策和计划。例如，布鲁斯威克省于 2015 年制订了"社区成人学习计划"（Community Adult Learning Program）。其次，引进新方案。政府还开展了许多计划，以提高成年人的读写能力和基本技能。2023 年 12 月，安大略省政府投资 2110 万加元，进一步推动"安大略省青年学徒项目"（Ontario Youth Apprenticeship Program）的实施，使更多的学生能在不断发展的行业中探索并为开启终身职业生涯做好准备。最后，加拿大政府还制订了在线工作场所培训计划。它与来自妇女、土著人民和少数民族社区组成的 5 个省的参与者合作。

安大略省还通过几个项目获得技能提升和培训项目的资金。比如，终身学习计划，它是一个联邦项目允许参与者从注册退休储蓄计划中提取资金，以便从联邦认可的教育机构中获得技术或职业培训。失业工人也可以通过技能提升试点项目获得资金。高中毕业至少 10 年并且收入低于设定的门槛的学习者，才有资格作为全日制学生注册参加该项目。联邦政府在 2019 年的预算中推出了加拿大培训福利（Canada Training Benefit），该福利为每名员工提供 250 美元的免税优惠，用于培训项目，终身最高不超过 5000 美元。此外，在培训期间，加拿大还推出了一个新的就业保险培训计划以支持该福利项目的推进，此培训将通过相应的系统为员工提供最多四周的收入支持。[①]

二、以提高国家竞争力为导向

加拿大政府为终身学习体系的构建作出了许多努力，例如发布相关政策文件，组织大规模的培训等，目的是通过终身学习培养高质量、具有创新精神的公民，从而保持其世界领先地位。在加拿大，无论是国家层面的各项方针政策，还是公民层面的技能培训，都将终身学习作为发展公民工作技能乃至保持国家领先地位的重要工具。加拿大教育与培训组织联合会（Canadian

---

① Pichette J.，Tamburri R.，McKeown J.，et al.，*Lifelong Learning in Ontario：Improved Options for Mid-Career，Underserved Learners*，Toronto：Higher Education Quality Council of Ontario，2019，pp.25–29.

Alliance of Education and Training Organizations，CAETO）的报告指出："毫无疑问，各省主要考虑的是人力资源开发这一目的，以满足劳动力市场不断变化的技能要求，并使在职人员和失业者都能得到适合的岗位。"这在有关成人学习的政策上体现得尤为明显。2000 年，各省总理、教育部部长、劳动就业部长举行联席会议，提出要"紧密合作，为个体获得参与新经济竞争的能力提供各种可能的途径"，工作重点是完善中学后教育和培训制度，增进工作场所的培训；保证劳动力市场信息通道的畅通。马尼托巴省出台的培训策略明确提出，其发展终身学习的目标是构建一支高度熟练的劳动力大军。[1]2020 年，加拿大未来技能委员会发布《加拿大——一个学习型国家》报告，指出终身学习既是提高劳动力素质的关键，也是提高加拿大经济竞争力的关键。总之，不论在哪个领域，加拿大都将终身学习作为一项战略计划来提高公民的知识技能储备和提升国家的竞争力。

三、以先进的技术作支撑

加拿大联邦及地方政府十分重视对现代教育技术的运用及对教育信息化的规划与管理，将信息技术的普及提到了非常重要的地位。加拿大工业部针对中小学的"校园网"工程，在大学和学院掀起的数字化学习革命，以及加拿大大学和社区学院联合会"关于技术促进学习的声明"等，无不体现了加拿大重视技术对提供学习机会、提高学习质量的重要意义。2014 年，加拿大为了加快构建终身学习体系启动了"沟通全加"（Connecting Canadians）计划，主要是为了能够让所有加拿大公民更好地联系起来。借助该计划，加拿大为其农村和偏远地区家庭提供高速互联网连接。加拿大政府利用网络线路，让公民获取必要的知识技能，这在一定程度上增加了公民受教育的机会

---

① Rollings-Magnusson S.，"Legislation and Lifelong Learning in Canada：Inconsistencies in Implementation"，*Canadian Journal of Higher Education*，Vol.31，No.3，December 2001，pp.23–47.

和促进了教育公平，从而更好地构建终身学习体系。此外，为了让学生能够适应未来社会的变化和实现职业生涯发展，加拿大推动信息通信技术与STEM 教育的融合。加拿大的种种措施取得了较好的效果，加拿大已经在一些贫困和偏远地区安设了通信设施和互联网设备，许多残疾人和贫困人口能够通过公用的设备登录互联网进行学习并获取知识技能，这大大提高了他们求职成功的概率，在一定程度上改善了他们的生活。截至 2023 年 1 月，加拿大的互联网普及率达到 93.8%，这为加拿大人通过互联网进行终身学习奠定基础。

四、以各机构协同合作为战略

加拿大在构建终身学习体系的过程中，不是只有国家层面在发布政策，各个省和地方政府、社会团体和私立部门也都在积极配合。联邦政府各部门分工合作，如人力资源开发部积极开发有关的资源帮助公民提高知识水平，而工业部等在国家的各个地方安置网络学习的各种必备硬件设备。他们既从地方实际出发为联邦政府提供政策建议，又积极贯彻落实联邦的倡议和项目。如加拿大关于中学后教育结果评价方面的合作方案《中学后教育的公共期望》（Public Expectations of Postsecondary Education in Canada），就是加拿大工业部、人力资源开发部共同倡议和资助，由加拿大教育部部长联合会（Council of Ministers of Education，Canada，CMEC）组织各省 / 区共同讨论后达成的一致结果。[①] 再如，阿尔伯塔省的教师应用互联网专项培训计划的合作伙伴包括加特莱斯公司、阿尔伯塔教师协会、阿尔伯塔学校管理协会及阿尔伯塔大学教育学院等。其中，特莱斯公司在为用户提供电信产品和服务的同时，开展多种社会投资及捐助活动。在阿尔伯塔学习部的积极倡导下，

---

① Rubenson K.，"Assessing the Status of Lifelong Learning：Issues with Composite Indexes and Surveys on Participation"，*International Review of Education*，Vol.65，No.3，February 2019，pp.295–317.

特莱斯公司率先为阿尔伯塔所有学校开通了国际互联网。为保证学校能够充分利用所拥有的技术设备，公司与阿尔伯塔学习部达成协议，双方每年各出资 30 万加元，联合其他各方共同开展教师在职培训。[①]加拿大在推动终身学习的过程中还开展多边洽谈，举行各种会议，听取各方意见并争取多方的支持。例如，通过"加拿大技能开发峰会"（Skills Canada）和"加拿大学徒制论坛"（Canadian Apprenticeship Forum），联邦政府与省区政府、雇主、教育者和劳动者结成合作伙伴关系，加强学校与工作的联系，促使加拿大青年为职业生活做好准备，并促成劳动力紧缺行业（贸易和技术行业）成为青年的第一职业选择。此外，在多伦多，拥有 25000 多名工人的 183 个建筑工人协会将开展持续的培训活动，与雇主紧密合作，建立了一个 42000 平方尺的终身培训中心。它是北美最大的在职培训中心，其目的是为有工作经验的（在职或下岗等）工人提升知识和技能。

第五节　加拿大高质量终身学习体系的研究总结

加拿大的终身学习体系虽然走在世界前列，有很多地方值得我们去学习，比如，终身学习体系成果显著，但是仍也存在一些问题，主要有包括对终身学习的认识有待统一、学习机会在地区群体间差异明显。

一、终身学习体系成效显著

支持终身学习是促进知识经济和提高技能的基础，不断提高所有加拿大人的技能，对于改善劳动力市场来说至关重要。高质量终身学习体系的好处不仅仅局限于工作场所，还有助于不同年龄阶段的所有公民获得高质量的生活机会和进行更多的社会参与，从而保证一个充满活力的公民社会的正常运

---

① Findsen B., Formosa M., *International Perspectives on Older Adult Education*：*Research, Policies and Practice*, Cham：Springer, 2016, pp.285–287.

行。那些没有建立良好的学习基础或错过持续学习的机会的人，如果不加强对终身学习的重视，与进行终身学习的人之间教育程度的鸿沟可能会继续扩大。终身学习由政府、正规教育机构、非正式机构以及众多实施终身学习计划的非政府组织等利益相关者进行，还得到公共资源（如公共图书馆）的支持。加拿大拥有世界上受教育程度最高的劳动力，加拿大的大学及大学学历率十分高。

二、对终身学习的认识有待统一

在加拿大，终身学习概念被广泛使用，却没有一个被普遍接受的定义。即使在同一个省，不同的机构对其的解释也不同。在一些人看来，它指的是终身接受教育；在另一些人眼中，它意味着继续职业教育，或者是发生在正规教育和培训制度之外的所有的学习。起初，当终身学习仅仅是一种理念时，达成共识较为容易。然而，在理念走向实践的今天，各种各样的组织和团体都声称要建设一个终身学习的社会，但各种组织和团体对终身学习的解释却又各不相同。[①] 研究人员甚至指出："也许倡导者们根本不知道他们将走向何方，一个研究者所应做的最重要的事是澄清到底什么是终身学习。"加拿大的一位学者指出，尽管加拿大出台的很多政策文件中都提到了"终身学习"，但在实际实施过程中，从学前教育到成人教育所面临的对象不同，遇到的阻碍也不相同。所以在政策实施过程中，终身学习不仅是指成人教育和职业培训，它的对象是不同的群体。虽然终身学习原则对成人教育具有重要影响，终身学习的内涵却远远超越了常规成人教育的范畴。

三、学习机会在地区群体间差异明显

由于加拿大不同地区的经济发展水平和环境特点不同，有些地区能够很

---

① Canadian Council on Learning, *Taking Stock of Lifelong Learning in Canada 2005–2010：Progress or Complacency?*, Ottawa：Canadian Council on Learning, 2010, pp.1–45.

便利地得到各种资源和资金，因此该地区的公民相较于资源匮乏地区能够更容易地进行终身学习。另外，即使是在同一个地区，由于受教育程度的不同，不同家庭在参与终身学习上也存在一定的差别，即使在费用低廉、地理位置更为分散的社区学院也是如此。① 此外，残障者比正常人更难获得中学后教育的机会。虽然有专门针对残障者的项目和补助，仍有许多因素阻碍了残障者参与中学后教育的积极性，如求职过程中的困难等。群体间学习的参与最明显地体现在土著人与非土著人之间。土著孩子的学习成绩次于非土著孩子，许多土著学生的学业成绩低于平均成绩，特别是在关键的阅读、数学、科学等科目上。许多土著人难以获得中学后教育证书或文凭。除此之外，一些初中生由于青春期叛逆心理，可能无法升入高中，即便是能够顺利拿到高中毕业证，接受高等教育，在学校里学习的也是一些理论知识，缺乏社会所需要的专业技能。尽管一些学生顺利进入大学，但也可能会辍学。学校中的男女比例失衡也是存在的一个重要问题，根本原因在于加拿大长期以来存在的历史差异、文化差异以及家庭背景差异。因此，只有综合考虑多方面的因素，才能更好地发展终身学习。②

本章首先对加拿大高质量终身学习体系进行历史考察。从引进终身学习理念到以终身学习体系促进全民发展，加拿大高质量终身学习体系的发展历经萌芽期、发展期、成熟期和完善期。目前，加拿大已经建成一个可访问的、多样化的和综合的成人学习和技能发展系统。其次，加拿大积极制定相关政策，加强对教师的专业培训，为学习者提供不同类型的课程资源，并从终身学习的不同阶段入手来进行。再次，分析了加拿大高质量终身学习体系的主要特征，包括以充足的资金作支持、以提高国家竞争力为导向、以先进

---

① Osborne M., Gallacher J., Crossan B., *Researching Widening Access to Lifelong Learning：Issues and Approaches in International Research*，London：Routledge，2004，pp.1–252.

② Rice B., Steckley J., *Lifelong Learning and Cultural Identity：Canada's Native People*，Toronto：APEC，1997，pp.217–228.

的技术作支撑、以各机构协同合作为战略。最后，从终身学习体系成效显著、对终身学习的认识有待统一、学习机会在地区群体间差异明显三方面对加拿大高质量终身学习体系进行了总结。

第九章 澳大利亚高质量终身学习体系发展研究

终身学习体系是学习型社会的载体和基石，是全民终身学习的物质基础和重要保障，是确保全民终身学习得以实现的、有机整合的、各级各类教育的总和。其最重要的特征就是各级各类教育——正规教育、非正规教育和非正式学习等的整合与衔接。澳大利亚作为世界上推进终身学习的领先国家之一，创办各种学习机构与组织，满足时代发展对学习所提出的多元化需求，制定终身学习政策，构建各类教育尤其是高等教育和职业技术教育之间衔接的机制，在建设高质量终身学习体系方面积累了丰富的经验。

第一节 澳大利亚高质量终身学习体系的背景分析

终身学习，指个体在其一生中所必需的技能及知识，主要包括学习态度等应该如何被合理开发及运用的整个过程。[①] 终身学习是一个持续性的过程，涵盖了各种学习机会，从正规教育延伸到校外青年和成人的非正式学习。终身学习远不只是为成年人提供第二次教育和培训机会，它基于这样一种观

---

① 吴遵民:《终身教育的基本概念》,《江苏开放大学学报》2016 年第 1 期。

点，即每个人都应该有能力、有动力并积极鼓励持续一生的学习。这种学习观包含各种类型和各种环境中的个人和社会发展。终身学习理念的产生与社会变革息息相关。具体来说，一是知识经济的挑战；二是人口结构的变化；三是科学技术的进步；四是联合国教科文组织、经济合作与发展组织与欧盟等相关组织的积极推动。其中，联合国教科文组织是主要的推动力量。

一、知识经济的挑战

当今，越来越多的经济活动以密集型的知识和信息为基础。面对快速且不确定的经济变化，个体如果无法适应变化，则很可能在经济和社会生活中日益边缘化，而终身学习将可以激励和增强个体获得一生所需要的所有知识、价值观、技能和理解，并在所有角色、情况和环境中自信、创造性和愉快性地运用它们。澳大利亚政府深刻意识到终身学习的重要性，同时也认识到终身学习对于本国的未来发展至关重要。借助各类培训机构、教育部门等来不断传授知识与技能从而来推动人们的终身学习进程，能保证澳大利亚在21世纪以知识为基础的全球经济中留有一席之地。简言之，终身学习是澳大利亚对现代社会日益快速变化的一种积极回应。

二、人口结构的变化

终身学习在澳大利亚开始盛行的一个主要原因是其人口结构的变化。一个国家人口结构的变化将会对国民的学习、生活、工作等诸多方面产生一定的影响。人口和劳动力的老龄化使全民终身学习成为澳大利亚社会的一项迫切要求与挑战。澳大利亚政府认识到，只有通过教育、培训等方式，才能更好地帮助社会来应对人口老龄化所带来的诸多影响。劳动力市场的变化速度如此之快，以至于个体不能仅仅依靠其最初的教育和培训来保持其就业能力，而是需要不断获得新的技能与知识。社会中的一些群体已经做好了这样的准备，但是很大一部分的青年和成年人面临进一步社会和经济边缘化的风险。因而，随着人口与劳动力老龄化进程的缓慢推进，为所有人提供终身学习的机会已经成为一种迫切的需要。

三、科学技术的进步

在科学技术飞速发展的时代背景下，各种新兴技术被巧妙应用于实际生产生活中，人们的生活、工作及学习方式正不断发生变化。科学技术的迅速发展使社会对集体中的每个成员都提出了更高层次、更为广泛的要求，如技能、知识等方面的要求。个体只有具备了更高的能力，才能巧妙、自如地应对瞬息万变的社会环境并更好地生存下去。世间万物，不进则退。在各类新兴技术层出不穷的大背景下，个体只有通过不断学习新的技能与知识才能做到与时俱进，紧跟科学技术发展潮流。终身学习能满足科学技术不断发展对新知识所产生的多样化需求。[①]

四、相关组织的推动

澳大利亚在推进终身学习的漫长过程中，主要有经济合作与发展组织、联合国教科文组织与欧盟三大推动力量。从 20 世纪 60 年代末至 70 年代初，经济合作与发展组织、联合国教科文组织与欧盟纷纷大力倡导终身学习理念，积极推动终身学习相关政策的落实，同时也在教育领域陆续推出诸多影响颇深的文件与报告，旨在引领并推动国际终身学习政策朝着更好的方向不断发展与完善。

从最初提倡"学会生存"到提出"可持续发展"理念，联合国教科文组织关于终身学习的系列报告凸显了其对终身学习内涵不断深化的逻辑思考。其大致经历的嬗变过程为：理论到实践再到反思，从倡导人类自身求得生存与发展延伸到人与自然、社会和谐健康的可持续发展。联合国教科文组织为

---

① The Report of the E-Learning Advisory Group, *Highways and Pathways*：*Exploring New Zealand's E-Learning Opportunities*，Wellington：Ministry of Education，2002，p.11.

引领全球各国的终身学习实践提供了较为清晰的指导思想，对其他国家建设终身学习体系具有深远的意义。

在上述四个主要因素的推动作用下，澳大利亚政府大力推进终身学习体系的建设，在此过程中大致充当了四种角色：一是和各州共同拨款或资助教育机构的长期运作或者短期的特定目标项目；二是为开展终身学习创建了很多制度，如国家资格认证制度、课程及职业信息制度、共同投资制度，以及包含竞争性培训市场的国家职业教育培训体系；三是通过改善影响劳动及资金市场运作的宏观及微观经济环境，以此来刺激个人和公司在学习方面的投资；四是利用一系列象征性姿态和公众机会（各种奖项、竞赛、"成年学习者之周"活动等）来表明终身学习在澳大利亚非常受重视。

相对其他发达国家来说，澳大利亚政府对终身学习的关注较晚，但自20世纪90年代以来，澳大利亚政府就陆续颁布一系列的政府工作报告和文件[①]，为终身学习在澳大利亚的发展奠定了扎实的理论基础与良好的政策环境。根据全球终身学习指标，澳大利亚的终身学习指数较高。[②] 此外，澳大利亚的终身学习指向范围广泛，涵盖基础教育、高等教育、继续教育、教师教育及职场教育等多个方面。除教育与培训部门本身以外，终身学习的深远价值在政府的其他部门工作中也得到广泛与积极的认可。

第二节　澳大利亚高质量终身学习体系的历史考察

澳大利亚高质量终身学习体系的形成是在诸多方面的综合影响下逐步形成的。其高质量终身学习体系的发展究竟经历了哪些阶段？接下来，将对此

---

①　Chesters J.，Cuervo H.，"(In) Equality of Opportunity：Educational Attainments of Young People from Rural，Regional and Urban Australia"，*The Australian Educational Researcher*，Vol.49，No.2，March 2021，pp.1–19.

②　Kim J. S.，"Development of a Global Lifelong Learning Index for Future Education"，*Asia Pacific Education Review*，Vol.17，No.3，August 2016，pp.439–463.

进行详细阐述。

一、澳大利亚高质量终身学习体系的发展历史

终身学习这一概念基于一定的社会政治背景，并随着社会的飞速发展而与时俱进。澳大利亚的终身学习体系在实践中不断丰富与完善，其大致经历了一个螺旋上升的转变过程。

（一）起步阶段：关注技术与继续教育

1949 年至 1960 年为澳大利亚高质量终身学习体系发展的起步阶段，也被称作是"自由教育"时期。在这个时期，人们把教育当作是解决社会问题最主要的工具。这个时期刚历经两次世界大战，整个世界正处于满目疮痍的状态，经济的迅速发展导致了不同国家之间的竞争愈发激烈，整个国际关系处于极度紧张的状态。

为了较好地缓和当前世界动荡不安的局面，需要采取一定的措施来实现社会的和谐。可惜的是，学校教育存在一些局限性，无法在短时间内为社会培养一批具有新知识与技能的社会成员，无法满足当前时代发展对于人才的多元化需求。终身学习的出现则恰好为社会成员提供足够的学习机会，以迎合社会的新需求，成为解决社会问题最主要的工具。因而，"自由教育"应运而生。

同时，这一时期也是澳大利亚终身学习政策发展的起步阶段。随着《学会生存》一书在澳大利亚的广泛出版与流传，南澳大利亚继续教育理事会会长马科斯·帮（Max Bone）于 1972 年首先提出，应该把终身教育作为澳大利亚制定职业与成人教育的基本理念。为更好地开展这项创新与改革活动，1973 年，澳政府设立了技术与继续教育委员会，展开相关情况的详细调查。1974 年，相关部门随即公布调查报告《关于技术与继续

教育需求》①，其基本思想大致是：技术与继续教育也称成人教育，它包含发展个体自身的一切活动，是有组织、有计划的一项活动。自此，澳大利亚延伸了传统技术教育仅重视技术的要求。随着终身教育理念的宣传，澳大利亚政府开始在教育领域进行改革，采取了一些有效措施，如增加对技术教育领域的资金投入，把原先的技术教育改名为技术与继续教育，整改当下的技术教育的相关机构建设及教学质量。澳大利亚虽然在 20 世纪80 年代经历了突如其来的自然灾害和全球经济的普遍萧条，但依旧全力以赴进行终身教育理念的倡导活动，对社会中较为弱势的群体给予更多的关怀，纷纷将待业者、失业者及学校毕业生等归为技术与继续教育的面向对象。

可见，在早期阶段，终身学习政策在澳大利亚的发展主要是以技术与继续教育为基本领域，较多地关注到了教育在促进社会公平方面的积极作用。

（二）回转阶段：掀起终身教育的浪潮

1960 年至 1972 年为澳大利亚高质量终身学习体系发展的回转阶段。保罗·郎格朗（Paul Lengrand）于 1965 年出版了著名的《论终身教育》一书，此后，全球掀起终身教育的浪潮。自此，成人教育、扫盲教育、职业教育及专业教育等都一并被纳入终身教育之中，终身教育的内涵在澳大利亚日益丰富与完善。人们视终身教育为一个较为完整的、全面的、系统的教育体系，它包括学前教育、义务教育等多个阶段的学习过程，从幼儿出生至死亡的整个过程中所历经的每个阶段，其主要目标是促使个体成为知识丰富、技能更高的劳动力并为经济带来一定的推动作用，使社会成为一个更为强大、更为包容的和谐环境。

---

① Ollis T., Starr K., Ryan C., Harrison U., "Learning across the Lifespan: Lifelong Learning in Neighbourhood Houses in Australia", *Australian Journal of Adult Learning*, Vol.58, No.3, November 2018, pp.449–479.

1987 年，澳大利亚的经济衰退情况有所好转，但澳大利亚政府并未延续之前的相关政策，而是作出了反向的整改，联邦政府将技术与职业教育委员会纳入就业、教育与培训委员会。该委员会以全新的思路（经济发展）来发展所收归的职业技术教育。

就业、教育与培训委员会于 1988 年推出《重建高等教育》（the Restructuring of Higher Education）白皮书，明确提出终身教育的原则是社会、技术、文化及未来经济发展的重要基础，具备新技能与知识的劳动人口是国家未来经济迅速发展的前提，为更好地应对经济社会的飞速发展，劳动人口应该与时俱进，不断学习新知识与新技能，不停地提升自身的综合能力。十年之后，澳大利亚经济的又一次衰退使终身学习政策在本国逐渐得到推广与实践。

（三）高峰阶段：出台标志性研究报告

1985 年至今是澳大利亚高质量终身学习体系发展的高峰阶段，也被称作"终身学习"时期。在这个时期里，主要聚焦于学习机会的获得、学习者主体、教育公平及教育民主化等问题。人们不再像以前那样重视教育的传统含义，而是把教育看成是激励社会成员就业和生活平等的关键手段，是社会关心弱势群体的重要表达方式，是实现全社会性别与阶级平等的至关重要的途径之一。自此，学习在很多人眼里是一种解决问题的重要工具、一种特别的快乐、一项身为社会成员所具有的宝贵权利、一份全体成员所肩负的共同责任。

自 20 世纪 90 年代中期以来，澳大利亚高质量终身学习体系的新发展在很大程度上取决于一系列相关政策的陆续出台。例如，联邦政府就业、教育与培训委员会于 1994 年推出报告《在大学教育中发展终身学习者》（Developing Lifelong Learners through Undergraduate Education）[1]，其主要目标是确定是否需要及如何设置本科生教育的结构、教学模式、评估方式及学生支持服务，以激励并推动广大大学生成为终身学习的倡导者与执行者。紧接着，联邦政府就业、教育与培训委员会又陆续颁布了两个至关重要的相关报告，分别是《在职业教育与培训部门学会学习》[2]和《终身学习：几个关键问题》[3]。其中，《在职业教育与培训部门学会学习》报告特别指出，职业教育与培训部门要格外关注个体发展终身学习技能的诸多需求，并强调个体所习得的这些技能将对个体自身、雇主及社会而言都是有所裨益的。后一份报告则是对终身学习的七大问题进行了详细阐述，具体为评估、学习的社会维度、获得终身学习机会的途径、传授、课程、对先前学习的认识与技术。该报告提出，推动澳大利亚的终身学习进程有两个关键的途径：一是依靠初始教育及各种形式的培训来力争将个体培养成终身学习者；二是借助终身学习帮助个体激发出更多的潜能，成为一个具有高技能、高灵活度的高水平劳动者，进而建设一个人人乐于学习的学习型社会。

二、澳大利亚高质量终身学习体系的现状分析

澳大利亚的终身教育发展水平在世界上处于领先地位，其主要原因是澳政府高度关注本国教育事业的发展，在教育领域投入大量的资金并提供政策等多方面的支持。澳大利亚在教育体系的发展进程中效仿并沿袭了英国的传统，大致包括学前教育、基础教育、职业教育与培训、高等教育及社区成人

---

[1]　Candy P. C., Crebert R. G., O'leary J., *Developing Lifelong Learners through Undergraduate Education*, Canberra：Australian Government Publishing Service，1994，pp.1–329.

[2]　Cornford I. R., "Learning-to-Learn Strategies as a Basis for Effective Lifelong Learning", *International Journal of Lifelong Education*，Vol.21，No.4，August 2002，pp.357–368.

[3]　Laver P., *Lifelong Learning-Key Issues*，Canberra：Australian Government Publishing Service，1996，pp.1–27.

教育等。从整体来看，澳大利亚的终身学习体系比较完善。个体在接受义务
教育后拥有较为自由的选择权，既可以选择直接就业，也可以选择在继续深
造学习新知识与技能之后再从事就业，大学毕业后可以就业或者在接受职业
教育与培训后再就业。简言之，澳大利亚终身学习体系中各层次教育之间保
持着密切与完美的衔接，这也是澳大利亚高质量终身学习体系的一大特色。
下面将对澳大利亚高质量终身学习体系的现状进行详细剖析，以进一步加深
对于其高质量终身学习体系的认识。

（一）衔接技术与职业教育

学前和基础教育阶段作为终身学习的关键第一步，肩负着至关重要的责
任。在这个起始阶段，个体的主要目标是要学习基础知识，习得基本的社会
生存技能，培养并形成一定的价值观、人生观及世界观，为其往后的学习打
下扎实的基础。在起始阶段后的另一阶段，主要涵盖高校教育、技术教育和
职业教育。它们之间的联系与衔接始终保持着较为密切的关系，他们都是根
据社会所需人才标准来设定教育内容与培训方案，旨在培养满足社会多元化
需求的各类实用人才。

（二）关注职业教育与培训

大学作为培养高水平、高层次人才与教育科学研究的重要场所，不仅肩
负着为学习者提供学士学位、硕士学位和博士学位教育，还承担着满足终身
学习需求这一重大责任。当前，澳大利亚全国注册并完成大学与研究生课程
学习的学生大概有 75 万。另外，大学的继续教育学院将为社会成员提供多
样化的教育与培训机会。

澳大利亚于 2003 年发布《澳大利亚的终身学习》报告，该报告基于
经济合作与发展组织的"知识经济"范式和教科文组织的立场，即不是终
身学习者的个体将遭受到经济和社会排斥，不是主要学习型社会的国家也

是如此。在知识经济中，拥有特定技能的劳动力才能推动社会经济的可持续增长，职业教育与培训也被认为是极为重要的一个举措，其能够满足社会对于人才的多样化需求。2019年，澳大利亚国家职业教育研究中心指出，要将数字素养纳入职业教育与培训，从而让学习者更好地适应数字时代。

（三）满足多样化学习需求

终身学习远不只是为成年人提供第二次教育和培训机会。它基于这样一种观点，即每个人都应该能够、主动并积极地被鼓励进行持续一生的学习。终身学习涉及所有形式的学习，发生在社会的许多环境中，如学校、工作场所、社区及家庭等多个领域。澳大利亚高质量终身学习体系较为完备，基本能够满足社会成员的多样化学习需求。例如，社区学习，建立各种各样的社区学习伙伴关系是实现澳大利亚成为一个包容性学习社会的关键战略。澳大利亚和海外国家联合开发了一系列推进这一目标的模式，现在正推广到澳大利亚各地的社区。地方政府委员会是社区协作学习的主要利益相关者，并将越来越多地成为学习的主要参与者。信息通信技术为建立社会资本和社区开辟了新的途径，澳大利亚政府通过社区学习战略加以利用。学校、大学、职业教育和培训、环境咨询服务以及整个民间社会将会越来越积极地推进社区学习伙伴关系。在积极推进终身学习的进程中，澳大利亚正在建设成一个包容性的学习型社会。

总体来看，澳大利亚终身学习体系已日趋完善，已经初步建设了一种能满足社会中各类群体多样化学习需求的多功能的体系。该体系具有五大特点：第一，体系自身具有一定的灵活性；第二，教学方式具有较高的灵活性；第三，学习内容具有自由选择性；第四，人性化的入学门槛；第五，培训机构具有较高的开放性。

第三节　澳大利亚高质量终身学习体系的基本架构

如今，澳大利亚的终身学习体系臻于完善，其发展水平在国际上处于领先地位，这背后离不开高质量终身学习体系基本架构的建立与完善。

一、澳大利亚高质量终身学习体系政策制定

终身学习并不是一个全新的概念，自第二次世界大战结束以来，它就被很多国家所重视。自从终身学习这一概念在澳大利亚开始盛行后，澳大利亚政府就对终身学习给予了持续的关注。特别是在 20 世纪 90 年代，相关部门及机构陆续颁布了一系列的文件及报告，旨在推动终身学习在澳大利亚各地区的顺利展开。澳大利亚在推进终身学习的进程中主要采取以下几个重要措施。

（一）政府部门的高度关注

对于终身学习，澳大利亚政府相关部门一直高度关注，自 20 世纪 90 年代起，其相继推出了一些关于终身学习政策的报告及文件，为终身学习在澳大利亚的良好发展奠定了扎实的政策基础。终身学习不仅引起了教育部门的广泛关注，还引起了政府的其他部门的关注。例如，联邦政府的通信、信息技术与艺术部出台了《信息经济战略框架》（Strategic Framework for the Information Economy），对终身学习的深远价值给予了一定的肯定与认可，认为终身学习可以促进个体发展，并通过传播新知识与传授新技能来为社会中的其他事业提供发展动力，推动社会可持续、健康地发展。

（二）学校教育的大力改革

在澳大利亚大力推进终身学习的进程中，学校教育充当着至关重要的角色，它是建设学习型社会的重要保障。因此，澳大利亚政府始终聚焦终身学

习理论指导下的学校教育改革。例如，教育、就业、培训和青年事务部长理事会工作组于1999年发布了一份文件《澳大利亚21世纪学校教育的共同商定国家目标》，该文件被州、地区和共同财富教育部部长认可为《阿德莱德宣言》。该文件从终身学习的角度出发，在澳大利亚学校教育目标的概念化和清晰化方面迈出了一大步。该宣言坚持认为，实现国家目标将有助于年轻人"养成终身学习的习惯，以便他们能够行使作为澳大利亚公民的权利和责任"。具体而言，目标1.5指出："学校教育应该充分发展所有学生的才能和能力。特别是，当学生离开学校时，他们应该具备与就业相关的技能，了解工作环境、职业选择和途径，以此作为职业教育和培训、继续教育、就业和终身学习的基础，并对其持有积极的态度。"虽然该宣言并不是一个关于学校职业教育的宣言，但是却对澳大利亚的职业教育产生了深远的影响。这在一定程度上加快了澳洲学校教育的迅速发展，也推进了澳大利亚学校职业教育与高等教育之间的完美衔接。随后，州政府教育与培训部在新南威尔士推出《2002—2004战略规划》，该文件明确提出务必要帮助学习者建立并夯实终身学习的良好基础，为他们日后的工作或继续教育与培训铺垫好基础。

（三）职业教育的大力推进

为了建设所期望的学习型社会，澳大利亚需要先建立一个灵活、创新的教育体系，积极鼓励并倡导全国范围的个体终身学习。在这个快速发展与变化的世界里，只有拥有新的知识与技能才能紧跟时代发展的潮流。虽然学校教育能提供基础知识和技能，但工作场所的复杂多变将意味着个人不能再依靠最初的教育和培训来维持就业，而是需要获得新的和不同的技能。针对这一情况，教育和培训部门推出了各种倡导学习型劳动力理念的举措。其中一项倡议是国家职业教育和培训营销战略，该战略强调要满足客户需求，以及在澳大利亚社区内建立终身学习伦理的迫切需要，并委托澳大利亚国家培训局委员会制定国家营销战略。该项目反映了改善行业态度和培训承诺这一挑战的紧迫性，并以职业教育和培训部门的"客户"为目标，即雇主和雇员，他们需要面对不断变化和调整的需要。该战略的主要目的是"在澳大利亚社区和企业中灌输一种获得有价值的技能和参与终身学习的愿望"。此外，该报告认为，今天和明天的工人绝不能停止学习，学习不仅仅是为了儿童和年轻人，学习应该是终身的。

只有终身学习才能保证每个澳大利亚人都为变化做好准备。澳大利亚提出了独特的战略倡议，旨在促进职业教育和培训部门改善终身学习的机会。它们包括：在学校开发职业教育和培训的综合系统，形成从学校到其他选择和途径的无缝过渡；在学习环境中提供综合支持服务；形成积极的学习态度；争取他人的支持，以促进技能的获得和学习；使职业教育和培训的好处看得见、摸得着；为需要帮助的学生发展"如何学习"的技能；让有形和无形的利益更加明确，加强雇主对各种学习的支持。[1]

（四）高等教育的高度重视

澳大利亚高等教育发达，位居世界前列。在终身学习方面，澳大利亚高等教育机构的作用如下：可以纵向延伸到职业技术教育和以学校为基础的正规教育，并作为其顶点，通过认证奖励学术成就；可以与更广泛的社区和与高等教育无直接联系的人互动，为他们提供参与非正式教育的机会，提供咨询方面的专业知识，并发挥"社会批评家"的作用；可以通过联络网、专业协会和继续教育课程与毕业生建立持续的联系。2002年，澳大利亚政府推出了旨在提高当代大学生的自主权、高等教育院校的国际竞争力的一系列改

---

① Ollis T., Starr K., Ryan C., Harrison U., "Learning across the Lifespan：Lifelong Learning in Neighbourhood Houses in Australia", *Australian Journal of Adult Learning*, Vol.58, No.3, November 2018, pp.449–479.

革计划,借此来有效推动澳大利亚高等教育事业的蓬勃快速发展。[①] 此外,在办学体制上,澳大利亚效仿了英国传统,视高等教育为公共产品,全部由政府主办。

二、澳大利亚高质量终身学习体系师资配备

澳大利亚高质量终身学习体系的建设离不开其完善的师资配备,澳大利亚在构建终身学习体系的过程中特别重视将教师教育与发展终身学习联系起来。澳大利亚政府认为,为应对终身学习,未来教师需要更多的教学技能与经验,同时也需要具备较高的终身学习能力。

(一) 强调教师的终身学习

为更好地推动终身学习在澳大利亚本国的发展,澳大利亚政府意识到必须将教师教育与发展终身学习联系起来。教师作为学校教育的主角之一,发挥着至关重要的作用。教师只有以身作则,不断学习新知识与技能,成为一个优秀的终身学习者,才能更好地引导学生学会终身学习,培养学生的终身学习能力。基于此,澳大利亚政府陆续制定并出台了相关政策文件及报告,旨在提高教师的终身学习能力,进而引领更多的学生成为优秀的终身学习者,为构建学习型社会奠定了基础。联邦政府于2000年颁布了《21世纪的教师:不同之处》,该报告指出,应当提高初期教师教育和继续发展、促进价值与教学标准、使专业发展能够充分满足学校与社会及个人的多元化需求。此外,教育部门深刻意识到教育领导者与教师在激励和推行终身学习的过程中的重要作用。因此,州政府率先提出"专业路径项目"和"专业改进路径项目",旨在促进教师的专业发展,提升教师的教学质量。

---

① Tam M., "Towards a Cross-Cultural Understanding of Ageing and Learning by Senior Adults in Hong Kong and Australia", *International Journal of Lifelong Education*, Vol.36, No.5, June 2017, pp.565–577.

（二）设定教师的认证机制

澳大利亚对教师入职前的教育有着非常详细的准则及规范。在澳大利亚，教师要顺利通过职前课程认证与审批，需要达到几个条件：达到"教师专业标准"所设定的毕业生水平，如专业实践能力、专业协调能力、专业教学能力及专业知识等；学历要求和英语水平要求。此外，在澳大利亚，教师职前教育课程需要经过严谨的审批过程，一般而言，4—5 年审批或复审一次，审批认证的流程也极为严谨。一般的流程包括：申报或通告，组建专家小组并初步讨论，呈现正式的课程报审文件，评估并递交报告，最后由认证委员会根据专家小组的报告，审议后作出最终的决定。

（三）严格规范的师资培训

澳大利亚师资培训制是澳大利亚基础教育师资专门培训体系。始于 19世纪中叶，历经四个时期[①]：第一，基础时期（19 世纪中期）。一些地区开始实施公立教育，培养师资主要采用"导生制"，直至 20 世纪初。第一所培养师资的学校是 1850 年建于悉尼的福尔街模范学校（Fort Street Model School）。第二，发展时期（1900 年以后）。师资培养已较为正规。主要培养机构为州或民办（如教会）师范学院。强调师范生应受专业训练及广泛教育，开设两年全日制课程。第二次世界大战后，人口骤增，义务教育年限延长，政府实施大规模移民计划，迫切需要大量师资，因而建立许多新的师范院校，大学亦开设教育证书课程，或与师范院校联合培养中学师资。第三，变革时期。1964 年，由政府任命的"马丁委员会"发表报告，确认高等教育包括大学、高等职业技术和师范教育等。1972 年，政府接受关于师范学

---

① Schuller T., Watson D., "Learning through Life : Inquiry into the Future of Lifelong Learning", *British Journal of Guidance & Counselling*, Vol.38, No.3, August 2010, pp.363–374.

院地位的建议，使州立师范学院享有自治权，并给予资助，将课程计划由 2 年延至 3 年。① 迅速发展起来的高等教育学院在师资培养中日益发挥重要作用。大学、师范院校、高等教育学院及各种教育部门提供的在职教师进修机构，构成师范教育的整体。第四，重建时期（始于 20 世纪 80 年代）。20 世纪 70 年代以来人口出生率下降，师资需求减少，政府削减对高等教育的资助，导致师范院校大规模整顿与改组有些停办，有些与邻近院校合并组成综合性院校，有的并入大学，成为其所属教育学院，有些则改进、提高课程和培训质量，发展为高等教育学院。1980 年 8 月，奥奇默蒂（Ochimotti）负责的全国师范教育调查委员会提出报告，建议将三年制教育证书课程发展为学位课程。各大学、高等教育学院、教育部门、教师工会和教师中心等，均视情况开设不同学位、不同形式的教师培训和进修课程，包括学士学位、硕士学位和博士学位课程。

三、澳大利亚高质量终身学习体系资源开发

澳大利亚高质量终身学习体系的建设离不开其多样化资源的支撑，下面将从多角度对其进行详细阐述。

（一）注重学校的实用性

中小学具备了现代化的办学条件，有比较足够的教育投资。但是，澳大利亚中小学学校建设不追求豪华和气派，而注重实用和对教育教学产生实效。无论是在偏远的乡村，还是在世界著名海港——悉尼和墨尔本，所有中小学都没有一栋宏伟壮观的教学大楼或办公大楼，绝大多数是平房或二层楼房，还有不少是结构简单的活动式房屋，只是外墙喷上涂料。学校的大多数房子是一室多用，既是教室，又是学生的手工作品陈列室、电脑

① Candy P. C., Crebert R. G., "Lifelong Learning : An Enduring Mandate for Higher Education", *Higher Education Research & Development*, Vol.10, No.1, October 1991, pp.3–17.

操作室；既是校长办公室，又是接待室。但是室内装饰美观、适用，学习和生活设施很齐备，教学仪器设备现代化，校园绿化和美化程度高，都是花园式的学校。当然，澳大利亚的中小学教育并非完美无缺，也存在一些尚待改革和完善的地方。然而，他们坚持从国情出发来发展中小学教育，注重实效。

（二）多渠道的教育投资

澳大利亚沿袭英国传统，把高等教育看成公共产品，全部由政府主办。在澳大利亚的 37 所公办高校中，除澳大利亚国立大学由联邦政府主办外，其余均由州政府主办，并坚持"谁主办、谁投资"的原则。澳大利亚高等教育的投资主要来自州一级政府。目前，澳大利亚公立大学的办学经费主要来自四个方面：一是政府年度财政拨款；二是政府每年立项的科研经费；三是社会惠赠和赞助收入；四是学费收入。20 世纪 80 年代末以前，澳大利亚大学的经费来源几乎完全依赖政府拨款，之后政府拨款占办学经费总收入比例逐年减少。近年来，澳大利亚财政投入在高等教育经费中所占比例虽有所下降（主要原因是留学生的学费收入比例逐年提高），但政府对高等教育投入总量仍呈上升趋势。澳洲大学联盟对联邦政府的高等教育预算方案表示支持，认为预算中的相关措施为高等教育提供了保障。

（三）一体化的培训体系

教师是振兴教育的关键。澳大利亚中小学教师和学前教育教师的培训历经三次变更。1972 年前，公立学前教育教师和中小学教师由师范学院培养；1972 年至 1974 年，师范学院并入高等教育学院[①]；20 世纪 80 年代初，

---

① Schuller T., Watson D., "Learning through Life：Inquiry into the Future of Lifelong Learning", *British Journal of Guidance & Counselling*，Vol.38，No.3，August 2010，pp.363–374.

在高等学校进行调整后，澳大利亚政府十分重视中小学教师由综合性大学的教育学院培养；培养新教师和开展在职教师的继续教育（澳大利亚把它叫作"专业开发"或"业务提高"），形成了一体化的教师培养培训体系。培养未来小学教师和学前教育教师的学制为 3 年，学生毕业参加工作后再通过在职函授教育获得学士学位。培养未来中学教师的学制为 4 年，授予学士学位，学生毕业参加工作后通过函授教育获得硕士学位或博士学位。

教育学院以培养能为人师表、有教育教学能力、能适应现代中小学教育要求的高素质水平的教师为目标，要求学生在校学习期间主修一个专业，兼修其他专业。在课程设置中，突出教育理论课程，重视教育实习。一学期至六学期都开设教育原理、儿童心理学、教学法等教育理论课程。一学期至五学期每学期安排教育实习 2 周，第六学期安排教育实习 10 周。为了使未来的中小学教师能够适应乡村的复式教学，大多数教育学院都开设了有关复式教学方法方面的课程，并且经常组织学生到乡村复式班实习。同时，教育学院的远程教育中心为乡村复式教学教师进一步提高教学能力提供指导。实践证明，这种一体化的教师培养培训体系，有利于节约师范教育投资，提高办学效益，有利于教师的职前教育与职后教育紧密结合，增强教育的连续性和针对性。

（四）多样化的学习途径

成人社区教育的重要教育内容之一是提供"初步教育"。成人社区教育为具有一定职业教育和培训学习经验的人、未接受正式教育的人或在其他机构有不愉快学习经验的人提供"初步教育"。成人社区教育为无法进入职业教育和培训的人提供了很多学习途径，并提供了第二次学习的机会。成人社区教育的学习高度集中，一般的学习周期较短，目的是在友好鼓励的环境中为学习者提供他们想要的知识与技能。

四、澳大利亚高质量终身学习体系组织管理

良好的组织管理是澳大利亚高质量终身学习体系建设的必要条件，接下来将对澳大利亚高质量终身学习体系的组织管理进行阐述。

（一）多样的组织机构

澳大利亚成人社区教育的机构是多样的。成人和社区教育学院、夜大、社区学院（中心）、邻里会馆和工人教育社团是成人社区教育的主要提供者，在有些州，职业技术教育学院的独立机构也提供成人社区教育。成人社区教育机构是复杂的。[1] 因为既有每周只提供少量课程的乡镇小机构，也有每年提供上千种课程、招收 2 万多学生的城市大机构。所有符合澳大利亚质量培训框架（Australi a Quality Training Frame-work，AQTF）标准的培训机构被称为注册培训机构（Registered Training Organizations）。一般而言，注册培训机构提供的培训和教育是正规的，带有明显的职业性目的。按照这一原则可以将成人社区教育机构分为四类[2]：政府每年提供 10 万美元以上资助的大型注册培训机构（Registered Training Organisayion，RTO）；政府每年提供少于 10 万美元资助的中小型注册培训机构；不属于以上两类的注册培训机构；非注册培训机构。

（二）为培训提供资金

澳大利亚政府的教育和培训部以及州政府教育部门负责为正式和非正式

---

① Candy P. C.，Crebert R. G.，"Lifelong Learning：An Enduring Mandate for Higher Education"，*Higher Education Research & Development*，Vol.10，No.1，October 1991，pp.3–17.

② Harteis C.，Goller M.，"New Skills for New Jobs：Work Agency as a Necessary Condition for Successful Lifelong Learning"，in *Promoting, Assessing，Recognizing and Certifying Lifelong Learning*，Halttunen T.，Koivisto M.，Billett S.（eds.），Berlin：Springer Dordrecht，2014，pp.38–45.

的职业教育培训提供资金。公司和个人也为培训开支出资。公司通过为自己的雇员购买培训而出资。正规教育系统中的职业教育培训不是免费的。学生通过支付课程和管理费用来出资。有些学生支付自己所有的费用，没有得到任何政府的补助。政府通过提供技能需求清单（显示培训的优先领域以及课程价格）方式来作出实际培训购买决策。

（三）统一管理的办学经费

澳大利亚中小学的办学经费由各州政府投入，由州教育部统一管理，联邦政府提供的中小学教育补助经费也下拨给州教育部。这种高度集中的中小学教育投资管理体制，在联邦宪法和义务教育法案里有明确的规定。它与分权制的财税体制相适应，有利于保证城乡中小学教育相对平衡发展和顺利实施 10 年义务教育。因此，澳大利亚的城市中小学与郊区、乡村中小学的办学条件基本上没有差别，即使是十分偏远的乡村复式小学，也同样有舒适的校舍和计算机等现代化的教学设备。城乡学龄儿童享受基本相等的教育机会和学习环境。但是，由于各州的自然条件和经济发展水平不同，州与州之间在教育投入水平上存在差异。例如，与其他州相比，西澳州的经济发展水平较低，其教育投资水平也略低于其他各州。

（四）二元化的办学制

澳大利亚的中小学教育已经形成了以州政府办学为主、私人办学为辅的二元办学体系。州政府办的公立学校约占中小学总数的 75%，私立学校约占25%。① 私立中小学主要由教会主办，其中大多数是天主教学校，政府按私立学校在校学生人数给予适当的经费资助。联邦政府也设立了中小学教育专项补助经费，支持各地发展中小学教育。这种二元化的办学体制是与澳大利亚

① Candy P. C., Crebert R. G., "Lifelong Learning : An Enduring Mandate for Higher Education", *Higher Education Research & Development*, Vol.10, No.1, October 1991, pp.3–17.

的联邦政治体制，以及与这种政治体制相适应的财税体制相适应的，也与该国的宗教传统密切相关。实践证明，这种办学体制既突出了政府办学的主体地位，承担了普及义务教育的法律责任，有利于中小学教育的稳步发展，又充分利用了社会教育资源，调动了社会办学的积极性。

（五）多样的教育形式

从地广人稀、居住分散的实际出发，为了便于适龄儿童受规定年限的义务教育，澳大利亚采取灵活多样的教育形式，有单式班学校，也有复式班学校；有只用一种通用语言——英语进行教学的学校，也有采用双语教学的学校；有各民族学生混合的学校，也有专门设置的土著人学校；有正规的学校教育，也有非正规的教育。澳大利亚的非正规教育有两种形式：一是家庭教育，凡居住非常偏远的、有教育能力的家庭，其子女可以在家里接受教育。例如，西澳州的阿斯佩兰斯地区规定，凡距离学校汽车单程 1.5 小时以远的村民，其子女可接受家庭教育或远程教育。[①] 学生经过所在地的学校考试合格者，发给毕业证书。二是远程教育，即通过有线电话、计算机网络、电视信息媒介进行教育。各州都非常重视远程教育，设置了规模较大的远程教育中心。

第四节　澳大利亚高质量终身学习体系的主要特征

此前对澳大利亚高质量终身学习体系的发展脉络进行了梳理，并对澳大利亚高质量终身学习体系的基本架构进行了深入探究，现将总结并归纳澳大利亚高质量终身学习体系所具备的特征，具体如下。

---

① Billett S.，"Conceptualising Lifelong Learning in Contemporary Times"，in *Promoting, Assessing, Recognizing and Certifying Lifelong Learning*，Halttunen T.，Koivisto M.，Billett S.（eds.），Berlin：Springer Dordrecht，2014，pp.25–28.

一、注重学习的连贯性

连贯性包括两个方面：一方面保持终身学习政策的连贯性；另一方面确保终身学习在各级各类教育间的衔接与贯通。

在保持终身学习政策的连贯性方面，从终身学习概念传入至今，澳大利亚政府陆续推出了若干推动终身学习的政策。在基础教育领域，在1989年的《基础教育霍巴特宣言》推出后，澳政府根据时代需要进行补充和更改，于1999年制定了《二十一世纪基础教育目标》[①]。新旧政策实现了衔接，在职业教育与培训领域，培训制度在内容制定、实施办法、审核措施、认证方式等方面也根据时代需求作了相应调整。新学徒制的推出更是对原有学徒制进行改革的结果。2002年推出的资格培训框架也是在对1998年推出的澳大利亚认可框架进行修改后产生的。在学历认证领域，学历资格框架是在原有学历资格体系修改的基础上提出的。这些具体政策的出台说明了澳大利亚在终身学习政策制定上保持了时间上的连贯，有利于终身学习的深入开展。

在确保终身学习与各级各类教育的衔接与贯通方面。澳大利亚的教育改革把培养学生的终身学习能力作为重要目标，把学生的可持续发展放在首位，为学生进一步接受教育奠定基础。统一学历资格框架的建立保证了教育体系中正规教育、非正规教育和非正式教育的连贯性，使社会成员可以顺利实现从一个教育部门到另一个教育部门的过渡。1995年"学历资格框架"的推出把所有义务教育后教育和培训的学历资格纳入全国统一的学历资格框架中，使正规、非正规和非正式的学习成果都能得到认可，学分的转换和学习路径的拓展也变得更加容易。2002年，澳大利亚学习资格框架咨询委员会又推出《澳大利亚学历资格框架国家政策指南》，就同一领域内的文凭与学士学位间的学分转换提出了具体准则，为受教育者在技术和继续教育学院

---

① Parry N. M., *Factors Inhibiting Illegal Miners in Central Region from Registering with the Mineral Commission in Ghana*, Accra：University of Ghana，2014，p.24.

与大学之间的流动创造了条件。例如，堪培拉技术和继续教育学院与堪培拉大学、澳大利亚国立大学等达成了学分转换协议，这样，技术与继续教育学院的文凭就可以通过协议实现与大学文凭的衔接。

二、重点关注职业教育

澳大利亚非常关注通过发展职业教育为国民提供终身学习机会。发展职业教育的举措之一是把职业教育与培训引入高中，实行学校本位的新学徒制，在学校和企业间展开不同类型的合作，通过职业教育与培训培养学生的过渡能力。在学历资格认证上，职业资格证书在学历资格框架中占有非常大的比重。在大学与职业教育机构的合作中，终身学习政策的重点是将职业技术教育引入普通教育领域，改变原有的职业教育和普通教育相分离的状况。在成人教育领域，成人在企业、学校和其他场所进行的学习也以职业需求为导向。

三、重视学习质量保障

澳大利亚发展终身学习不是单单追求学习方式的多样化和参与对象的广泛性，而是在保证尽可能多的学习方式和学习参与者的基础上追求学习质量的提高。在基础教育领域，《国家基础教育目标》把提高学生的学习效果放在首位，推行课程改革，对教师和学校管理者进行培训，通过开发教师终身学习资源，向教师提供多种形式的进修机会，促进教师专业水平的提高。通过培养学生的基本学习与生活能力，为他们将来的学习或就业打好扎实的基础。这都体现了质量为先的原则。

四、体现一定的民主性

民主性主要体现在对弱势群体的重点关注和学习权利的平等赋予上。与能够接受良好的现代教育的年轻人相比，澳大利亚的成人无论是在受教育水平上还是在受教育范围上都远远落后。因此，成人是推进终身学习中最受关注的群体。辍学学生也是受重点关注的群体。由于义务后教育不带有强制性，此阶段的学生极易因为个人或社会原因失去或主动放弃学习机会。高中学生的参与率和毕业率直接影响澳大利亚向学习型社会迈进的速度，因此，澳大利亚在若干政府文件中多次提到对辍学年轻人进行专门的援助。澳大利亚是个文化多元化国家，其推进终身学习的政策也因宗教、地域、种族和民族等的差别作出相应调整。例如，对于土著人，向他们提供学习"多元文化"的机会；对于新的移民，实行包容的政策，先向他们提供学习语言的机会。这种向不同人群提供各自所需的学习机会的政策无疑是终身学习政策民主性的体现。

五、强调多方共同参与

澳大利亚推进终身学习的策略非常强调多方参与，并关注策略实施时的明确分工。政府、企业界、社区和社会团体等都成为推进终身学习的参与者。澳大利亚各级政府在终身学习中始终承担最为重要的角色。从终身学习思想的传播、政策的制定、政策的实施、政策效果的评估及核查，各个环节都有相应政府部门的参与，并且承担了一些最为重要的任务。这充分体现了澳大利亚政府在推进终身学习中的主动性和服务意识。

在迅速发展的信息经济中，劳动者技能的更新需求只能在特定的工作场所得到验证。虽然澳大利亚企业界对于终身学习的支持还处在初步发展阶段，企业重视和加大职工教育和培训经费的情况还不普遍，但有不少企业已经把职工培训投资提高到了工资总额的3%—4%。可见，企业界在终身学习政策实施中确实扮演了主动参与者的角色。

技术和继续教育学院与大学在终身学习政策执行中承担不同责任。技术与继续教育学院的重要任务是满足行业发展的需要，培养熟练工人和初中级技术人员；而大学则培养工程、法律和医生等职业的专业人才。因为就业导向越来越影响学生学习动机，大学也越来越关注社会对人才的需求，以强化应用性人才培养能力。技术与继续教育学院适应社会对人员全面素质的要求，在传统的职业导向课程中，注意加强对学生文化素质的培养，甚至有些学院开始授予"技术学位"。技术与继续教育学院与大学两个不同部门间合作的迅速发展，为学生提供了发展的机会和可以选择的学习途径。

六、凸显多维的灵活性

无论是在义务教育领域，还是在义务后教育与培训领域，澳大利亚推进终身学习的策略均体现出很强的灵活性，包括学习时空的灵活性、学习内容的灵活性和学习者入学资格的灵活性。

就学习时空的灵活性而言，为便于学生在州与地区间的灵活转学，基础教育目标中规定学校教育中要实行相对统一的课程标准和学习年限。2001年，在技术与继续教育学院学习的 176 万学生中，90% 左右的学生都以部分时间制的形式学习，而且经常是边工作边学习。在大学中，约有 40% 的学生以部分时间制的形式学习或在校园外学习。[①] 在开放学院，学生可以在一年中的任何时间登记入学，自定学习的进度，自定考试或上交作业的时间，注册自己需要的学习模块的数量，教学模式基本上实现了从以教师的教为主到以学生的学为主的转变。

就学习内容的灵活性而言，职业教育与培训不要求学习者必须完成所有学历资格课程的学习，学生可以选择自己所需要的课程。对于正在工作的成年人来说，需求量非常大的是非学位课程。学习内容的呈现可以运用各种媒体包括印刷材料、录音带和录像带、网络技术支持的在线学习材料、光盘等。这样，学习就成为生活的一部分，学习者可以在工作之余的任何时间进行学习，满足学习者对学习的多样化需求。

---

① Kenny S., *Developing Communities for the Future*, Melbourne：Cengage Australia，2010，pp.1–488.

就学习者入学资格的灵活性而言，学习者参加各种终身学习项目基本上没有门槛。2001年，在堪培拉技术和继续教育学院就读的1.5万名学生中，有6%的学生是基础教育阶段的失学者，45%的学生拥有中学后学历资格。其中持有大学教育阶段学位的占10%，持有各种职业教育与培训证书的占35%，还未完成中学后教育各种证书或学位学习的占35%。当然，入学资格的灵活性并没有降低教学质量，教育和培训机构对证书和文凭有严格的管理，学生只有通过课程考试获得学分后，才能获得相应的证书或文凭。

第五节　澳大利亚高质量终身学习体系的研究总结

上述内容分别从澳大利亚高质量终身学习体系的发展脉络、基本架构及其主要特征进行详细分析。下面进一步总结澳大利亚高质量终身学习体系建设的成功经验。

一、贯彻落实终身学习理念，积极改革学校教育

学校教育是发展终身学习、建立学习型社会的基础。为此，澳大利亚各级政府一直致力于终身学习理论指导下的学校教育改革。例如，《阿德雷德宣言》中的目标1.5提到"学校教育应该开发所有学生的天赋与能力，尤其是当学生离校之时，他们就应拥有与自身技能相关的工作，能够适应工作环境，有职业教育与培训、继续教育、就业与终身学习方面的生涯选择与路径，并对此形成积极的态度"。[①]昆士兰重新设定了学校教育的目标：提高学生教育经验的质量和提高学生留校率，并实施"新基础"项目，意在整合学校教育的课程、教学与评估，为学生进入学习型社会做好准备。在新南威尔士，州政府教育与培训部强调，应帮助学生建立终身学习的基础，并承诺为

---

① Cornford I. R., "Learning-to-Learn Strategies as a Basis for Effective Lifelong Learning", *International Journal of Lifelong Education*, Vol.21, No.4, August 2002, pp.357–368.

他们今后的继续教育和工作打好基础。① 在西澳，终身学习同样深入人心，在其学校课程框架中，与支持终身学习相关的策略包括：为处境不利的各种学生提供更好的教育计划，加强学生的信息技术教育以使他们更好地适应信息社会。2021 年，澳大利亚颁布《2021—2030 年澳大利亚国际教育战略》（Australian Strategy for International Education 2021–2030），以终身学习为目标取向，把多样性、满足澳大利亚的技能需求、以学生为中心、促进经济增长和提升全球竞争力作为未来十年的优先事项。

二、加强组织管理机构建设，完善支持保障体系

为有效推动高质量终身学习体系的建设，澳大利亚政府以终身学习组织管理机构建设为抓手，从政策制定、教师培养和评价认证等方面为终身学习体系提供支持与保障。第一，澳大利亚通过成立澳大利亚资历框架委员会、澳大利亚成人学习协会和澳大利亚信息通信技术教育委员会等组织管理机构，从多个维度推动高质量终身学习体系的建设。第二，澳大利亚政府制定了一系列的政策，为终身学习在澳大利亚的发展奠定了良好的基础。认可正式学习与非正式学习、强调自我激励学习的重要性、鼓励通过自筹资金来进行学习以及提高全民学习的积极性是澳大利亚终身学习政策的显著特征。第三，澳大利亚通过制定澳大利亚教师专业标准（Australian Professional Standards for Teachers）、开展"为澳大利亚而教"（Teach For Australia）项目和成立"专业学习中心"（Professional Learning Hub）等加强教师培养，为终身学习体系的构建提供师资支持。第四，澳大利亚通过"澳大利亚国家评估项目"（Australian National Assessment Program）来评价学生的信息素养和数字素养，并于 2022 年发布《国家微证书框架》（National Microcredentials Framework），通过推广微证书为数字时代背景下的终身学习认证提供支持。

---

① Preece J.，"Beyond the Learning Society：The Learning World？"，*International Journal of Lifelong Education*，Vol.25，No.3，May 2006，pp.307–320.

三、推动多元主体进行协作，构建终身学习城市

澳大利亚推动各级政府、学校、企业、非营利组织等主体的协同合作，打造终身学习城市，为构建高质量终身学习体系提供保障条件与环境支持。总的来说，联邦、州和地方政府对终身学习进行整体规划，学校和非营利性组织举办研讨会和其他学习活动，企业提供技术支持和资金投入。其中，澳大利亚成人学习协会是非营利性组织的典型代表，其为各级政府提供有关终身学习的建议，为利益相关者提供专业发展活动和论坛，负责开发成人学习资源以及管理成人学习周活动等。在多元主体的通力合作下，澳大利亚的终身学习城市建设取得了显著的进展。例如，位于维多利亚州西部边缘的温德姆市打造了面向所有人的终身学习城市。2006 年，温德姆市启动了第一个学习社区战略（Learning Community Strategy），随后于 2007 年推出了在线学习门户网站（Wynlearn）。2019 年，温德姆市议会被确立为联合国教科文组织全球学习型城市网络的成员。目前，温德姆市设置了众多的学习中心，开办土著文化、新学习方式、社区领导者、创造性学习、社区"黑客马拉松"、商业创业、公民学习和社会凝聚力等课程，定期举办与作者会面、公开阅读、讲座和研讨会等免费活动，并提供相应的在线学习资源。

从关注技术与继续教育开始，澳大利亚的高质量终身学习体系不断发展。如今，澳大利亚高质量终身学习体系的基本架构已然形成。在实践发展中，澳大利亚高质量终身学习体系呈现出六大特征：注重学习的连贯性、重点关注职业教育、重视学习质量保障、体现一定的民主性、强调多方共同参与、凸显多维的灵活性。终身学习体系是学习型社会的基石，也是实现教育现代化和建设教育强国的必由之路。

第十章　经济合作与发展组织主要成员高质量终身学习体系的全面透视

从全球方面来看，知识经济的兴起促进了新的全球基础设施的产生，信息技术在全球经济中发挥了越来越重要的作用，并由此改变了知识的性质。目前，社会对于综合性人才的需求越来越大，全球化经济带来的社会环境的变化不可避免地导致了教育体系的变化。随着知识经济的不断发展，各国对终身学习的关注日益增多。作为一个国际组织，经济合作与发展组织在推动全球终身学习方面发挥着重要的作用和贡献。

第一节　经济合作与发展组织主要成员高质量终身学习体系的背景分析

"终身学习"多年来一直是教育和培训政策的一个突出的总体目标，强调在整个生命周期以及构成我们生活的不同领域中进行的学习。经济合作与发展组织的终身学习政策议程产生于 20 世纪 90 年代末围绕教育政策的国际共识。经济合作与发展组织主要成员和其他超国家组织都认为，经济全球化、信息通信技术的迅速发展、知识作为晚期资本主义的关键商品的兴起从根本上改变了人们的生活、工作和学习方式。

1996 年，联合国教科文组织发布《学习：内在的财富》①，呼吁发达工业国家为全社会提供终身学习机会是提高经济生产力、实现个人和社会福祉以及社会包容发展的关键战略。在联合国教科文组织早期关于"终身学习"和"学习型社会"工作的基础上，经济合作与发展组织在 20 世纪 90 年代末提出了一个新的学习愿景："促进在所有环境中的所有个人和社会的发展，包括在学校、职业高等教育机构、成人教育机构进行的正式学习，以及在家庭、工作场所和社区进行的非正式学习。"② 这两个超国家组织倡导的终身学习理念得到了各国政府的积极认可和采纳。1996 年，经济合作与发展组织各成员教育部部长把"全民终身学习"作为政策框架。自此之后，经济合作与发展组织就终身学习的各个方面开展了大量工作，包括幼儿教育、从学校到工作的过渡、成人教育和高等教育等。例如，瑞士的"关键能力的定义和选择"（Definitions and Selection of Key Competencies）项目。该项目始于1997 年由瑞士联邦统计局领导的经济合作与发展组织教育指标方案，目的是激励每位社会成员掌握阅读、写作和计算等基本技能，以及提高面对未来挑战或获得成功所必备的能力。

不久之后，终身学习的国际政策话语开始影响正规学校教育。2001 年，经济合作与发展组织以"全民终身学习：政策方向"为主题，回顾了这项工作的大部分内容，并确定了一些需要持续关注的关键政策层面。③ 虽然终身学习的概念在许多方面仍然模糊不清，但它对许多国家的教育决策产生了巨大的影响。20 世纪 90 年代后，经济合作与发展组织提出了学校课程改革以促进新形式的知识，并强调知识不是单纯的陈述与灌输，不仅要知道知识的概念、事实、关系及命题网络，更应该知道如何获取和转化知识，将"我

① UNESCO, *Learning : The Treasure Within*, Paris : UNESCO, 1996, pp.1–266.

② Gonczi A., "The OECD : Its Role in the Key Competencies Debate and in the Promotion of Lifelong Learning", in *Graduate Attributes, Learning and Employability*, Hager P., Holland S.(eds.), Dordrecht : Springer, 2006, pp.105–124.

③ OECD, *Education Policy Analysis*, Paris : OECD Publishing, 2001, pp.1–34.

会知识"变成"我能创造知识"。在新型的"知识社会"中，正规学校教育不应仅仅"关注确定的学习内容和技能"，而是提高"学生能灵活适应未来职业需求和新环境的能力"。① 这种对新学习的概念化也反映在经济合作与发展组织对国际学生评估项目（Programme for International Student Assessment，PISA）的设计中。芬兰和韩国的突出表现证明，优质和公平是终身学习的目标。尽管这两个国家在其他许多方面都有所不同，但其终身学习的发展都得到了一定的发展与创新。

第二节 经济合作与发展组织主要成员高质量终身学习体系的价值导向

随着终身学习理念的深入，为了满足全民的终身学习需求，经济合作与发展组织主要成员都十分重视终身学习体系的构建和完善，为全民的终身学习提供有力的支撑。虽仍然存在一些问题，但已取得了非常不错的效果，甚至部分发达国家的终身学习体系已趋于完善。以下将从政策制定导向、师资配备导向、资源开发导向和组织管理导向四个方面阐述经济合作与发展组织主要成员终身学习体系的价值导向。

一、政策制定导向

从全球终身学习的发展轨迹看，经济合作与发展组织主要成员推动终身学习的理念具有广泛性和现实性，推展策略具有国际标杆效应和影响力。同时，经济合作与发展组织主要成员以发达国家和欧洲国家为主，其政策制定多处在全球推动终身学习的前沿，在全球终身学习发展事业上发挥引领作

---

① Rychen D. S., Tiana F. A., "Developing Key Competencies in Education：Some Lessons from International and National Experience", *Unesco International Bureau of Education*，No.100，January 2004，pp.35–80.

用，对广大发展中国家具有一定的影响。以下将从不同角度阐述经济合作与发展组织主要成员高质量终身学习体系的政策制定导向。

(一) 提供高质量的基础教育

国际成人能力评估计划 (The Program for the International Assessment of Adult Competencies，PIAAC) 指出，一些国家有大量的低技能青年。鉴于许多经济合作与发展组织国家的青年失业率非常高，需要为这些青少年制定一项着眼于长远的预防战略。该战略必须连贯一致，并以三个主轴为基础。首先，加大对早期教育和发展的投资，尤其要重点支持弱势背景的儿童。其次，需要向所有人提供高质量的基础教育。作为终身学习的重要基础阶段，在幼儿期所做的额外投资，特别是对弱势儿童的额外投资，需要在基础教育阶段持续下去，否则认知和非认知技能的初步提高可能只是暂时的。最后，缺乏现代职业教育和培训体系的国家需要制定涉及适应劳动力市场不断变化的技能需求的相关政策制度，这种制度为青少年提供机会，也为大龄青年和成年人提供有意义的第二次学习机会。

(二) 致力于全民终身学习

在终身学习理念与全民教育理念的影响下，从 20 世纪 90 年代中期开始，经济合作与发展组织主要成员开始强调不仅要"终身学习"，更强调终身学习要面向每一个个体。国际学生评估项目主任安德烈亚斯·施莱歇尔 (Andreas Schleicher) 也表示："经济合作与发展组织成员中表现最好的教育体系是那些结合了卓越和公平的教育体系"，这句话确定了终身学习的目标方向，并指出"高绩效教育体系"的关键所在。[①]1996 年，经济合作与发展组织成员各国教育部部长基于该目标，将"全民终身学习"作为一项教育

---

① Prøitz T. S.，Rye E.，Aasen P.，"Nasjonal Læreplan Som Utdanningspolitisk Dokument"，*Norsk Pedagogisk Tidsskrift*，Vol.99，No.6，June 2015，pp.417–433.

政策。"全民终身学习"理念具有四大主要特征：系统性、以学习者为中心、学习动机的激发、教育政策的多元目标。其中，教育政策的多元目标包括促进个体成长、知识进步、经济和社会文化的发展等，而这些目标在个体一生中的优先顺序可以有所变化。[①] 目前，从韩国到加拿大，几乎每一个经济合作与发展组织成员都在其教育政策中提到终身学习和知识社会。纵观经济合作与发展组织主要成员从 20 世纪 70 年代至今对终身学习体系的建设历史，可以发现，终身学习的政策性质发生了以下转变：第一，内涵越来越丰富。全民终身学习更强调每个人一生的学习需求，关心各阶段、各类型、各形式的教育。这表明，对终身学习的推展从强调教育到强调学习，从重视成人到重视人人，从关心义务教育阶段后的教育到关心各个阶段的教育。第二，目的越来越多样。面向全民终身学习的政策制定将公民发展、社会凝聚力增强以及国家经济增长作为主要目标，体现出政治、经济、社会与文化等多重目的。第三，价值取向越来越多元。面向全民终身学习的政策制定提倡"再教育是为了实现个人发展、社会凝聚以及经济增长"，体现了工具性和价值性的统一。

二、师资配备导向

信息通信技术的加速发展极大地影响了知识传播、转化和评价的方式，改变了当代生活的许多特征。科学和技术的持续发展正在以前所未有的速度创新知识，这种变化极大地改变了很多工作的性质和职业模式。各种国际机构都意识到终身学习对社会变革的重要性，并强调必须建设一批高素质的教师队伍来促进终身学习的发展。以下将简要阐述经济合作与发展组织主要成员高质量终身学习体系的师资配备导向。

---

① OECD, *Qualification Systems*：*Bridges to Lifelong Learning*，Paris：OECD Publishing，2007，pp.13–14.

（一）提升教师专业发展

经济合作与发展组织主要成员将高质量教学作为高质量教育和培训的先决条件。同时，教师职业的复杂性要求教师必须与时俱进，适应快速变化和不断发展的社会化需求。可以将经济合作与发展组织主要成员提升教师专业发展的策略分为以下三个方面。

第一，政策方面。如果要实现终身学习政策的目标，那么在战略规划中给予教师更大的优先权是至关重要的。为提高教师的职业技能并以此来保障高质量终身学习体系的有效运转，经济合作与发展组织主要成员颁布了一系列有关教师专业发展的政策，包括教师资格认证政策、教师培训政策和教师激励政策等。

第二，学校方面。经济合作与发展组织主要成员提供具体的、针对教师的扩展培训；联合当地工作人员进行课堂协助；鼓励教师参加其他专家型教师、学校和地区组织的公开课等类似项目；召开与实际问题相关的定期项目会议等。这些措施有效提升了教师的教学水平。在不同的国家，以学校为基地实验的持续时间各不相同，但越来越受到经济合作与发展组织主要成员的重视。比如，英国采取了最激进的方法，大大增加了教师在学校教学上花费的时间，给予学校工作人员更大的权力，并减少了冗余的非教学时间。

第三，教师学习方面。为了帮助年轻人学习，教师需要更复杂和更具分析性的技能，必须发展更高层次的思维和学习能力。为了支持教师能够胜任复杂的教学任务，经济合作与发展组织主要成员的政府及相关教育部门为教师提供更多和更有效的专业学习机会。此外，教师效能与教师专业学习机会密切相关，教师专业学习机会可以提供掌握和替代经验，从而提高教师的个人能力水平。因此，提供嵌入学校的专业学习机会可以满足自我导向的教学变革愿望，并提供持续努力和克服障碍的动力。

（二）提供在职教师教育

终身学习政策为教师职业的进步增添了新的动力。经济合作与发展组织主要成员都认为有必要为教师提供在职教育和培训。在终身学习政策的背景下，这一点得到了更加有力的肯定。在现代环境下，最初的专业培训是完全不够的，对教师来说尤其如此，他们需要跟上知识的新变化和教学的新发展，以便他们能够为一批又一批年轻人提供有效的指导。当教师试图培养和激励学生成为终身学习者时，教师也需要在自己的行为和态度中体现出终身学习的特征。一方面，经济合作与发展组织主要成员加大了对在职教师教育的投资。教师教学的不断更新被视为实现其潜力和理想的教育改革的重要因素。在大多数国家，参加在职教师教育是自愿的，但在少数国家，这是合同义务的一部分。大多数国家提供在职教育，一部分是在学校时间，另一部分是在个人时间。在一些国家，如英国，一些非教学时间也可用于学院规划和在职活动。另一方面，形成教师之间的校际网络或集群，即来自许多学校的工作人员共同研究新课程或新方法。经济合作与发展组织在报告中指出，外部援助对这一进程有着至关重要的作用。例如，来自高等教育机构、教育中心或专家小组的支持能够有效地提高教师的终身学习技能，以便教师能够更加灵活地运用知识和技能鼓励学习者进行终身学习。

三、资源开发导向

高质量的终身学习体系离不开多样化的教育资源。经济合作与发展组织主要成员致力于开放教育资源的开发，这有利于学习资源效率和学习质量的提高。财政资源是高质量终身学习体系的重要保障，而多元化教育投资则为教育财政资源注入动力。因此，开放教育资源和多元化教育投资共同构成了经济合作与发展组织主要成员高质量终身学习体系的资源开发导向。

（一）开放教育资源

经济合作与发展组织的教育研究和创新中心（The Centre for Educational Research and Innovation，CERI）致力于开放教育资源的开发与建设，并出版了《免费提供知识——开放教育资源的出现》。开放教育资源为经济合作与发展组织主要成员提供了更丰富的高质量学习资源，并为学习者提供了开放和灵活的学习机会以及可观的收益。韩国表示，推广开放教育资源的主要原因是开放共享资源有利于提高高等教育的全球竞争力。在经济合作与发展组织成员中，有 17 个国家已经启动了专项公共资金支持的项目、方案或其他类型的政府举措以及不同种类的政府支持。其中匈牙利、荷兰、瑞士、土耳其和美国这五个国家通过政府倡议和激励措施积极开展开放教育资源的建设工作。芬兰和斯洛文尼亚这两个国家在其他方面也很活跃，例如为开放资源获取出版支持，以及为学校门户网站提供数字学习资源。经济合作与发展组织主要成员在联邦、州或地区政府的任何教育战略规划文件或类似文件中也有提及开放教育资源。比如，希腊教育部负责教育门户网站的理事会发布的文件；韩国教育部的信息战略计划；墨西哥教育部门方案和 2007—2012 年国家发展计划；美国的国家教育技术计划等。

（二）多元化教育投资

在将终身学习理念转化为实践的过程中，财政资源是一个至关重要的问题。[1] 充足的财政资源是构建高质量终身学习体系的工具之一。[2] 由于终身学习覆盖面过于广泛，对财政资源的需求大大增加，政府将不可能独立承担投资责任，需要创新投资，使投资来源更加多元化。[3]"在实现终身学习的

---

[1] OECD，*Lifelong Learning for All*，Paris：OECD Publishing，1996，p.224.

[2] OECD，*Lifelong Learning for All*，Paris：OECD Publishing，1996，p.96.

[3] OECD，*Lifelong Learning for All*，Paris：OECD Publishing，1996，p.224.

过程中，经济合作与发展组织主要成员是否能够负担终身学习投资？如何负担？这些问题都需要回答。要实现全民终身学习的目标，必须确保并提高终身学习投资的可负担性。"① 提高终身学习投资"可负担性"的重点在于推动成人终身学习的多元融资。因此，经济合作与发展组织将推动终身学习的多元融资作为推展全民终身学习的一项内容，并进行了一系列研究与活动，为经济合作与发展组织主要成员推动终身学习的共同融资提供战略建议和行动指南。通过多元化终身学习投资的情况，可检视经济合作与发展组织主要成员在终身学习"可负担性"方面取得的成效。

第一，在总投资上，经济合作与发展组织主要成员对教育的总投资有所增长。教育支出占公共支出的比例与其占国内生产总值的比例有所提升。

第二，在第三级教育投资上。私人逐步成为第三级教育投资的重要承担者。经济合作与发展组织主要成员积极促进企业实体对第三级教育的投入。此外，经济合作与发展组织主要成员对面向第三级教育机构的学生及其家庭增加公共补助。澳大利亚、日本、荷兰、新西兰、挪威和美国等国的助学金 / 奖学金和助学贷款体系已经非常完善。

第三，在成人继续学习的投资上。首先，对成人继续学习的公共投入有所增加。以对劳动力市场培训的公共投入为例，2008 年法国对劳动力市场培训的公共投入达到其国内生产总值的 0.13%，该比例在 2009 年上升至 0.16%，在 2010 年上升至 0.17%。② 其次，成人继续学习已然形成共同融资的模式。融资方主要包括政府、个人和雇主三类。在瑞典，2003 年，有24% 的学习者自行负担其过去一年的教育培训支出，而该比例在 2008 年下降为 16%。③

---

① OECD, *Lifelong Learning for All*, Paris : OECD Publishing, 1996, p.224.

② OECD, *Employment Outlook 2012*, Paris : OECD Publishing, 2012, p.258.

③ OECD, *Literacy for Life : Further Results from the Adult Literacy and Life Skill Survey*, Paris : OECD Publishing, 2011, pp.300–301.

四、组织管理导向

终身学习的参与者众多，如政府、学习者、教育组织、家庭和社会伙伴。[①]"在终身学习实践的过程中，教育组织的作用与责任需要发生改变。"[②]经济合作与发展组织指出，包括中小学在内的教育组织要转变为一个学习型组织并鼓励在社会中学习，将教育职能与社会职能相结合。这种模式能够为终身学习提供一个有效的平台，使教育组织和其他组织共享教育资源，不同年龄阶段的人之间的交流也会更加频繁。[③]为此，经济合作与发展组织的教育研究与创新中心于1997年启动了"面向未来的学校教育"研究项目，通过召开国际会议、举办研讨会等方式，研究经济合作与发展组织主要成员中小学教育的政策及实践，构建未来15年至20年中小学教育的愿景。此外，在组织的治理和管理方面，由国家进行宏观治理，如确定学习组织的整体发展方向和核心价值观等，由地方政府、学校、家长、社区等利益相关方共同进行微观管理。结合时代背景，构建国家层面的核心价值观，将多元主义、追求民主和尊重差异融入终身学习的价值观。

第三节　经济合作与发展组织主要成员高质量
终身学习体系的典型特征

经济合作与发展组织针对终身学习体系的各个方面展开工作，通过为学习者提供终身学习机会来提高个人的能力以及扩展个人的知识。可从政策、师资、资源和组织等方面对经济合作与发展组织主要成员高质量终身学习体

---

① OECD, *Lifelong Learning for All*, Paris：OECD Publishing，1996，p.18.

② OECD, *Lifelong Learning for All*, Paris：OECD Publishing，1996，p.23.

③ 经济合作与发展组织：《教育政策分析2004》，清华大学教育研究所译，教育科学出版社2007年版，第83、84页。

系的特征加以归纳。

一、经济合作与发展组织主要成员的政策支持

在经济合作与发展组织主要成员的政策体系中，终身学习是实现经济、社会和教育政策目标的必要条件，终身学习是国家经济发展的推动器。经济合作与发展组织主要成员为公共以及私人投资提供激励，目的是鼓励全民进行全面的终身学习。为此，终身学习框架的另一个核心原则是让所有公民，包括弱势群体，都能获得持续的学习机会。

联合国教科文组织、国际劳工组织和经济合作与发展组织等国际组织在支持终身学习计划方面发挥了关键作用。需要强调的是，有效地资助终身学习计划仍然是许多国家面临的挑战，尤其是为弱势群体提供终身学习机会。资助终身学习通常被视为政府、雇主和个人的共同责任，各国在如何实现这一点上存在很大差异。在一些国家，政府是主要的资助者，而在其他国家，雇主或个人提供大部分资金。经济合作与发展组织主要成员确定了个人在选择学习内容、方式、时间和地点时的权利，以及制定了共同融资策略。第一，政府资助的培训。例如，对低收入和老年群体培训费用的支持，这在北欧国家尤为普遍。政府对培训的支持也可以以税收抵免和扣除的形式出现。第二，个人学习账户（Individual Learning Accounting，ILA）在某些国家被称为提款权模型，与个人退休账户有一些相似之处，一般由雇主、雇员承担，但在某些情况下由政府缴纳。个人学习账户允许员工提取资金用于其职业生涯的培训。第三，雇主赞助正式和非正式培训和学费退款计划。第四，在职工人培训计划，通常由雇主和政府共同资助，主要在州或地方一级。各州有义务为这种培训提供资金，以留住和吸引技术人才。第五，利用个人收入和贷款进行培训。低收入或有贷款的个体按收入的相对比例偿还，这已经在澳大利亚和英国等国家成功实施。

二、经济合作与发展组织主要成员的师资力量

将终身学习的愿景转化为现实是很大的挑战，这在教育和教师培训中尤为重要，因为教育和培训需要走在社会变革的前沿。通过终身学习，人们能够发展学习型社会所需的知识、态度和技能。学校是否能转变为面向终身学习的学校，很大程度上取决于教师的贡献。为此，经济合作与发展组织主要成员建立了完善的政策制度体系以更好地鞭策教师，如完善教师的继续教育政策等。

（一）为教师提供多样化供给

在过去的一段时间里，教师的继续教育大部分是由技术类院系以及大学承担的，主要是深化教师的学科领域知识、信息通信技术以及心理学等理论与实践知识，并提供结构化的继续教育。随着时间发展，经济合作与发展组织主要成员开始逐步减少课程的授课周期，提升授课质量。

经济合作与发展组织主要成员中的继续教育责任承担大致分为两种：一种是由政府机构为教师的继续教育提供资金、设备支持，例如韩国、法国等；另一种不是由政府直接给予，而是教师根据自身需求将名额报至学校，学校根据所报人数筹集资金，开展课程，支付相应的费用。

此外，教师的供给服务也越来越多样化。教育机构和学生一起依据自身优势以及兴趣所在，设立职业目标，依据此目标开展针对性教育培训，培养个人能力以及扩展专业知识。

（二）学校的领导力以及社会支持成为教师继续教育的重要保障

在发展教师继续教育的过程中，社会不同层次的领导人也起着带领作用。经济合作与发展组织主要成员一直在对终身学习体系中的师资进行研究和改进。在普遍适用的制度基础缺乏的情况下，学校内部微观环境就成为宏

观政策的良好替代品。社会组织以及领导者为继续教育政策搭建良好的平台，包括信息建设、团队建设、专业指导队伍、文化氛围以及培养目标等。

其次，是教师的体制安排。近几十年来，由于学生入学人数的大幅增加、保留率的提高、教育研究的发展和教师的期望等因素，教育机构已经对传统的体制进行更改。在大多数国家，大学或研究学院在教师的教育和培训中发挥更基本的作用，即对教师职业进行升级，包括深化学术知识基础和为实习教师开辟更大的研究方向。

在一些大学中，教育部门赢得了比以前更高的地位，在终身学习的背景下，大学"必须在其战略规划、资助和报告中优先考虑教师教育，以巩固教学与学习之间的联系"。教育部工作人员应持有教育学研究生资格并从事研究。除专业课程外，课程、管理、指导和咨询等专业领域的在职研究生以及硕士学位和博士学位课程也大幅增加。这是一个良性的学术循环，在这个循环中，初始教师教育、在职职业学习和教育研究相互充实，这也促进了更大的职业多样化。[①]

（三）教师信息通信技术的提升

信息通信技术在知识生产、获取和传播中发挥着重要的作用。终身学习要求教师及时掌握信息通信技术并基于此开展信息化教学。经济合作与发展组织主要成员将信息通信技术纳入教师教育课程中，以促进教师信息化教学能力的提高和专业发展。

信息通信技术与教育的融合被认为有可能使教育过程发生重大转变。首先，为实习教师配备技术设施，以便让其在教学活动中能够最有效地利用信息通信技术。其次，还采取了一些措施为在职教师提供信息通信技术应用培训，发达国家的大部分教师都参加了将信息通信技术应用教育的课程。事实

---

① OECD, *Education Policy Analysis*, Paris : OECD Publishing, 1998, pp.25–39.

证明，这些课程非常受欢迎，接受率很高，而且供过于求。例如美国，在三年的时间里，77%的教师参加了使用计算机的专业发展活动。学校已经配备了必要的技术设备，学生已经在学习中使用信息技术。技术的使用开辟了许多新的学习和交流的可能性，这促进了学会学习的过程，帮助学生成为自力更生的学习者，符合终身学习的目标。

在许多国家，教师的信息通信技术课程主要集中在技术方面，对教学的重视不够。因此，经济合作与发展组织主要成员丰富了教师的在职培训课程，并强调计算机协调员在学校中的作用与价值。

三、经济合作与发展组织主要成员的资源整合

终身学习强调"从摇篮到坟墓"的学习过程，强调连续性和过渡性，面对所有年龄段的学习者。终身学习比循环教育、成人和非正规教育更广泛，因为它涵盖了正式和非正式的所有学习内容。

这种更广泛的终身学习观点与经济合作与发展组织对"高等教育"一词的使用非常吻合。经济合作与发展组织使用的"高等教育"与传统的术语不同。经济合作与发展组织所指的高等教育是指中等教育以外的一个水平或阶段的学习，该教育在正规高等教育机构以及各种其他环境中进行，包括在学校、工作场所和公共场所等社会领域实现终身学习。

首先，很多国家扩大了多样化学习的供给，以确保所有人才都得到发展，实现终身学习。一方面，将广泛的知识和能力与更实际的、与工作相关的应用方面融合；另一方面，将具有不同学习能力的学习者联合在一起，为不同的学习者提供不同的学习方式。其次，终身学习的学生不是被动学习。终身学习通过不同途径创造新的组合，旨在选择最适合个人兴趣和需求的学习策略，这在法国、德国、美国、葡萄牙和荷兰等国家得到广泛运用。其次，政府发挥更加积极的作用，建立了机构来管理可支配的资源并组织更多项目，包括计划标准和资格框架评估以及各种形式的市场激励措施。最

后，在国际、国家和地方层面建立了更广泛的伙伴关系，以促进国际交流与合作。

四、经济合作与发展组织主要成员的组织结构

高质量终身学习体系涉及复杂的要素，是一项系统性的工程，这就需要经济合作与发展组织主要成员内部各个主体的积极参与、联手，并建立起良好的合作伙伴关系。经济合作与发展组织主要成员在构建高质量终身学习体系时，主要是以"社会"为核心，以社会为基点办学，调动所有社会资源。这不仅包括成员中央集权管理的学校，也有地方性州、省办学校；既有工厂、企业自主办学，也有私人办学等等；在调动社会力量办学的同时，又通过社会政策制度进行不同方面的管理、调制。并且，经济合作与发展组织的许多成员法律中也存在相应的学费问题的解决条例。例如，加拿大为学习者提供了学习费用的抵费或者减免服务，颁布了要求雇主承担员工的学习费用的政策文件。①

第四节 经济合作与发展组织主要成员高质量
终身学习体系的机遇挑战

一、机遇

终身学习提供了额外的学习机会，因此，终身学习被视为"通向 21 世纪的万能钥匙"，它提供了社会正义、公平、平等和可持续发展的大门。然而，教育和培训投资水平低的国家，由于技能差距较大，很有可能在个人发展和经济发展方面进一步落后。

---

① 冯巍：《OECD 国家终身学习政策与实践分析》，《比较教育研究》2003 年第 9 期。

此外，随着全球变暖、数字化转型的加快、不确定事件的发生等，所有社会成员都需要不断提高对环境变化的适应能力并思考我们未来需要采取的行动。如果没有有效的可持续发展教育，那么终身学习就失去了灵魂，也就没有持续一生的学习之说，更不用提实现个人的理想和社会进步。[①]

从终身学习的角度来看，在一个不断变化和日益复杂的世界中，重要的是继续学习，即在正规系统之外的学习，包括最初的企业培训和培训之外的学习。健全的正规教育和继续教育是终身学习中不可或缺的一部分。

对于个人来说，继续学习，无论是通过正规还是非正规途径，都是获得就业和收入稳定的关键。一个人从事教育和培训的时间越长（这反映在他的技能和资格上），他的收入就越高，就越有可能被雇用。满足所有年轻人和成年人的学习需求是终身学习的一个关键目标，如果要实现消除贫困的千年发展目标，就必须实现这一目标。

二、挑战

（一）政策的公平性

大部分经济合作与发展组织成员中的学习者获得的学习机会有所增加，但教育公平却非常难以实现，各国在教育成就水平上存在显著差异。经济合作与发展组织在报告中指出，国家内部的最弱势群体和国家与国家之间最弱势群体的差距并没有缩小，在某些情况下还扩大了。[②] 各种学习成果的不平等因国家而异。国际学生评估项目的结果显示，在 500 分的范围内，15 岁学生的阅读成绩的差距已经从 25% 扩大到 75%，而每个国家的阅读水平也呈现明显的差别，从韩国的 92 分到比利时、德国、新西兰、瑞士和美国的

---

① Adams A. V., *The Role of Skills Development in Overcoming Social Disadvantage*, Paris：UNESCO，2011，pp.1–19.

② OECD，*Starting Strong：Early Childhood Education and Care*，Paris：OECD Publishing，2001，pp.1–5.

140分不等。在其他领域也可以发现类似的差异，如成人获得幼儿保育、参与中学后教育或获得工作场所的学习机会也因地区、种族、性别等差异而相应不同。因此，未来的高质量终身学习体系必须确保社会正义、社区凝聚力，并最大限度地减少不平等的负面影响。

（二）可持续发展

当今世界面临的主要问题是学会如何以可持续的方式来生活和工作，以便满足所有国家各行各业人民的合理需求，并且保证不过度开发所有生命所依赖的自然资源，以至于威胁后代满足其需求的能力。国家、行业和社区面临的挑战需与可持续发展有关的行动相匹配，包括支持可持续发展的教育问题。其关键任务之一是赋予所有人以知识、技能和信心，创造更美好的世界；确保所有人的健康、教育、正义和安全权利得到尊重。

为了实现深远持久的终身学习和教育文化，重要的是在生命的每个阶段增加教育活动，战略性地制定儿童教育政策并提供儿童教育服务，并将高等教育视为提升自我的重要教育机会。为构建高质量终身学习体系，需要提供高质量的学习资源，着眼于学习者的需求、技能、知识以及人力资源，以便更好地进行规划，并与政府、经理、公司、雇主、工人、社会团体等建立合理有效的沟通网络，让所有利益相关者参与一个持续有益的交流过程，在终身学习之间建立更密切的联系与合作。

第五节　经济合作与发展组织主要成员高质量终身学习体系的发展愿景

经济合作与发展组织在制定全球成人教育和终身学习政策方面发挥着关

键作用。① 虽然该组织并不严格制定政策，但它帮助指导其成员进行政策制定，承担了半自治甚至不带感情色彩的教育智囊团的角色。② 通过"政治话语创造、发展和传播，从而提供一个受控的环境"③，经济合作与发展组织已经并将继续在许多国家中确立话语权，并帮助确定每个成员终身学习政策的基调和方向。基于以上所有的分析和阐述，对高质量终身学习体系的发展提出几点愿景。

一、开发共享互通的优质教育资源

根据现代学术能力的概念，精英管理的原则是围绕一套规定的知识和技能的标准化评估而构建的。现代教育系统人为地将"官方"知识和技能去语境化，并通过"客观的"标准化测试评估学生对这些知识和技能的掌握情况，从而人为地操纵了程序的公平性。虽然它们从来没有完全去语境化，但却与社会中的不平等权利关系有着内在的联系，这种不平等权利关系决定了谁的知识和技能最有价值④，从而熄灭了学生的学习意愿和热情。此外，学校无法实现有效教学和资源分配的公平，这在一定程度上抑制了学生自我提升的步伐。

因此，开发新的方法为终身学习提供资源，特别是在义务教育阶段以后，显得尤为重要。特别需要强调的是，考虑到是否具有资格证书的

---

① Henry M., Lingard R., Rizvi F., Taylor S., "The OECD, Globalisation and Education Policy", *International Journal of Educational Development*, Vol.23, No.6, November 2003, pp.188–191.

② Istance D., "Education at the Chateau de la Muette", *Oxford Review of Education*, Vol.22, No.1, July 1996, pp.91–96.

③ Dostal J. M., "Campaigning on Expertise：How the OECD Framed EU Welfare and Labour Market Policies and Why Success could Trigger Failure", *Journal of European Public Policy*, Vol.11, No.3, June 2004, pp.440–460.

④ Apple M. W., *Official Knowledge：Conservative Education in a Democratic Age*, New York：Routledge, 2000, pp.1–280.

人之间的收入差距是较大的，为此，无论是个人还是企业都需要分享学习资源，增加终身学习的机会。经济合作与发展组织的教育研究和创新中心在其开放教育资源调查的网页上声明开放教育资源包括"开放式课件和内容、开放软件工具、教职员工电子学习能力的开放材料、学习对象的存储库、免费教育课程"。很明显，教学模式在开放教育资源中并不是一个关键点。为了实现终身学习的宏伟目标，教学法必须深入实际解决方案中。

二、建设公正客观的资格鉴定系统

在成果评价方面，终身学习的评价应多元化发展。目前各国的技术已经可以满足学习者的基本学习需求，但是针对学习者学习结果的评价机制还是很单一。如今，各国大数据技术的应用已经较为完善，可以通过大数据、人工智能等技术对学习者的学习过程进行分析与评价，以更全面、更方便地为学习者的学习成果提供佐证。各部门需建立能够适应终身学习的评估、考核指标体系，将非学历、非正规教育的学习成果纳入考核范围，对人才知识能力、学习成果进行权威鉴定。

然而，国际评估与各国教育政策之间的联系仍不紧密。在可以进行明确比较的情况下，经济合作与发展组织的统计数据和测试结果可以作为一项基准工作，各国政府很难完全忽视这项工作。然而，经济合作与发展组织的有效性是建立在提供数据的基础上的，而这些数据往往不是完全透明的，当公众无法理解这些数据的重要性时，个别政府可能会忽视这些数据。经济合作与发展组织的"能力的定义和选择"（Definition and Selection of Competencies，DeSeCo）框架有望成为未来评估的基础，使其对个人的影响更加透明和清晰。这将加强评估与公共教育政策之间的关系，并有助于克服低估现有评估未涵盖的教育成果的缺陷。

三、营造培养创新思维的学习环境

创新是经济合作与发展组织教育工作的长期焦点。教育研究与创新中心为整个经济合作与发展组织的"创新战略"作出了巨大的贡献。它研究了"千禧年学习者"以及教育系统如何才能最好地利用技术，包括通过技术含量高的创新进行终身学习，而它的"创新学习环境"项目正在汇编重新配置学习方式的创新实例。教育系统、知识管理、未来思维以及循证知情政策和实践，都是经济合作与发展组织教育研究和创新工作的突出方面。

教育研究与创新中心在创新方面的大部分工作的出发点是对创新需要解决的思维、实践和组织的主导模式的批评。例如，尽管教育具有长期的重要性和影响，但太多的教育决策只关注短期。2008 年结束的"明天上学"（Schooling for Tomorrow）项目提供了一系列"行动中的未来思维"研究。尽管知识是教育的核心业务，但知识管理在教育（尤其是学校教育）中的表现不佳。学校往往不适应所谓的组织创新的"关键发动机"：研究知识、网络、模块化重组和技术进步。[1]

根据教育研究与创新中心的"创新学习环境"审查建议[2]，学习环境应遵循以下原则：

（1）将学习者视为核心参与者，鼓励他们积极参与，培养他们对自己作为学习者的活动的理解。

（2）以学习的社会性为基础，积极鼓励有组织地合作学习。

（3）学习专家高度了解学习者的动机和情感在成就中的关键作用。

（4）对信息技术学习者之间的个体差异保持高度敏感，包括他们之前的

---

[1]　OECD, *Innovation in the Knowledge Economy：Implications for Education and Learning*, Paris：OECD Publishing，2004，pp.1–98.

[2]　Dumont H., Istance D., Benavides F., *The Nature of Learning：Using Research to Inspire Practice*, Paris：OECD Publishing，2010，pp.19–34.

知识。

（5）设计要求所有人努力工作和挑战而又不过分超负荷计划。

（6）带着清晰的期望运作，使用与这些期望一致的评估策略，并着重强调形成性反馈。

（7）大力促进跨知识和学科领域以及社区和更广阔世界的"横向联系"。

随着知识经济的发展，终身学习日益受到重视。许多重要的国际组织和国家政府已经将终身学习确定为新时代教育政策的重要战略，并且通过采用终身学习政策来应对文明发生重大变化的时代。20 世纪 90 年代后期，许多国家政府发布了关于终身学习的政策文件。在此背景下，本章从价值导向、典型特征、机遇挑战等方面对经济合作与发展组织主要成员高质量终身学习体系进行了全面剖析。最后，对高质量终身学习体系的发展提出几点愿景：开发共享互通的优质教育资源、建设客观公正的资格鉴定系统和营造培养创新思维的学习环境。

参 考 文 献

1. 蔡宗模、张海生、吴朝平、杨慷慨:《"高质量发展"对教育提出了什么要求——基于十九大报告的文本解读》,《当代教育论坛》2018 年第 6 期。

2. 曹亚娟、张少哲、周长城:《芬兰普惠式社会保障体系及其历史经验》,《社会保障研究》2018 年第 2 期。

3. 曾晓洁:《美国大学 MOOC 的兴起对传统高等教育的挑战》,《比较教育研究》2014 年第 7 期。

4. 崔世广、张洪霞:《日本开展终身教育的历史过程》,《日本问题研究》2005 年第 1 期。

5. 崔彦、王伟杰:《英国成人教育立法研究》,《继续教育与人事》2001 年第 7 期。

6. 戴婧:《疫情之下的德国在线教育》,《中国教师报》2020 年 6 月 3 日。

7. 邓莉、彭正梅:《全球学习战略 2030 与中国教育的回应》,《开放教育研究》2017 年第 3 期。

8. 邓永庆:《日本推进终身学习的制度保障研究》,《成人高教学刊》2007 年第 5 期。

9. 樊小伟:《德国学习型地区建设及其对我国的启示》,《成人教育》2014 年第 1 期。

10. 冯巍:《OECD 国家终身学习政策与实践分析》,《比较教育研究》2003 年第

9 期。

11. 顾凤佳、朱益明：《国际学习型城市评价指标比较：反思与展望》，《开放教育研究》2019 年第 6 期。

12. 国卉男、史枫：《改革开放以来我国终身教育政策：价值选择与成效分析》，《中国职业技术教育》2020 年第 30 期。

13. 韩民：《我国终身学习体系形成发展的回顾与前瞻》，《终身教育研究》2019 年第 1 期。

14. 胡国勇：《日本高等职业教育研究》，上海教育出版社 2008 年版，第 198 页。

15. 黄欣：《终身教育立法：国际视野与本土行动》，《教育发展研究》2010 年第 5 期。

16. 纪河、郭海燕、殷雄飞：《终身教育体系构建的国际比较与借鉴》，《江苏开放大学学报》2017 年第 5 期。

17. 季明明：《中国特色的终身学习理论探索与创新——重读郝克明的〈跨进学习型社会〉》，《北京大学教育评论》2014 年第 1 期。

18. 冀鼎全：《欧洲的现代远程教育》，《陕西广播电视大学学报》2013 年第 4 期。

19. 贾凡：《三大理念解析：终身教育、终身学习与学习化社会》，《职教论坛》2010 年第 16 期。

20. 江海燕：《德国教育现代化的历程和特点》，《广东社会科学》2018 年第 2 期。

21. 金岳祥：《英国终身学习政策发展与实践》，《职业技术教育》2014 年第 1 期。

22. 经济合作与发展组织：《教育政策分析 2004》，清华大学教育研究所译，教育科学出版社 2007 年版，第 83、84 页。

23. 李慧迎：《战后英国大学开放教育资源研究》，湖南师范大学 2019 年博士学位论文。

24. 李米雪：《德国继续教育的发展与现状研究》，《开放学习研究》2017 年第 4 期。

25. 李胜春：《德国成人教育研究》，《成人教育》2006 年第 2 期。

26. 李宜芯：《终身学习思想的嬗变与思考》，《中国成人教育》2014 年第 15 期。

27. 李政云、刘艳华：《荷兰 2017 年版教育督导评估指标体系述评》，《上海教育评估研究》2021 年第 2 期。

28. 联合国教科文组织：《学会生存：教育世界的今天和明天》，教育科学出版社 1996 年版，第 167 页。

29. 梁荣华：《韩国"终身教育师"制度介评》，《中国远程教育》2017 年第 5 期。

30. 刘宝存、张金明：《国际视野下的高质量教育体系：内涵、挑战及建设路径》，《重庆高教研究》2022 年第 1 期。

31. 刘波、戴长亮、孙赵君：《完善机制保障　优化师资配置——北京大学师资队伍建设思考》，《中国高校师资研究》2008 年第 1 期。

32. 刘大军、黄媚娇：《荷兰创客教育的实施及启示》，《教学与管理》2020 年第 25 期。

33. 刘来兵、陈港：《建设高质量职业教育体系：动因、框架与路向》，《现代教育管理》2021 年第 11 期。

34. 刘铁军：《德国卓越教师教育计划：目标和路径》，湖北师范大学 2017 年硕士学位论文。

35. 卢杰、陈鹏：《多元化终身学习资源的开发与整合研究》，《教育探索》2010 年第 6 期。

36. 陆瑜：《韩国 ICT 教育计划》，《中国远程教育》2007 年第 7 期。

37. 吕达、周满生主编：《当代外国教育改革著名文献（日本、澳大利亚卷)》，人民教育出版社 2004 年版，第 11 页。

38. 孟庆梅：《德国成人教育的学与教研究及其启示》，《湖北大学成人教育学院学报》2006 年第 5 期。

39. 牧野笃：《日本终身学习政策的特征和动态平衡过程的社区——基层自治组织变革与居民学习》，《教育科学》2012 年第 1 期。

40. 牛阿娜：《德国终身学习政策解析》，《产业与科技论坛》2012 年第 21 期。

41. 欧阳忠明、徐卓、王江雁、李林溶、王子鹤：《终身学习何以贯穿生命历程？——经合组织〈2021 年度技能展望：终身学习〉之思考》，《远程教育杂志》

2022 年第 2 期。

42. 彭学琴、张盼盼：《德国教师专业伦理建设探析——基于〈德国教师教育标准：教育科学〉的分析》，《中国成人教育》2019 年第 22 期。

43. 日本社会教育学会：《终身学习体系化社会教育》，东洋馆出版社 1992 年版，第 44—61 页。

44. 桑宁霞、任卓林：《国际视野下终身学习服务体系构建的路径选择》，《中国成人教育》2021 年第 3 期。

45. 沈启容：《中外终身学习体系架构和模式的研究》，《继续教育》2013 年第 8 期。

46. 沈欣忆、李梦如、徐亚楠、董现垒：《我国终身学习研究脉络与关键节点——基于 1978—2019 年国内学术期刊文献分析》，《职教论坛》2020 年第 11 期。

47. 施克灿：《终身学习理念与日本当代社会教育的新发展》，《外国教育研究》2002 年第 7 期。

48. 宋孝忠：《德国终身学习政策述评》，《华北水利水电学院学报（社科版）》2009 年第 3 期。

49. 孙福万、杜若、刘永权：《英国开放大学研究》，中央广播电视大学出版社 2015 年版，第 23 页。

50. 王海峰：《经验与实践：德国成人教育管理的核心理路及启示》，《中国成人教育》2017 年第 18 期。

51. 王洪才：《终身教育体系的构建》，厦门大学出版社 2008 年版，第 126、127 页。

52. 王树义、孙嘉：《战后日本终身学习体系演进及启示》，《成人教育》2016 年第 1 期。

53. 王涛、周小粒：《美德终身教育现状比较研究》，《继续教育》2006 年第 5 期。

54. 王志学、黄慧娟：《英国终身学习的发展动力及策略》，《成人教育》2004 年第 10 期。

55. 韦莹莹：《英国终身学习政策的实施研究》，东北师范大学 2018 年硕士学位论文。

56. 吴陈兵：《终身学习研究：现状、热点及其展望——基于 2007—2019 年 CNKI 数据库文献的可视化分析》，《中国成人教育》2020 年第 15 期。

57. 吴春玉：《韩国终身教育发展特点的研究》，《煤炭高等教育》2008 年第 2 期。

58. 吴雪萍、赵婷：《如何推进我国的终身学习进程——英国推进终身学习的新举措及其启示》，《教育发展研究》2016 年第 9 期。

59. 吴忠魁：《当今日本建设终身学习体系的经验与措施》，《比较教育研究》2000 年第 5 期。

60. 吴遵民：《终身教育的基本概念》，《江苏开放大学学报》2016 年第 1 期。

61. 吴遵民：《终身学习概念产生的历史条件及其发展过程》，《教育评论》2004 年第 1 期。

62. 肖丽：《战后日本职业训练立法的沿革及其启示》，《职业与成人教育》2006 年第 1 期。

63. 谢芳：《德国双元制师资培养对我国职业院校教师队伍建设的借鉴意义》，《长春教育学院学报》2019 年第 11 期。

64. 谢莉花、余小娟：《德国资历框架内容体系的特点及启示》，《中国远程教育》2020 年第 9 期。

65. 谢青松：《基于终身教育资历框架的 MOOC 学习成果认证与衔接》，《中国职业技术教育》2019 年第 9 期。

66. 徐婷婷、左芮嘉、刘潇泽：《对小学课外补习现象的成因分析》，《当代家庭教育》2019 年第 10 期。

67. 徐小明：《关于终身教育体系的未来展望》，《高等继续教育学报》2016 年第 2 期。

68. 阎石：《数字电子技术基础》，高等教育出版社 2006 年版，第 12 页。

69. 叶贝琪：《加拿大将构建终身学习体系》，《小学教学（数学版）》2021 年第 1 期。

70. 叶青、罗辉、彭悦：《关于终身学习研究机制的探索——荷兰公开大学终身学习研究机制对我国终身学习研究的启示》，《中国成人教育》2012 年第 21 期。

71. 尹明：《全国人大代表陈佐东：为"终身教育"立法　构建全民终身学习体

系》,《新晚报数字报》2021 年 3 月 10 日。

72. 于亦璇:《韩国终身教育发展研究及对我国构建学习型社会的启示》,《中国成人教育》2019 年第 23 期。

73. 俞可:《德国〈发展报告〉:教育的重心将由学校教育转向终身学习》,《上海教育》2010 年第 18 期。

74. 苑大勇、沈欣忆:《终身学习推进可持续发展路径及实现:从秩序共存到螺旋上升》,《中国远程教育》2020 年第 8 期。

75. 张建平、王华轲:《德国终身教育的发展及其对我国的启示》,《继续教育研究》2004 年第 2 期。

76. 张均:《新时代学习型社会与终身教育体系建设的省思》,《成人教育》2019 年第 4 期。

77. 张立迁:《构建适应新发展格局的终身学习体系》,《中国教育报》2020 年 12 月 9 日。

78. 张佩佩、刘晓:《工业 4.0 背景下的德国职业教育:挑战与应对》,《当代职业教育》2017 年第 4 期。

79. 张双志:《"区块链 + 学分银行":为终身学习赋能》,《电化教育研究》2020 年第 7 期。

80. 张新平:《对教育高质量发展的三重理解》,《中国教育报》2021 年 3 月 18 日。

81. 赵亚平、王梅、安蓉:《德国终身学习国家资格框架研究》,《职业技术教育》2015 年第 31 期。

82. 赵莹:《荷兰终身学习成果认证、积累与转换制度研究》,《成人教育》2015 年第 3 期。

83. 赵云:《德国学习型区域建设探究》,《当代继续教育》2015 年第 1 期。

84. 赵志群、黄方慧:《德国职业教育数字化教学资源的特点及其启示》,《中国电化教育》2020 年第 10 期。

85. 钟秉林、朱德全、李立国:《重大疫情下的教育治理(笔谈)》,《重庆高教研究》2020 年第 2 期。

86. 周建高:《日本终身学习的理论与实践》,南开大学 2009 年博士学位论文。

87. 周灵伶、申谜谜:《数字化变革下德国〈国家继续教育战略〉解读及其启示》,《文化创新比较研究》2020 年第 7 期。

88. 朱文彪:《德国日本终身教育的发展》,《外国中小学教育》2004 年第 8 期。

89. 新井郁男:学習社会論,東京:第一法規株式会社,1982。

90. 中藤 洋子:《社会教育の課題——すすむ「生涯学習体系」への移行と社会教育の課題——第 28 回社会教育研究全国集会シンポジウムより》,《月刊社会教育》1988 年第 12 期。

91. 波多野完治:生涯教育論:教育改革の指針となる生涯教育の理論と実践,東京:小学館,1972。

92. 瀬沼克彰:余暇社会をデザインする,東京:学文社,1993。

93. 정성지, 최수정, "평생학습도시 연구동향: 2003 년 -2017 년 국내 학술지 게재 논문 대상으로", 농업교육과 인적자원개발, Vol.50, No.2, February 2018。

94. 지은, "국내외 장애인 평생교육 정책 비교를 위한 탐색적 연구", 교육문화연구, Vol.25, No.2, April 2019.

95. 김미영, 강훈, "성인학습자의 평생학습 행복지수에 관한 연구", 한국산학기술학회논문지, Vol.17, No.4, April 2016.

96. Adams A. V., *The Role of Skills Development in Overcoming Social Disadvantage*, Paris : UNESCO, 2011.

97. Ahmad A., "A Novel Approach for Enhancing Lifelong Learning Systems by Using Hybrid Recommender System", *US-China Education Review*, Vol.8, No.4, April 2011.

98. Apple M. W., *Official Knowledge : Conservative Education in a Democratic Age*, New York : Routledge, 2000.

99. Aspin D. N., *International Handbook of Lifelong Learning*, Amsterdam : Kluwer Academic Publishers, 2001.

100. Aspin D., Chapman J., Hatton M., *International Handbook of Lifelong Learning*, London : Kluwer Academic Publishers, 2001.

101. Bagnall R. G., *Cautionary Tales in the Ethics of Lifelong Learning Policy and Management : A Book of Fables*, Amsterdam : Kluwer Academic Publishers, 2004.

102. Bang H., "Challenges and Self-Efficacy of Female East Asian-Born Faculty in American Universities", in *Experiences of Immigrant Professors : Cross-Cultural Differences, and Lessons for Success*, Hutchison C. B. (eds.), New York : Routledge, 2015.

103. Billett S., "Conceptualising Lifelong Learning in Contemporary Times", in *Promoting, Assessing, Recognizing and Certifying Lifelong Learning*, Halttunen T., Koivisto M., Billett S. (eds.), Berlin : Springer Dordrecht, 2014.

104. Boei F., Dengerink J., Geursen J., Kools Q., "Supporting the Professional Development of Teacher Educators in a Productive Way", *Journal of Education for Teaching*, Vol.41, No.4, August 2015.

105. Canadian Council on Learning, *Taking Stock of Lifelong Learning in Canada 2005-2010 : Progress or Complacency?*, Ottawa : Canadian Council on Learning, 2010.

106. Candy P. C., Crebert R. G., "Lifelong Learning : An Enduring Mandate for Higher Education", *Higher Education Research & Development*, Vol.10, No.1, October 1991.

107. Candy P. C., Crebert R. G., O'leary J., *Developing Lifelong Learners through Undergraduate Education*, Canberra : Australian Government Publishing Service, 1994.

108. Carolyn M., Toshio O., Werner M., *Revisiting Lifelong Learning for the 21st Century*, Hamburg : UNESCO Institute for Education, 2001.

109. Chen T., "Recommendations for Creating and Maintaining Effective Networked Learning Communities : A Review of the Literature", *International Journal of Instructional Media*, Vol.30, No.1, January 2003.

110. Chesters J., Cuervo H., "(In) equality of Opportunity : Educational Attainments of Young People from Rural, Regional and Urban Australia", *The Australian Educational Researcher*, Vol.49, No.2, March 2021.

111. Chown A., "Can the NCVQ Model be Used for Teacher Training ?", *Journal of Further and Higher Education*, Vol.17, No.2, June 1993.

112. Clark T., "Attitudes of Higher Education Faculty toward Distance Education : A National Survey", *American Journal of Distance Education*, Vol.7, No.2, Nov. 1993.

113. Cohen A. M., Brawer F. B., *The American Community College*, San Francisco : Jossey-Bass, 2003.

114. Cornford I. R., "Learning-to-Learn Strategies as a Basis for Effective Lifelong Learning", *International journal of lifelong education*, Vol.21, No.4, August 2002.

115. Council of Ministers of Education (Canada), *Learn Canada 2020*, Toronto : CMEC, 2008.

116. Cummins P., Kunke S., "A Global Examination of Policies and Practices for Lifelong Learning", *New Horizons in Adult Education & Human Resource Development*, Vol.27, No.3, July 2015.

117. Dillon C. L., Walsh S. M., "Faculty : The Neglected Resource in Distance Education", *American Journal of Distance Education*, Vol.6, No.3, March 1992.

118. Dostal J. M., "Campaigning on expertise : How the OECD Framed EU Welfare and Labour Market Policies and Why Success could Trigger Failure", *Journal of European Public Policy*, Vol.11, No.3, June 2004.

119. Dumont H., Istance D., Benavides F., *The Nature of Learning : Using Research to Inspire Practice*, Paris : OECD Publishing, 2010.

120. European Centre for the Development of Vocational Training, *Lifelong Learning in the Netherlands*, Luxembourg : Office for Official Publications of the European Communities, 2002.

121. Findsen B., Formosa M., *International Perspectives on Older Adult Education : Research, Policies and Practice*, Cham : Springer, 2016.

122. Fuller J.W, *Continuing Education and the Community College*, Chicago : Nelson-Hall, 1978.

123. Giddings D., Ahamad B., Latour G., et al., *OECD Thematic Review on Adult Learning : Canada : Background Report*, Paris : OECD, 2002.

124. Glassman M., Erdem G., Bartholomew M., "Action Research and Its History as an Adult Education Movement for Social Change", *Adult Education Quarterly*, Vol, 63, No.3, March 2013.

125. Gonczi A., "The OECD : Its Role in the Key Competencies Debate and in the Promotion of Lifelong Learning", in *Graduate Attributes, Learning and Employability*, Hager P., Holland S. (eds.), Dordrecht : Springer, 2006.

126. Gorard S., Rees G., *Creating a Learning Society? Learning Careers and Policies for Lifelong Learning*, Bristol : Bristol University Press, 2002.

127. Govindarajan K. K., "Bilobar Congenital Lobar Emphysema in a Child : How to Approach It ?", *Kardiochir Torakochirurgia Pol*, Vol.17, No.4, December 2020.

128. Grace A. P., "The Decline of Social Education and the Rise of Instrumentalism in North American Adult Education (1947-1970)", *Studies in the Education of Adults*, Vol. 44, No.2, September 2012.

129. Grant W. V., Snyner T. D., *Digest of Education Statistics 1985-1986*, Washington : Government Printing Office, 2002.

130. Han I. S., Oh K. Y., Lee S. B., "Promoting E-Learning in University Education in Korea : The Role of Regional University E-Learning Centers", *International Journal of Contents*, Vol.9, No.3, September 2013.

131. Hanhimäki E., Tirri K., "Education for Ethically Sensitive Teaching in Critical Incidents at School", *Journal of Education for Teaching : International Research and Pedagogy*, Vol.35, No.2, May 2009.

132. Harteis C., Goller M., "New Skills for New Jobs : Work Agency as a Necessary Condition for Successful Lifelong Learning", in *Promoting, Assessing, Recognizing and Certifying Lifelong Learning*, Halttunen T., Koivisto M., Billett S. (eds.), Berlin : Springer Dordrecht, 2014.

133. Henry M., Lingard R., Rizvi F., Taylor S., "The OECD, Globalisation and Education Policy", *International Journal of Educational Development*, Vol.23, No.6, November 2003.

134. Human Resources Development Canada, *Learning Well, Living Well* (*Consultation Paper of the Prosperity Secretariat*), Ottawa : HRDC, 1991.

135. Istance D., "Education at the Chateau de la Muette", *Oxford Review of Education*, Vol.22, No.1, July 1996.

136. Istance D., Schuetze H. G., Schuller T., *International Perspectives on Lifelong Learning*, London : Open University Press, 2002.

137. Jackson S., *Innovations in Lifelong Learning : Critical Perspectives on Diversity, Participation and Vocational Learning*, London : Routledge, 2011.

138. Jarvis P., Griffin C., *Adult and Continuing Education : Liberal Adult Education* (*part 2*), London : Taylor & Francis, 2003.

139. Juseuk K., "Analysis of the Lifelong Learning System according to the Global Lifelong Learning Index (GLLI)", *Journal of Learner-Centered Curriculum and Instruction*, Vol.20, No.2, February 2020.

140. Kane M. K., "The Requirement of Full-Time Faculty in American Legal Education : Responsibilities and Expectations", *Journal of Legal Education*, Vol.51, No.3, September 2001.

141. Kenny S., *Developing Communities for the Future*, Melbourne : Cengage Australia, 2010.

142. Kentnor H., "Distance Education and the Evolution of Online Learning in the United States", *Curriculum and Teaching Dialogue*, Vol. 17, No.1, November 2015.

143. Kett J. F., *The Pursuit of Knowledge under Difficulties : From Self-Improvement to Adult Education in America*, 1750-1990, Stanford : Stanford University Press, 1994.

144. Kim J. S., "Development of a Global Lifelong Learning Index for Future Education", *Asia Pacific Education Review*, Vol.17, No.3, August 2016.

145. Kirst M W, "Research news and Comment : View on America 2000-New American Schools Component of President Bush's Education Strategy", *Educational Researcher*, Vol.20, No.7, October 1991.

146. Knowles M. S., Holton III. E. F., Swanson R. A..*The Adult Learner : The Definitive Classic in Adult Education and Human Resource Development*, Burlington : Elsevier, 2005.

147. Kwon I., "The Management System and Development Tasks for Policies of the Lifelong Learning City in Korea", *Andragogy Today International Journal of Adult & Continuing Education*, Vol.8, No.3, 2005.

148. Laver P., *Lifelong Learning-Key Issues*, Canberra : Australian Government Publishing Service, 1996.

149. Livingstone D. W., "Lifelong Learning and Underemployment in the Knowledge Society : A North American Perspective", *Comparative Education*, Vol.35, No.2, June 1999.

150. Manpower Group, *2018 Talent Shortage Survey*, Wisconsin : Solving the Talent Shortage, 2018.

151. Meehan B. T., Hughes J. N., Cavell T. A., "Teacher-Student Relationships as Compensatory Resources for Aggressive Children", *Child development*, Vol.74, No.4, July 2003.

152. Merriam S. B., "Andragogy and Self-Directed Learning : Pillars of Adult Learning Theory", *New Directions for Adult and Continuing Education*, Vol.2001, No.89, Spring 2001.

153. Merriam S. B., Brockett R. G., *The Profession and Practice of Adult Education : An Introduction*, San Francisco : Jossey-Bass, 1997.

154. Merriam S. B., Cunningham P. M., *Handbook of Adult and Continuing Education*, San Francisco : Jossey-Bass, 1990.

155. Middleton A., "The Times They Are a-Changin : Time for a Major Emphasis on the Three Ls of Lifelong Learning at Canadian Universities", *Canadian Journal of University Continuing Education*, Vol.37, No.2, November 2011.

156. Ministry of Education, *Information Society Programme for Education, Training and Research 2004-2006*, Helsinki : Helsinki University Press, 2004.

157. Mocker D. W., Spear G. E., "Lifelong Learning : Formal, Nonformal, Informal, and Self-Directed", *Eric/acve & Ncrve*, No.4, 1983.

158. Numminen U., Kasurinen H., *Evaluation of Educational Guidance and Counselling in Finland*, Helsinki : National Board of Education, 2003.

159. Nyyssola K., Hamalainen K., *Lifelong Learning in Finland*, Luxembourg : Official for Publications of the European Communities, 2001.

160. O'Donnell V. L., Tobbell J., "The Transition of Adult Students to Higher Education : Legitimate Peripheral Participation in a Community of Practice ?", *Adult Education Quarterly*, Vol.57, No.4, August 2007.

161. Oates T., "Could Do Better : Using International Comparisons to Refine the National Curriculum in England", *The Curriculum Journal*, Vol.22, No.2, June 2011.

162. OECD, *Education Policy Analysis*, Paris : OECD Publishing, 1998.

163. OECD, *Education Policy Analysis*, Paris : OECD Publishing, 2001.

164. OECD, *Employment Outlook 2012*, Paris : OECD Publishing, 2012.

165. OECD, *Innovation in the Knowledge Economy : Implications for Education and Learning*, Paris : OECD Publishing, 2004.

166. OECD, *Lifelong Learning for All*, Paris : OECD Publishing, 1996.

167. OECD, *Literacy for Life : Further Results from the Adult Literacy and Life*

Skill Survey，Paris：OECD Publishing，2011.

168. OECD，*Qualification Systems：Bridges to Lifelong Learning*，Paris：OECD Publishing，2007.

169. OECD，*Starting Strong：Early Childhood Education and Care*，Paris：OECD Publishing，2001.

170. Olcott J. D.，Wright S. J.，"An Institutional Support Framework for Increasing Faculty Participation in Postsecondary Distance Education"，*American Journal of Distance Education*，Vol.9，No.3，September 1995.

171. Ollis T.，Starr K.，Ryan C.，Harrison U.，"Learning across the Lifespan：Lifelong Learning in Neighbourhood Houses in Australia"，*Australian Journal of Adult Learning*，Vol.58，No.3，November 2018.

172. Osborne M.，Gallacher J.，Crossan B.，*Researching Widening Access to Lifelong Learning：Issues and Approaches in International Research*，London：Routledge，2004.

173. Parry N. M.，*Factors Inhibiting Illegal Miners in Central Region from Registering with the Mineral Commission in Ghana*，Accra：University of Ghana，2014.

174. Pasi S.，"Education Policies for Raising Student Learning：The Finnish Approach"，*Journal of Education Policy*，Vol.22，No.2，March 2007.

175. Pichette J.，Tamburri R.，McKeown J.，et al.，*Lifelong Learning in Ontario：Improved Options for Mid-Career，Underserved Learners*，Toronto：Higher Education Quality Council of Ontario，2019.

176. Pluskota A.，"Lifelong Learning for Inclusion between Theory and Practice"，*Eastern European Countryside*，Vol.16，No.1，January 2010.

177. Portman D. N.，*The Universities and the Public：A History of Higher Adult Education in the United States*，Chicago：Nelson-Hall，1978.

178. Preece J.，"Beyond the Learning Society：the Learning World ?"，*International Journal of Lifelong Education*，Vol.25，No.3，May 2006.

179. Prøitz T. S., Rye E., Aasen P., "Nasjonal Læreplan Som Utdanningspolitisk Dokument", *Norsk Pedagogisk Tidsskrift*, Vol.99, No.6, June 2015.

180. Prokou E., "A Comparative Approach to Lifelong Learning Policies in Europe : The Cases of the UK, Sweden and Greece", *European Journal of Education*, Vol.43, No.1, March 2008.

181. Reghenzani D., Kearns P., "Lifelong Learning in German Learning Cities/ Regions", *Australian Journal of Adult Learning*, Vol.52, No.2, July 2012.

182. Rice B., Steckley J., *Lifelong Learning and Cultural Identity : Canada's Native People*, Toronto : APEC, 1997.

183. Rollings-Magnusson S., "Legislation and Lifelong Learning in Canada : Inconsistencies in Implementation", *Canadian Journal of Higher Education*, Vol.31, No.3, December 2001.

184. Rubenson K., " Assessing the Status of Lifelong Learning : Issues with Composite Indexes and Surveys on Participation", *International Review of Education*, Vol.65, No.3, February 2019.

185. Rychen D. S., Tiana F. A., "Developing Key Competencies in Education : Some Lessons from International and National Experience", *Unesco International Bureau of Education*, No.100, January 2004.

186. Schuller T., Watson D., "Learning through Life : Inquiry into the Future of Lifelong Learning", *British Journal of Guidance & Counselling*, Vol.38, No.3, August 2010.

187. Selwyn N., Gorard S., Furlong J., *Adult Learning in the Digital Age : Information Technology and the Learning Society*, New York : Routledge, 2006.

188. Shinage M., "The Lowells of Boston and the Founding of University Extension at Harvard", *Continuing Higher Education Review*, September 2009.

189. Snyder T. D., Dillow S. A., *Digest of Education Statistics 2010*, Washington : Government Printing Office, 2011.

190. Snyder T. D., Tan A. G., Hoffman C. M., *Digest of Education Statistics 2003*, Washington : Government Printing Office, 2004.

191. Son Y. M., Jung B. S., "Convergence Development of Video and E-Learning System for Education Disabled Students", *Journal of the Korea Convergence Society*, Vol.6, No.4, August 2015.

192. Stephan J. F., Leidheiser D., Ansello E. F., "Mental Fitness and the Lifelong Learning Movement", *Age in Action*, Vol.19, No.2, Spring 2004.

193. Strand K., Marullo S., Cutforth N., Stocker R., Donohue P. *Community-Based Research and Higher Education : Principles and Practices*, San Francisco : Jossey-Bass, 2003.

194. Stubblefield H. W., *Adult Education in the American Experience : From the Colonial Period to the Present*, San Francisco : Jossey-Bass Publishers, 1994.

195. Stubblefield H. W., *Toward History of Adult Education in America : the Search for a Unifying Principle*, London : Croom Helm, 1988.

196. Sultana R. G., "Flexicurity : Implications for Lifelong Career Guidance", *British Journal of Guidance & Counselling*, Vol.41, No.2, April 2003.

197. Tam M., "Towards a Cross-Cultural Understanding of Ageing and Learning by Senior Adults in Hong Kong and Australia", *International Journal of Lifelong Education*, Vol.36, No.5, June 2017.

198. Tedder M., Lawy R., "The Pursuit of 'Excellence' : Mentoring in Further Education Initial Teacher Training in England", *Journal of Vocational Education and Training*, Vol.61, No.4, December 2009.

199. The House of Commons, *Extending Access to Learning through Technology : Ufi and the Learndirect Service*, London : The Stationery Office Limited, 2006.

200. The Report of the E-Learning Advisory Group, *Highways and Pathways : Exploring New Zealand's E-Learning Opportunities*, Wellington : Ministry of Education, 2002.

201. The United Nations Educational, Scientific and Cultural Organization, *Learning to be : The World of Education Today and Tomorrow*, Paris : The United Nations Educational, Scientific and Cultural Organization, 1972.

202. Thinesse-Demel J., *Learning Regions in Germany*, Birmingham : European Journal of Education, 2010.

203. Umbach P. D., "The Contribution of Faculty of Color to Undergraduate Education", *Research in Higher Education*, Vol.74, No.3, May 2006.

204. UNESCO, *Education in a Post-COVID World : Nine Ideas for Public Action*, Paris : UNESCO, 2020.

205. UNESCO, *Learning : The Treasure Within*, Paris : UNESCO, 1996.

206. Virolainen M. H., "Workplace Learning and Higher Education in Finland : Reflections and Current Practice", *Education + Training*, Vol.49, No.4, June 2007.

207. Volles N., "Lifelong Learning in the EU : Changing Conceptualisations, Actors and Policies", *Studies in Higher Education*, Vol.41, No.2, February 2016.

208. Wilson A. L., Hayes E., *Handbook of Adult and Continuing Education*, Hoboken : John Wiley & Sons, Incorporated, 2000.

209. Yang J., Valdés-Cotera R., *Conceptual Evolution and Policy Developments in Lifelong Learning*, UNESCO Institute for Lifelong Learning : Feldbrunnenstrasse 58, 20148 Hamburg, Germany, 2011.

后　记

习近平总书记在党的二十大报告中明确要求"建设全民终身学习的学习型社会、学习型大国",这对于提高全国人民的思想道德、科学文化和身心健康素质,服务全面建设社会主义现代化国家战略任务,具有重大指导意义。《中共中央关于制定国民经济和社会发展第十四个五年规划和二〇三五年远景目标的建议》首次提出"建设高质量教育体系"的新主题,为新时期的教育发展指明了新的方向并赋予了新的时代使命。高质量终身学习体系被视为核心组成部分和时代使命。《中国教育现代化2035》提出建设服务全民的终身学习体系,作为传统教育体系的重要补充,终身学习体系具有顽强的生命力,能够在各种不同环境下满足人民群众日益增长的教育需求,因而发展完备的国家高质量终身学习体系具有重要的社会价值和现实意义。

经济合作与发展组织成立于1961年,是由全球38个市场经济成员组成的政府间国际组织,教育是经济合作与发展组织关注的核心领域。面对新一轮科技革命和产业变革,国家财富增长和民众福祉提高越来越依赖知识和创新的积累。经济合作与发展组织自20世纪70年代开始关注终身教育,提出了一系列倡议和策略行动,从强调"回归教育"到强调"全民终身学习"。作为国际终身教育发展的重要组织,经济合作与发展组织基于

"整体观"所提出的终身教育理念与全民终身学习策略产生了深远的国际影响，有必要对经济合作与发展组织主要成员的终身学习体系进行深入细致的解读和研究。

本书作为南通大学钱小龙教授主持的 2020 年国家社科基金一般项目《全民终身学习视野下的国家在线教育体系发展研究》(20BSH053）的结项成果，取得了"良好"等级，对经济合作与发展组织主要成员终身学习体系进行了全面深入的研究。第一，在学术思想上，本书试图扭转当前理论滞后于实践的格局，拨开终身学习背后的迷雾，从政府和国家的角度提出发展高质量终身学习体系的理论基础和施行方案。第二，在写作思路上，本书立足于前期调研成果，着眼于终身学习体系在社会实践中真实的运行状态，分门别类地提出切实可行的针对性方案。第三，在设计理念上，本书致力于发展面向2035 年的，在一定程度上超越社会需求的高质量终身学习体系来应对知识生产模式转变，践行创新、协调、绿色、开放、共享的新发展理念。第四，在研究方法上，本书主要运用的是比较法，边比较，边研究。

本书在写作过程中得到了南通大学教育科学学院领导的大力支持和帮助，为本书的顺利完成奠定了坚实的基础。黄蓓蓓博士负责项目研究的推进和主要写作任务，协调安排相关研究人员参与该书的部分章节写作，统一写作风格和格式规范，最后统审全稿。钱小龙教授负责整体框架设计，在写作思路、研究方法运用等方面提出了建设性意见，并承担相关章节的撰写任务。具体而言，本书的主要执笔人排名如下：黄蓓蓓、钱小龙、宋子昀、刘霞、仇江燕、时佳欣、吴小敏、王雨洋、成彦萱、高玉、张红烨、覃柳娟、张颖、毛芊芊、王潇洒等。参与研究的人员还包括黄新辉、王周秀等。黄蓓蓓初审了全稿，宋子昀、时佳欣负责全书的校对、修改和编辑工作。在本书的写作过程中，我们参阅了国内外不少学者的研究成果，对所有使用的文献资料我们都一一做了标注，但也可能有所疏漏，内容上如有任何不当之处，敬请读者批评指正，在此一并表示诚挚的感谢。

在本书的编写和出版过程中，得到了人民出版社领导的大力支持和帮助，在此表示深切的谢意。还要特别经济与管理编辑部主任郑海燕编审，她在本书的编辑和出版过程中付出了辛勤的劳动，提供了非常细致和周到的服务，为本书的按期出版贡献自己的智慧。

著　者

2023 年 10 月

策划编辑：郑海燕

责任编辑：卢　安

封面设计：石笑梦

版式设计：胡欣欣

责任校对：周晓东

图书在版编目（CIP）数据

经济合作与发展组织主要成员高质量终身学习体系发展研究／黄蓓蓓
　等　著 . — 北京：人民出版社，2024.5

ISBN 978 - 7 - 01 - 026466 - 0

I. ①经…　 II. ①黄…　 III. ①经济合作与发展组织 – 研究　 IV. ① F116.7

中国国家版本馆 CIP 数据核字（2024）第 068483 号

经济合作与发展组织主要成员高质量终身学习体系发展研究

JINGJI HEZUO YU FAZHAN ZUZHI ZHUYAO CHENGYUAN GAOZHILIANG

ZHONGSHEN XUEXI TIXI FAZHAN YANJIU

黄蓓蓓　钱小龙　宋子昀 等　著

人民出版社 出版发行

（100706　北京市东城区隆福寺街 99 号）

中煤（北京）印务有限公司印刷　新华书店经销

2024 年 5 月第 1 版　2024 年 5 月北京第 1 次印刷

开本：710 毫米 ×1000 毫米 1/16　印张：18.25

字数：250 千字

ISBN 978 - 7 - 01 - 026466 - 0　定价：98.00 元

邮购地址 100706　北京市东城区隆福寺街 99 号

人民东方图书销售中心　电话（010）65250042　65289539